投資心理學

陸劍清・馬勝祥・彭賀・李同慶◎編著

序

在現代社會中，人們每天都面臨著金融、證券、股票、期貨以及房地產等投資市場的誘惑，產生了投資動機、經濟行為和獲利的需求。這些已成為人們生活中的重要內容。事實證明，成功的投資者既要有投資方面的經濟學知識，同樣需要投資方面的心理學知識，他們都是兼有這兩方面的知識和實踐經驗的弄潮兒。

投資心理學是一門新興的交叉學科，也是經濟心理學的一個分支。這門學科的理論基礎，除來自經濟心理學的諸多理論（效用、不確定性、對策、福利）外，態度、預期、風險理論與投資心理、行為更為直接相關。

本書一方面要從經濟學角度正確地介紹有關投資的基本概念，不同主體的多元化投資，特別是金融市場、證券市場、房地產市場投資的內涵、功能和特點等。另一方面，要從心理學角度深層次地分析投資者的個體心理（股價錯覺、股市記憶、股市情結、投資決策等），闡述投資者的行為、需要、動機以及遇到投資心理與行為上的障礙與挫折時應採取相應的策略、技巧與自我調節。此外，投資者的群體心理（人氣、股市流言、從眾行為等）也是分析的對象。

證券投資者的心理、行為、心理素質是本書探討的重點之一；另一重點為分析房地產市場中的投資心理與行為。在各種分析中都有各種案例分析作為例證。

本書第1至4章由陸劍清撰寫，第5、6、8章由馬勝祥、李

同慶撰寫，第7章由彭賀撰寫，陸劍清還提供了第5、6，8章中的有關資料。

　　社會需要是學科發展的動力，投資心理學作為新興應用學科具有強大的生命力，在新的世紀中這一領域定將會取得更大的成績。

陸劍清·馬勝祥·彭賀·李同慶

目　錄

第1章
投資與投資行為

1.1 投資的基本概念

1.1.1 投資的基本涵義

投資是一種追求未來貨幣增值的經濟行為。它有兩方面的涵義：

(一) 貨幣增值性

投資的目的是為了貨幣增值，追求獲利最大化。例如，投資者現在支出一筆資金，其目的是想未來實現貨幣增值。因此，就靜態角度而言，投資者是現在墊付一定量的資金；就動態角度而言，投資是為了獲得未來最大報酬而採取的經濟行為。由於從現在支出資金到未來獲取報酬，要經過一定的時間間隔，因而投資是一個行為過程，這個過程越長，未來報酬的獲取就越不確定，即風險性越大。

(二) 經濟行為性

投資是一種有意識的經濟行為，投資行為受人們心理意識的調節、控制，這就賦予了投資行為人類心理的特徵。事實上，諸如投資決策動機、投資收益預期、投資風險規避等問題，其實質就是人們的心理活動在投資中的具體表現。著名經濟學家凱因斯用資本邊際效用遞減法則來解釋人類投資行為，並把投資需求不足歸結為心理因素作用的結果，這足以反映經

濟學界對投資心理的重視。

1.1.2　投資的歷史沿革

投資的發展經歷了以下四個歷史過程：(1)從潛意識投資到有意識投資；(2)從直接投資到間接投資；(3)從小規模投資到大規模投資；(4)從國內投資到跨國投資。這一發展歷程對於現代投資格局的形成有著重要的影響。

在現代社會中，人們一般所謂的投資就是指股票、債券、期貨等金融投資形式，但從投資的早期型態來看，並非一開始就是以金融證券形式出現的。眾所周知，投資必須要有一定的資本，在人類社會的早期，即貨幣誕生之前的以物易物時代，資本是以剩餘產品的實物形式出現，而以物易物的目的，主要是為了滿足生存和消費的需要，實物交換的量很少，投資更無從談起。

隨著社會生產力的發展、剩餘產品的增多和交換的需求，才逐漸產生了貨幣。貨幣產生以後，人類社會就進入了貨幣經濟時代。用以投資的社會財富不再以實物為主要形式，轉而以貨幣代之。這時，農業資本和商業資本逐漸形成，商業資本後又逐步工業化，投資活動便日益頻繁起來。但在當時，投資作為資本（或資金）價值的墊付行為還僅是一種潛意識行為。由於投資者直接擁有生產原料，並從事生產經營，因此普遍採用直接投資的形式。

自從英國發生工業革命之後，蒸汽機的發明為推進社會生產力的發展創造了條件，客觀上便需要大量資金用以建造廠房、購買設備與原材料，以及僱傭工人從事大規模生產，而這

是單個資本家所力不能及的。因此，股份制經濟便順應社會生產力發展的需要而誕生。股份制經濟的發展加速了股票、債券、期貨等證券業務的發展，並導致了資本證券化，投資形式由原先的實物直接投資擴展為金融間接投資，而金融投資已逐步成為投資的主要方式。這樣，投資已不再是少數資本家或富翁的專利，眾多的中產階級甚至工薪階層都可以透過股票投資成為股東。

　　第二次世界大戰以後，隨著國際貿易的迅速增長，全球性的跨國投資正成為投資的又一重要趨勢。可以說，投資的國際化傾向正成為現代投資領域一道亮麗的風景線。

1.1.3　投資的意義

　　在現代社會生活中，投資作為一項重要的經濟活動，有著其他經濟活動無法替代的、深遠的影響和作用，這具體表現在以下兩個方面：

（一）投資的乘數效應

　　乘數是指投資量變化數與國民收入變化數的比率，它表明投資的變動將會引起國民收入若干倍的變動。凱因斯採用這一概念以說明收入與投資之間的倍數關係，如以 K 代表投資乘數，ΔY 代表收入增加量，ΔI 代表投資增加量，公式如下：

$$K = \frac{\Delta Y}{\Delta I}$$

　　投資的增加之所以對國民收入的增加具有乘數效應，是由於國民經濟各部門相互關聯，對某一部門的投資，不僅會增加

該部門的收入，也會增加其相關部門的消費，這些消費又會轉化為其他部門的收入，引發連鎖效應，最終使得國民收入成倍數增長。

需要指出的是，投資乘數效應是從兩個方面發生作用的：一方面，投資的增加引起收入成K倍的增加，也就是收入的增加大大超過投資的增加；另一方面，投資的減少會引起收入成K倍的減少，也就是收入的減少要大大超過投資的減少。所以，西方經濟學家稱投資乘數效應為一把「雙刃的劍」。

(二) 投資與經濟增長

投資與經濟增長的關係十分密切。一方面經濟增長是投資賴以擴張的基礎。從宏觀經濟角度看，一切用於投資的資金都是社會經濟活動成果的貨幣表現，而社會經濟發展的水準則直接制約著投資的總量。另一方面，投資增長又是經濟增長的必要前提。投資所形成的生產基礎和生產能力，對於國民經濟增長具有極大的推動作用，其規模和投資率（投資所占國民收入的比率）與國民經濟的增長有著極高的相關性。

由上可見，如果正確、合理地進行投資，並且可以透過物質技術手段，使投資者的利益追求逐步實現；既可以避免或減少風險，發展壯大投資者的事業，又可以使消費者的有效需求得到滿足，豐富人們的物質生活。由於投資可以不斷健全和完善社會經濟環境與條件，使經濟結構呈現出動態、良性的特徵，實現經濟持續、穩定的增長，從而源源不斷地給整個社會帶來繁榮，注入活力，增加效益。一旦盲目、錯誤地進行投資，它將使投資風險加劇，投資者的利益追求化為泡影；使消費者的有效需求得不到滿足，引發整個社會經濟生活的紊亂，

造成物資短缺、通貨膨脹、結構失衡、增長停滯的經濟不良局面。在經濟聯繫日趨緊密的今天，上述投資失誤的惡果往往是全球性的，如歐美的幾次股災，都對全球經濟造成了慘重的損失。

1.1.4　投資對象的焦點

投資對象的內容眾多，國內外當前投資對象的焦點是股票、期貨、房地產。

（一）股票投資

現代經濟的發展，使得企業規模日益增大，所需資金也日益增多。企業為了向社會募集其發展所需的長期資金，便公開發行股票，對於認購股票的個人而言，購買股票就是一種投資行為，並成為持有一定股權的企業股東。

本書將從投資者的心理與行為角度出發，分析有關投資的心理現象與投資者的行為特徵，目的是促進投資者的心理成熟，提高投資者的心理素質，增強投資者的心理承受能力，以推動股市更趨成熟與完善。

（二）期貨、期權投資

期貨是一種按照規定的交易程序，透過交易雙方在交易所內進行公開競爭，對某一商品交易達成協定，於將來某一時日交貨付款的經濟行為。期權則是一種買賣某種商品的權力，期權的買家有權在約定時間，按照約定的敲定價買賣既定量的期貨合約，期權的買方須付給期權的賣方期權費若干，期權賣方

負履約的責任。

(三) 房地產投資

作為西方發達國家國民經濟三大支柱產業之一的房地產業，已成為重要的經濟增長點，並越來越受到投資者們的關注。

1.2 投資行為的特徵

1.2.1 投資主體的多元化

(一) 投資主體多元化的涵義

投資主體是指具有資金來源和投資決策權，享受投資收益，並承擔投資風險的法人和自然人（即組織或個人）。它有三方面的涵義：一是要有充足的資金進行投資，包括投資者透過各種管道籌集資金；二是要能相對獨立地做出投資決策，具體包括投資方向、投資金額、投資方式等；三是投資者對其投資所形成的資產，享有所有權和支配權，並能自主地或委託他人進行經營。總之，投資主體是投資活動的發起者、決策者以及投資資金的籌措者。

所謂投資主體的多元化，既是指全民所有制投資、集體所有制投資、個體經濟投資與其他經濟形式投資並存，又是指全民所有制投資中的中央投資、地方投資、企業投資與銀行間接

投資並存。

（二）投資主體多元化的特點

投資主體多元化的特點：個人、企業、地方政府和中央政府都成為重要的投資主體，企業和地方政府擁有相當大的決策權，投資決策日益分散化。由於投資資金來源管道的多樣化，投資供給已不僅僅來源於政府預算內財政撥款，預算外資金也成為投資資金的主要來源之一。上述變化導致了投資運行機制的重大轉變，這主要表現在兩個方面：

第一，投資主體的行為目標已不再是純粹的數量擴張，而是帶有強烈的利潤動機，並呈現出多元化的特徵。企業的投資目標在於提高企業的經濟效益；地方政府的投資目標是增加地方財政收入，發展本地區經濟；而中央政府的投資目標則是謀求適度的國民經濟增長速度，以及投資規模與結構的均衡。

第二，企業和地方政府的分散投資雖然受到市場需求、價格信號、利潤率以及宏觀經濟政策的有力調節，但是其投資方向已經構成左右投資結構的重要因素。

在多元化的投資主體中，各投資主體都有強烈的投資衝動，投資決策權越分散，投資衝動就越難以控制。當前，一方面投資主體追求利潤的動機顯著增強；另一方面投資者缺乏必要約束，因而造成投資需求急劇膨脹。具體來講，表現在以下四個方面：

第一，就中央政府而言，它具有保持投資規模與結構均衡的職責。由於地方政府和企業的投資大部分集中在加工行業，而基礎產業的投資嚴重不足，急需透過中央政府投資來平衡，因此，地方政府和企業的投資越膨脹，中央政府所承受的對重

點工程和基礎產業的投資壓力也就越大。因而，中央政府為了謀求產業結構的合理化，客觀上也就不得不成為投資膨脹的擴張源。

第二，就地方政府而言，財政上的「分灶吃飯」，使增加投資成為地方政府增加自身財政收入的重要手段，而責任和風險約束機制的相對軟弱，則加劇了投資規模的不斷擴張，地方政府為了謀求其財政收入的增長和本地區的經濟發展，不僅自身存在著旺盛的投資欲求，而且運用多種行政和經濟手段從外部刺激企業，以使企業成為其投資擴張的載體。這樣，地方政府本身也成了推動投資需求膨脹的主導因素。

第三，就企業而言，儘管投資運行機制的轉變已使其責任相對明確，投資活動在很大程度上受到市場的有力約束，但政府和銀行的資金約束還是「軟」的，企業仍然缺乏優勝劣汰的競爭壓力，缺乏相應的財會約束和風險責任約束，從而破壞了利益既為動力又為約束力的內在均衡性。

第四，就個人而言，近年來個人開始作為重要的投資主體之一，活躍於市場經濟的舞台上，日益顯示出其強大的生命力，並逐步成為經濟新的增長點，這對於推動市場經濟的發展具有深遠意義。

1.2.2 政府投資行為的特徵

政府投資行為具有以下兩點特徵：

（一）聯繫的廣泛性

從投資過程來看，一項政府投資活動的進行，既涉及到政

府與承包商、供應商甚至證券商等之間的委託與受託的經濟關係，也涉及到與各政府職能部門之間的行政管理關係。因而，也顯示出聯繫廣泛性的特徵。

（二）規模的擴張性

政府投資規模的擴張性，包括兩方面的涵義：一方面，一項政府投資活動的進行與完成，由於其大量的需求會刺激政府相關部門或企業追加投資，必然使投資呈現規模不斷擴張的特點，顯示出投資的乘數效應；另一方面，由於投資的成功，會顯著地增加政府的財政積累，因而形成更大的投資能力，激發起新的投資動機，致使追加投資不斷產生。這樣，從整個社會來看，便顯示出投資規模擴張性的特徵。

1.2.3　企業投資行為的特徵

企業投資主體在多元化投資體系中，占據著基礎地位。首先，企業處在生產經營第一線，對生產狀況和市場情況的變化了解最深入，在經濟效益與自身利益相關的條件下，提高投資效益的內在動機最強烈。其次，企業是投資的直接使用者，中央、地方和銀行的生產性投資，都要透過企業這個環節才能形成固定資產，產生經濟效益。最後，個人投資的相當一部分，如股票、債券等，最終必須轉化為企業投資才得以使用。可見，企業投資活動的效能將直接影響國民經濟的發展。因此，企業應當在投資主體的分工體系中充當最基本與最重要的角色，與此相應的投資決策權也應交予企業。只有這樣，才能更好地調動企業投資主體的積極性，並根據市場動向及時做出投

資決策，推動市場經濟的發展。

（一）企業投資的動機

企業投資的最基本動機是資本增值，即獲取利潤。因此，企業投資的動機具有下列特點：

1. 對於企業目標，由於運作慣性而具有一定的繼承性，仍然存在著企業追求產值最大化與擴張外延型投資為主的傾向。
2. 企業需要考慮市場需求狀況的變化，進行利潤率與利息率的比較，對於利潤最大化的追求已成為企業的目標。
3. 由於消費攀比在人均工資最大化不能實現的條件下，就變相為追求福利和社會保障最大化。

透過上述分析，我們可以將企業投資的主要動機歸納為：

1. 對產值最大化的追求，已成為企業擴張外延型投資的主要動因。
2. 對於利潤最大化的追求，一方面透過收益和成本的比較決定投資規模；另一方面，市場價格信號體系的存在，刺激著企業向某一產業領域競相投資。
3. 由於追求人均收入以及社會福利保障最大化，客觀上刺激企業投資傾向於投入少、見效快的產業領域。

（二）企業投資的特徵

在市場經濟條件下，企業投資具有以下三個特徵：

◆分權多元化

　　企業作爲投資主體，是享有權利和義務的利益主體。企業利益分配的獨立性，將導致不同的投資行爲傾向，因而投資決策是在分權多元化的條件下進行的。

◆調控客體化

　　企業作爲經濟調控的客體這一性質，決定了其在市場經濟條件下，是受市場經濟機制所制約的。當企業進行投資決策時，其投資行爲受市場規範的約束，同時也受到國家宏觀管理調控。

◆競爭機制化

　　在市場經濟條件下，投資是否有效，就要看投資所形成的市場效應，投資政策的正確與否將直接導致企業的興衰成敗。所以，企業必須更加密切注意市場的變化，注重投資的盈利性與風險性分析。

(三) 企業投資的主要內容與方式

　　具體來說，企業投資的主要內容包括：(1)進行生產性項目投資，這種項目投資的特點在於，投資後在較短時間內可收回資金；(2)進行第三產業領域的投資，涉及金融、保險、娛樂、餐飲等服務性產業，企業在這一領域投資將大有作爲；(3)進行企業內部的福利性投資，如健身房、餐廳、托兒所、俱樂部、圖書館等；(4)進行社會公益項目投資，現代企業越來越注重企業形象的塑造，因此，很多企業透過贊助諸如體育運動、希望工程等活動，力求在社會公眾中樹立良好的企業形象，以利於企業的長遠發展。企業投資的方式一般有以下四種：

◆運用自有資金進行投資

　　企業自有資金的多寡，反映企業的經濟實力，它既是企業
自有投資的基礎，又是企業購買債券與股票，參與其他企業或
中央及地方投資的條件。企業自有資金運用起來比較靈活、方
便，它既可用於投資興建新的生產線，擴大企業的生產能力與
規模，又可用於設備的更新與改造，提高企業的生產效益，還
可用於投資興建企業，而對於企業內部的福利性項目，則必須
以企業自有投資方式進行。另外，企業爲了履行贊助社會公益
的投資職能，也要使用企業的自有資金。

◆運用銀行貸款投資

　　在諸多籌集資金的投資方式中，運用銀行貸款是比較普
遍、也較爲簡單易行的一種。企業應善於運用銀行貸款，並在
符合條件時，積極爭取國家和地方政府的低息優惠貸款，以籌
集建設資金，加速企業發展。從企業角度講，要研究國家和地
方的投資政策，注意收集經濟資訊，及時掌握銀行貸款及其他
貸款的種類、利率、期限等，把各方面的因素充分考慮到自己
的投資決策之中。

◆進行合股投資

　　現代經濟的迅猛發展，使得單靠個別企業自身的融資能
力，難以建設大的項目，興辦各類實業。但是，一個企業建設
不了的項目，可以由幾個企業合股投資建設，也可以採取發行
股票和債券等形式籌集資金，投資建設。這已越來越成爲現代
企業投資的主要方式，並成爲現代企業制度的一個重要標誌。

◆購買債券、股票，參與政府或其他企業投資

　　企業除了運用各種方式進行直接投資外，還可以透過認購
政府以及其他企業發行的債券、股票參與投資。在一定條件

下，企業認購中央與地方政府發行的債券、股票，也不失為一種積極的投資方式。

案例分析：從「上實現象」看大陸國有企業投資體制的轉變

　　大陸改革開放的浪潮翻湧出「上實現象」。上海實業集團麾下的上海實業控股公司先後在上海市投資和收購了交通電器、東方商廈、上海家化、三維製藥、匯眾汽車、光明乳業等六家國有企業。在國企改革進入攻堅階段、市場競爭日趨激烈的情況下，它們中有五家企業以穩健的經營和出色的業績成為同行中的佼佼者。自從上實投資控股後，這六家企業的經營總額穩步增長，有五家保持了較高的盈利水準，惟一一家虧損企業三維製藥1999年一季度也實現了扭虧為盈。六家企業的淨資產值比收購前增長了87.6％，總資產值增長了32.9％。上實控股為六家企業的發展提供了大量的資金支援。然而，對六家企業來說，投資收購帶來的更大收益是機制的轉變和觀念的更新。這六家企業的經營管理班子可以說都是國有企業「出身」，但是轉換了管理機制，轉換了經營理念，企業經營的效果則大不一樣。

(一) 新機制嚴密靈活

　　這六家企業在進入上實控股體系後，進行了一系列的制度和機制的創新，建立科學的法人治理結構。上實控股明確企業的資產為股東所有，股東權利透過其派出的董事在企業董事會中體現，企業董事會為最高決策機構，企業總經理負責企業整體的經營運作，並向董事會負責，保證了決策程序的科學性。

例如，眼下百貨業不好做，但是上實控股和一百集團合資經營的東方商廈卻連年盈利，1999年創盈利歷史最高水準；2000年1至5月，東方商廈的銷售額同比增長13.1％，這在很大程度上獲益於進入上實控股體系而帶來的投資主體多元化。當投資主體多元化後，即如東方商廈那樣，當國有資本和其他資本嫁接，企業有了多家投資者時，投資者為尋求維持相互合作的共同點，就會使問題的答案變得明確起來：經營者從宏觀上對資產負責，從微觀上對董事會負責。這便能保證經營決策不受其他因素干擾，全力實現高水準的投資回報率。這也就使經營者可以推行一套先進的管理模式，引入競爭機制，使每一位員工產生危機感。東方商廈目前有一千三百名員工，而中層幹部只有二十七人。中層幹部都有定量指標以嚴格考評，每年都要優勝劣汰，所以精簡高效。由於人員任用實行能上能下、能進能出的機制，每年保持7％至8％人員流動率，築起了人才高地。

　　國有資本和其他資本相結合的投資主體多元化，使得投資決策與經營決策相分離，經營者就管經營，投資者則考慮投資問題，各司其職、科學決策。譬如，東方商廈經營班子曾提出過一個投資方案，有意再成立一家百貨公司。方案交董事會研究後，投資者的決策是：條件不成熟，不應操之過急。可見，科學的投資決策體系避免了一次盲目投資。同時，經營決策和投資決策相分離，也解決了約束機制問題，因為經營者只有經營權。東方商廈進入上實控股體系後，其經營管理得以逐步和國際百貨業的先進理念接軌，「經營管理目標化、綜合管理現代化、人才管理市場化」策略的實施，使得東方商廈在激烈的市場競爭中站穩了腳跟。新機制的優勢特徵具體表現為：

1.形成嚴密的投資管理機制

上實控股的投資審批制度按照投資項目的資金來源及是否符合投資評估標準，將投資項目分爲Ａ、Ｂ、Ｃ三大類，有不同級別的投資評審機構評議審批，既嚴密又富彈性。

2.推行市場化的人才機制

東方商廈開發國際知名品牌代理業務，上實控股幫助其在香港市場上招聘人才，並由企業最終選擇。針對部分企業市場營銷能力薄弱的狀況，上實控股積極向社會公開招聘營銷人才主管銷售，以全新的營銷機制取代傳統的營銷機制，從而使這些企業的營銷能力迅速得到了提高。

3.實行有效的考評和激勵機制

以往一些國企只注重產量指標，造成企業盲目擴張和發生潛虧。上實控股把對下屬企業的考評分爲利潤指標和財務風險指標兩大類，同時把對企業管理層的回報與企業的經營效益掛鉤，大大增強了經營管理層爲企業創利的積極性。例如，目前光明乳業收奶量、液態奶銷量和銷售收入等三項指標在全國同行業中均爲第一，利潤列第二；交通電器在全國汽車電機電器行業綜合指數（包括利潤、銷售收入等指標）完成情況中列第一；匯眾汽車已成爲全國轎車底盤主要零件最大的製造商，技術達到國際先進水準，其配套市場占有率和減振器銷售收入均爲全國第一；上海家化是全國十大化妝品品牌產品之一；東方商廈成爲全市四十八家合資合作百貨商廈中連年盈利的六家之一。

（二）新觀念注重實效

「加入『上實』三年，觀念年年更新。第一年樹立了投資回

報觀念，第二年完善了企業現金流量控制體系，第三年提高了
金融風險的防範意識。」上實控股下的一家企業負責人如是
說。

1.引進先進的經營理念和管理方法，實際效益成為經營者關注
的目標

1995年底，三維製藥進入上實控股時，正好遇到了前所未
有的困難：國際市場維生素C的價格從每公斤十二美元驟減為
五美元；出口退稅率也從17％逐步下調至9％，僅此兩項就減
少利潤近一億元，使以生產維生素C供出口為主的三維製藥受
到了嚴重衝擊，連續三年營業收入每年縮減數千萬元，利潤也
從原先數千萬元急劇下滑，直至虧損幾千萬元。

兩年多來，上實控股向三維製藥注入了大量相對低成本的
資金，以支援三維的技術改造、產品開發和營運需要，為三維
經受嚴峻的市場考驗提供了條件。同時，上實控股將國際上先
進的經營理念和管理方法引入三維製藥。在三維生產經營最困
難時期，上實控股多次向三維經營班子介紹先進的市場策劃和
營銷思想，還透過社會招聘和其他途徑，重新組織和加強了市
場銷售隊伍，並要求三維根據市場調查情況，調整產品結構，
在抓好原料藥降本工作的同時，加強成藥製劑和高毛利產品的
生產與營銷，現在三維的銷售格局已經發生了變化，效益也已
初顯端倪，毛利率已由原先的15％提高到25％。

另外，上實對三維製藥進行資產重組也是幫助三維走出困
境的重要步驟。三維生物原是三維製藥發展生物工程製藥的子
公司，已投入幾千萬元人民幣，但是高科技企業需要高投入，
三維製藥自身融資能力有限，上實為了加快生物製藥的發展，
減輕三維製藥的負擔，採用資產重組的辦法投入大量資金，並

引進了境外新的合作夥伴和新的產品。目前，三維生物新產品
開發進展順利，不遠的將來有望成為上海生物製藥發展中新的
增長點。與此同時，資產重組也減輕了三維製藥的債務，為扭
虧為盈創造了有利條件。此外，投資雙方大力促進三維的一系
列改革：按合資企業機制精簡機構，提高效率；在財務上加強
審計，加強應收帳款管理，推行預算制度等。三年來，觀念的
轉變、機制的轉換、管理的強化以及營銷思想的更新正使得三
維製藥逐步走出困境，1999年一季度已實現扭虧為盈。

2.引入國際通行的會計準則

上實控股按國際通行的會計準則從嚴評估和考核企業經營
業績，並於1997年底開始在下屬企業中推行以「市場為龍頭、
資金為核心、成本為中心、生產作保證」的全方位預算系統，
變事後控制為事前控制，有效防範了經營風險。由於重視企業
的現金流量，引入國際通用的財務評估指標體系，強調利息覆
蓋率（收入部分實現利潤除以利息支出的倍數）必須在六倍以
上，控制淨負債率在40％以內以及嚴格控制對外擔保等，並制
定了一整套管理制度，因而大大增強了企業的抗風險能力。

上海家化作為一家國有企業，在其發展史上經歷了兩次重
大轉折。一次是與美國莊臣的合資，使企業在經營觀念上進行
了一次革命性的轉變；第二次就是加入上實集團，國際財務制
度的引入使企業的管理進一步規範，從而增強了企業的抗風險
能力。在1996年加入上實控股之前，上海家化運用的是一套國
有企業的財務制度。上實控股委託香港德勤會計師事務所、香
港法律事務所運用國際財務標準對家化財務狀況進行重新審
計，其審計結果令人跌破眼鏡：

1993年家化利潤本為二千多萬元，而按國際財務標準統計

則僅有二十二萬元！可見，採用國際通用的會計準則才能較真實地反映企業的資產品質和經營業績，使企業經營者更注重對應收款的催討和庫存的壓縮工作。而原先的財務制度雖偏重實現銷售這一目標，卻忽視了最終銷售的實現和貨款回籠，以及對潛在虧損因素的消化。如今家化加強了對庫存、應收款和客戶信用的管理，增強了企業抗風險能力。例如，對下屬三十多個經營部實行電腦管理，每天檢查庫存，對其進行調配，並據庫存狀況周密安排生產計畫；對客戶則是進行信用評估，每年至少有幾個信用不良的客戶「出局」。從1998年到1999年5月份，公司的資金周轉期已減少了五十天。

3.強調投資回報率

　　上實控股在評估企業是否具有投資收購價值時，以其投資回報率作為主要標準之一；在確定下屬企業年度利潤指標時，以其淨資產回報率作為主要標準；在討論下屬企業對外投資項目時，也以其投資回報率作為主要依據。這就促使企業注重企業內現有資產發揮效益，謹慎投資以確保國有資產保值增值。

　　在1988年與上實合資以前，交通電器產品技術含量不高。合資後，交通電器走「產品結構滾動調整」的發展道路，不斷培育高附加價值、高技術含量的產品，產品品種從四大類增加到十大類，銷售收入增長十一‧六倍，利潤增長十三倍。十年來，交通電器公司開發的每一項新產品都能適應國內汽車主機企業的需求，因為該公司管理層認為，企業在國際資本市場上市後，必須十分注重新產品、新項目的投資回報，原先「只管向上面要」的傳統心態已為「只許成功，不容失敗」的嚴謹與決心所替代。

4.借助外腦引入先進管理理念

上實控股多次邀請國際知名諮詢公司為下屬企業介紹跨國公司的發展策略、經營策略、管理模式和香港上市法規等,下屬公司已與波士頓、羅蘭貝格等知名國際諮詢公司進行合作。

5.大膽改革企業用人機制

企業中最重要的資源是人,有了從市場出發的用人機制,國企原有的矛盾也就迎刃而解。光明乳業在合資公司組建之初即裁員三分之一,與每個員工重新簽訂勞動合約,從機制上徹底改變鐵飯碗。光明乳業新成立的人力資源部以社會化、市場化為人才使用和引進的原則,形成以市場價格來確定各個職位薪資的制度,從各種管道引進人才,並按照市場標準定薪資。在新機制的支援下,光明乳業建設起人才高地,新品開發部除本科生外,還有碩士、博士,「光明牌」每週推出一個新品種,現已形成了九大類、一百七十四個品種的乳品大家族。人才機制的市場化,增強了每個員工的積極性,也增強了大家的責任感。每個人都對結果負責,做好的獲得獎勵,做砸的受罰乃至離職。

上海實業(集團)有限公司於1996年5月30日在香港以紅籌股形式上市,三年來從國際資本市場共融資一百零二億元,相當於滬市一百二十三家A股上市公司一年融資總量,主要投入上海基礎設施、工業技術改造和舊城改造。上市以來,上實控股不僅自身獲得巨大發展,而且在國際資本市場贏得了良好聲譽,其在上海投資參股的原六家國有企業都獲得長足進步。它們成功地與外資嫁接,引入先進的經營理念和管理機制,探索出了一條國有企業改革發展的新路。「上實現象」告訴人們,國有企業可以探索投資主體多元化,國有資本可以和多種

性質的資本相結合，其共同的保值增值目標有利於企業全身心抓經營、出實效。同時這也說明，國有資本嫁接外資、引入國際先進的經營理念和管理機制，是國企改革和發展的一條出路。　　　　　　　　　　　　　　　　　　　　　　⊙

1.2.4　個體投資行為的特徵

（一）個體投資的動機

　　個體的投資行為，是個體謀求一定經濟利益的工具，其直接動機是透過對自身利益的追求以獲取利潤。在傳統計畫經濟體制下，個人的經濟活動一般是由政府安排的，人們除了把消費結餘存入銀行之外，沒有任何獨立投資、謀求自身利益的途徑。因此個體投資理應得到支援和鼓勵，因為只有承認人們對自身利益追求的合理性，才能真正確立個體在市場經濟中的主體地位。

　　同時，在社會化大生產中，個體必須提供有用產品以滿足他人的需要，自身才能獲得相應的經濟利益，所以就此而言，個體投資滿足了社會的投資需要，因而也是一種「利他」行為。可見，個體投資行為是個人勞動與社會勞動的統一，是利己行為與利他行為的統一，是一種社會互利行為。

（二）個體投資的作用

　　個體投資，是個體將其收入的一部分直接或間接地購買生產資料，用於生產和經營活動，並由此獲得收入的行為。

（三）個體投資的需要目標

任何個體行為都是指向一定目標的。個體投資者透過制定和實施一定的投資計畫來滿足其個體需要，達到自身的利益目標。由於投資者個人的需要是富有彈性的，因而其可供投資的資金量亦富有彈性。如果個人日常生活消費適度，就會有較多的資金可供投資；相反，若其揮霍浪費，則可供投資的資金便很有限。同時，當人們的儲蓄增多後，還可投資於有更大風險的股票、期貨等種類。另外，隨著個體的年齡增大，其投資觀念會趨於保守。個體投資者的需要目標主要有以下四方面：

◆保險投資

在西方國家，不少投資者把購買保險作為投資計畫的第一步。保險作為一種投資手段，其收益率較低，成本相對較高，因此就這點而言，保險並不是一種最好的投資方式。但由於保險投資具有免稅特性，因而為個體投資者所關注。

◆房地產投資

廣大城鎮居民的最大投資需求應屬房地產。隨著居民購買力的增強，購買住宅將成為大多數城鎮家庭的重要投資目標。而房地產投資的不利因素在於，投資者將其絕大多數資金集中在房地產上，從而不得不放棄了多元化投資的考慮。

◆儲蓄投資

儲蓄是人們為防備不測之需而準備的資金。儲蓄的資金量在很大程度上取決於個人的收入量和收入的穩定性，以及其他資產的變現能力。當易變現資產增加時，則預防意外事故的現金持有量可以相應減少。此外，如果投資者具有充分的保險投資作保障，以備不測之用的現金量也可相應減少。

◆教育投資

在現代文明社會，子女教育越來越成為許多家庭投資計畫的一個重要目標，這在經濟學上稱為人力資本投資。不少投資者透過購買子女教育保險，作為未來子女教育投資的準備金。

(四) 個體投資的財務目標

個體投資者進行投資經營除了上述的個人目標外，還有財務上的目標。投資者追求財務目標的過程也就是滿足財務需求的過程。投資者的財務目標可分為以下六方面：

◆資本安全

個人的投資目的就是為了獲取收益。因而，個人投資的安全性是投資者最關心的問題。由於資本安全是指收回的資金比投資原值大，這意味著保護了資本金的購買力，因此，投資者應投資於預期會升值的證券。例如，雖然普通股票在短期內對付通貨膨脹不是一種完善的保值方法，但從長期看，股票總比固定收益證券（如國債等）能提供更好的保值作用。

◆收入穩定

投資者在進行投資選擇時，應考慮收入的穩定性。因為收入的穩定性可使投資者能更準確地制定長期投資計畫，更合理地安排自己的生活，所以追求穩定收入的投資者應該選擇那些能為他們提供預期收入的安全證券，一般可投資於固定收益證券。

◆資本增值

投資者之所以參與投資，一個很直接的原因就是投資者希望投資於證券的資本金能升值，這是個體投資方式選擇的重要標準。通常，投資者為了達到資本金升值目標，一般將收益再

投資或購買成長性股票，這樣，既可以實現個人長期財務目標，也可以保持投資資金的購買力，而投資者則必須根據自己的近期和長期需要進行合理的投資組合。

◆防止通貨膨脹

消除通貨膨脹的影響一直是投資者所關心的，尤其是依靠投資收益作為主要收入來源的個體投資者，他們更關心貨幣購買力損失的可能性。投資者在規劃投資組合結構時，必須考慮這一事實：貨幣的購買力總是在被削弱，因此在各種證券之間進行選擇時，要考慮這些證券對防範通貨膨脹風險的可能性。

◆證券的流動性

在證券投資中，流動性是必要的，因為它能給投資者帶來更有利的投資機會，特別是當投資機會意外出現時。一般而言，知名大企業證券的流動性比中小企業證券要強。當然，證券的流動性越強，投資者就越不必儲備大筆流動資金。

◆稅收因素

投資者收入越低，所繳納的稅收就越低，因而稅收因素對他們的投資行為影響不大；投資者收入越高，稅收因素對他們的投資行為影響也就越大。因此，對處於稅級特別高的投資者而言，稅收因素是其投資行為的決定因素之一。

（五）個體投資的方式

個體投資的方式主要有：

◆個人直接投資

個人直接投資就是個人自我投資、自主經營、自擔風險、自身獲益。這一投資方式由於投資方向分散，且投資金額受到一定限制，因而很難實現投資的規模效益。

◆個人間接投資

個人間接投資就是將個人收入的一部分透過間接的方式（如購買股票、債券等）投入生產和經營，以獲取一定收益。間接投資方式已越來越成為個體投資的主要方式。這種投資方式的優點是：

個人間接投資方式能滿足投資的安全性、增值性和流動性需要。由於個人間接投資的對象一般是國家重點建設項目或大中型企業，投資風險是由國家或企業承擔，個人對其經營狀況不負責任，並在約定的期限內能收回本金、獲取收益，故而投資是安全的、增值的。如果是採取股票和債券投資形式，投資者個人所持的股票和債券隨時都可根據個人意願靈活變現，因此，投資的流動性也能得到有效保證。

個人間接投資方式有利於國家對民間投資進行統一的組織、規劃、控制和管理。眾所周知，個人直接投資方式易造成個人投資對於國家、地方計畫投資衝擊的局面，甚至影響國家、地方計畫投資的完成。而個人間接投資方式主要是參與社會集資、購買能源、交通等國家重點基本建設項目債券、地方市政建設債券以及股份公司股票、國有企業債券等，不僅投資風險是由國家和企業承擔，而且也有利於國家對這部分民間投資進行統一的調控與管理。

個人間接投資方式可使個人投資達到規模效益。一般而言，投資規模小，則建設週期短，耗費投資少，易於適應市場變化，但同時，也難以採用高新科技和先進的工藝、設備，無法取得更優的經濟效益，即投資規模和投資效益之間有著密切的相關性。如果個人進行間接投資，接受個人投資的項目投資主體就可使個人投資的總體規模得以優化，從而實現投資規模

和項目收益之間的最佳組合，使個人投資達到規模效益。

（六）個人合作投資的方式

個人合作投資就是兩個或兩個以上的個人按照某種協定，共同出資、興辦企業，並合作經營、共同管理的一種投資方式。其優點是：

第一，個人合作投資方式充分調動了個人對於投資管理的積極性，由於每個出資人都參與投資的決策和管理，共同承擔投資的風險，從而充分調動了個人對於投資管理的積極性。同時，合作經營、共同管理的投資特點可以集合眾多投資者的個人智慧，與個人直接投資方式相比，投資的安全性與增值性大大提高。

第二，個人合作投資方式有利於國家或地方對民間投資進行有效監督與管理。由於合作企業的建立必須經政府有關職能部門批准，其經濟活動也必須接受當地政府部門的監督和管理，地方政府可以根據實際情況和本地區的資源狀況進行周密規劃，合理地組織合作投資，從而可以將個人投資的盲目性減到最小，避免了重複建設、資源浪費等現象發生，使個人投資結構得到優化。

第三，個人合作投資方式可以充分利用當地資源，使投資達到規模效益。個人合作投資可以根據當地資源狀況、管理水準，以及生產力發展水準確定合作投資的最佳規模，使得投資規模、生產成本與利潤回報等達到最佳組合，實現投資的規模效益。

(七) 個體投資的觀念

個人投資市場的發展，日益顯示出對經濟發展的必要性和推動作用。為了適應這一時代發展需要，樹立以下新的觀念是十分重要的：

◆貨幣的運動增值觀念

貨幣只有投入生產和流通的循環周轉之中，才能成為創造社會財富的第一推動力，也才能給貨幣所有者帶來高於原有價值的收益。相反，貨幣沈積於生產和流通之外，於社會不利，於個人也無益。隨著金融體制改革的深入，貨幣將越來越按高效、安全的原則流動起來，誰積極參與這一進程，誰就為社會財富的增長做了一份貢獻，同時，也可從中獲取貨幣增值的益處。

◆資金的時間價值觀念

貨幣投入生產和流通，在運動中增值，就變成了資金或資本。用資金帶來生產經營收益的使用者，必須付得起使用資金的成本，即向資金所有者支付一定利息。由於未來償還期的本金加利息越滾越大，對使用者而言，這意味著一筆資金將隨時間延長而自動貶值，使用期越長，利率越高，他就要用越多的貨幣來償還本金與利息。這就會迫使使用者加強投資監管，提高盈利水準，以儘早還本付息、收回投資。對資金所有者而言，他的本金隨著時間延長會自動增值，時間越長、利率越高，所有者的本金價值也就越高。上述機制會激勵所有者將資金投向最具盈利前景的投資項目。同時，投資期越長，風險也會越大，這又迫使資金所有者審慎選擇資金使用者，以確保資金的安全性。

在證券投資市場，資金的時間價值還表現為對於投資時機的判斷和選擇。可見，個人樹立起資金的時間價值觀念，掌握各種金融資產的收益狀況，進而做出正確選擇，對於維護正常的投資市場秩序也是極其有益的。

◆投資的風險意識

投資具有風險性，投資期越長，投資市場中的不確定因素就越多。開拓高新技術領域的投資，一旦成功會有很高的盈利回報，然而未知因素比傳統領域要多，因此風險也更大。一項投資決策要估計預期利潤和實際成本，也要預計風險成本，即預期利潤的可能損失。

由於企業進行生產經營活動，不可避免地要經歷市場波動，會面臨利潤增減變化，甚至投資失敗、資不抵債、破產兼併等困境。為了使個體投資者與企業共擔風險，保障資金能及時轉到有效的經營者手中，人們發明了股份制，即用發行股票的方法集資創業。因為股份制的運作規定股東一般不得從企業撤資，只能有償地轉讓股份的所有權，所以，股票在證券市場上的交易，被形象地喻為股東「用腳投票」，這樣，透過股份所有權的轉讓來敦促經營者的責任意識。企業經營業績好，股東不僅可以獲得固定的股息，還可分享紅利。反之，不僅得不到紅利，就連股息也難保證。如果某企業股票可公開上市交易，股票價格的升跌亦可反映該企業經營業績。如股票升值，表明該企業盈利前景看好，人們便踴躍購買該種股票；反之，則意味著它的盈利前景看淡，股票持有人便紛紛拋售這種股票。

發達的金融市場以證券市場的成熟為標誌，其中包括證券投資操作的規範化、股民具有強烈的投資風險意識等。隨著證券市場的日益規範和股份制經濟的穩步發展，凡要投身於股市

的個體投資者都要具備足夠的投資知識與風險意識以及良好的心理素質。不願冒投資風險而又想選擇長期投資的個人，則可以購買各種國家債券和企業債券。上述投資知識的準備和投資意識的強化都需要經過一段艱苦的心理歷程。

（八）個體投資的意義

　　經濟增長有三大需求：消費、投資和出口。在目前世界經濟增長減緩、貿易保護主義抬頭的形勢下，短期內靠擴大出口需求很難有所作為。因此，要拉動經濟增長，必須實施消費和投資「兩手抓」的策略。而把鼓勵民間投資作為刺激經濟增長的切入點，是一個切實可行的辦法。

　　鼓勵民間投資的一個方向是股市。世界各國的經驗普遍顯示，啟動股市是啟動民間投資的有效手段。

　　民間投資的另一個方向是投資實業。上市公司數量畢竟有限，大量的民間資本應該用於創辦民營中小企業，或以其他方式投入到企業中去，這是一片十分廣闊的天地，也是經濟增長的長遠動力之一。

　　總之，民間投資是一個巨大的寶藏，相對於國家投資而言，它還具有低成本的優勢，如果引導、利用得好的話，民間投資不僅能推動經濟的增長，而且能為經濟增長注入生生不息的活力。

　　最後，我們對多元投資主體，如中央政府、地方政府、企業、跨國投資與個體投資的動機、目標、方式進行比較（見表1-1）。

表1-1　不同主體的投資動機、目標、方式比較

内容\主體	中央政府	地方政府	企業	跨國	個體
動機	非盈利性	非盈利性	企業利潤最大化	盈利性	個體利益最大化
目標	整個國民經濟穩定協調發展	地方經濟的振興與繁榮	獲取利潤、資產增值、股東利益、職工福利	促進國際貿易與國際營銷、獲取比較優勢利潤和壟斷利潤	獲取利益滿足個體需要
方式	無償撥款是基本方式，另外透過發行債券、以銀行貸款購買企業股份等方式投資於重大生產專案、全國性的科研、文教、通訊等基礎設施和國防建設	無償撥款和運用銀行借款、發行地方債券等方式投資於地方性基礎設施、文教、科研事業、興辦低盈利的第三產業項目	自有資金、銀行貸款、發行股票等方式投資於生產盈利性專案、企業內部福利性項目等	國際直接投資、國際間接投資、國際靈活投資	個人單獨直接投資、個人間接投資、個人合作合股投資。一般投資於所需資金較少的第三產業專案，並且個人間接投資（如購買股票、債券等）越來越成為一種主要方式

1.3　影響投資行為的因素

1.3.1　利率

利率與投資的關係極為密切。目前大多數企業自有資本占

總資本比例很低，負債經營十分普遍，因此利率的彈性影響相當大。一旦金融形勢發生變化，銀行收緊銀根導致貸款利率上升，對企業而言，資金成本增大，利息負擔加重，影響企業利潤，企業投資活動將趨於消極，並引發經濟不景氣，致使股價下跌；反之，如果銀行銀根寬鬆，貸款利率下降，企業資金成本也下降，企業便會擴大生產，投資將趨於活躍，並激發經濟景氣，致使股價上升。此外，假如銀行儲蓄利率下降，證券投資就會相對有利，股價隨之上揚。反之，如果銀行儲蓄利率上升，社會資金便會流向銀行儲蓄，撤離證券市場，股價隨之下跌。一般而言，利率高低是左右投資決策的一個重要因素，通常利率降低時購進股票，利率上升時售出股票。個體投資者要十分關注金融市場的利率變化與走勢，以便隨時調整自己的投資組合。

（一）資本邊際效用的作用

凱因斯認為，投資與否取決於利率和資本邊際效用。所謂資本邊際效用，是指投資者對其投資的預期利潤率。投資者的投資決策取決於他對於利率和預期利潤率兩者的比較，當預期利潤率高於利率時，就會選擇投資，反之，當預期利潤率低於利率時，則不會投資。

（二）均衡利率的形成

凱因斯認為，利率取決於人們以現金形式保有資產的欲望和中央銀行貨幣的供給。人們保有現金的欲望，即流動性偏好形成貨幣需求，中央銀行透過公開市場業務等政策性工具，使貨幣供給保持在某個既定水準上，當貨幣需求與貨幣供給相等

時，即形成均衡利率。這是凱因斯貨幣理論的基本觀點，其中
流動性偏好這一心理法則為其基本概念。

（三）投資函數的分析

市場上的現行利率是投資者的機會成本，利率變化與證券
投資具有一定程度的負相關，因此，利率決定著資金的流向：
利率越高，投資量越小；利率越低，投資量越大，即投資量隨
利率的變化而變化，但方向相反。

1.3.2　收入

（一）加速效應

收入的變動對於投資有什麼影響呢？西方經濟學認為，投
資與收入是相互影響的，不僅投資會影響收入，而且收入也會
影響投資。

企業之所以增加投資是因為消費需求的增長對企業現有的
生產能力產生了壓力，使得實際的資本存量與期望的資本存量
之間形成了差額。這一差額的彌補在客觀上要求資本物供給也
相應增加，也就是增加投資進行擴大再生產。由此可見，投資
是國民收入的函數，投資率是和產量水準相聯繫的，收入或產
量的增長將會刺激投資的加速增長。下列公式中 V 代表加速系
數、ΔI 代表投資增量、ΔY 代表產量增量或收入增量。

$$V = \frac{\Delta I}{\Delta Y}$$

可見，當產量增加時，投資的增長是加速度的；反之，當

產量減少時，投資的減少也是加速度的。這體現了投資對經濟增長的加速效應。

（二）收入與投資

隨著國民收入水準的逐步提高，人們的儲蓄傾向也會相應提高。我們不應將國民銀行儲蓄餘額的大幅度增長，視為衝擊市場的洪水猛獸，它除了可用於流動資金外，還可用於投資貸款，以支援國家的基本建設和企業的擴大再生產。

1.3.3 稅收

稅收制度是國家財政制度的重要組成部分，因為國家財政收入的主要來源是稅收。稅收源於國民收入，是國民收入中國家所有的部分，這是稅收的經濟實質。稅收政策是國家在稅收方面採取的一種措施，是國家經濟政策的重要組成部分，具體反映在課稅組織、徵收方法、稅率、稅收優惠等方面。

（一）稅收政策的運用

政府稅收對於國民收入而言是一種收斂性的力量，因而，在政府支出不變的情況下，增加政府稅收可以縮小總需求，減少國民收入；減少政府稅收可以擴大總需求，增加國民收入，所以，稅收政策的運用應該是：當經濟蕭條時，由於總需求不足，政府應增加支出，減少稅收，透過降低企業利潤稅率，加速折舊以刺激總需求的擴大；當通貨膨脹時，政府應減少支出，增加稅收，以抑制總需求，穩定通貨。總之，透過調節稅收政策，在經濟繁榮時期對投資與消費進行適度抑制，使經濟

不因景氣而引發通貨膨脹；在經濟蕭條時期對投資與消費進行
有效刺激，使經濟不因蕭條而引發嚴重失業，這樣就可達到既
無失業又無通膨的理想的經濟運行狀態。

（二）稅收對個人投資行為的影響

稅收對個人投資行為的影響很大。在個人持有證券期間，
有兩種基本的投資盈利方式：(1)利息或股息；(2)在增值時售
出，即獲取資本收益。當證券售出變現時，資本收益的變化與
稅收是有關的。在美國因稅收因素而導致在年終時出售或購買
證券現象非常普遍，由於年終稅收的影響導致投資人大量拋售
證券，使證券價格下跌，到年初，投資人又急於趁證券低價位
時購入，這樣就出現了所謂的「一月效應」，體現出了稅收對投
資行為的影響。

本章摘要

◆在現代社會生活中,投資作為一種追求未來貨幣增值的經濟行為,有著其他經濟活動無法替代的、深遠的影響和作用。

◆投資對象的內容眾多,國內外當前投資對象的焦點是股票、期貨、房地產。

◆不同的投資主體具有不同的投資動機、目標與方式。

◆利率、收入與稅收是影響投資行為的三大因素。

思考與探索

1.試述投資主體多元化的涵義。

2.簡述政府投資行為的基本特徵。

3.簡述企業投資的動機及其特徵。

4.簡述企業投資的主要內容與方式。

5.試述個體投資的動機及其方式。

6.試分析投資行為的影響因素。

第2章
投資心理的理論基礎

2.1 態度理論與投資心理

2.1.1 態度理論及其與投資行為的相關性

（一）態度的基本涵義

態度是指個體對待任何人、觀念或事物的一種心理傾向，它包括認知、情感和行為三個因素。其中，認知是指人或物被個體知覺到的方式，即在個體大腦中形成的心理印象，它包括個體對於知覺對象的所有思想、信念以及知識；情感是指個體對於某一特定對象持有的好惡情感，即個體對於態度對象的一種內心體驗；行為是指個體對於態度對象的反應傾向，即個體處於行為準備狀態，準備對態度對象做出某種反應。一般而言，上述三個態度因素是相互協調一致的。例如，某投資者經研究發現一個具有成長性的潛力股後，便吸籌建倉，隨著該股股價的漲跌，他的好惡情感也隨之而起伏波動。但有時三個因素之間也會發生不一致的情況，這時，感情因素往往起著主要作用，產生了諸如戀股情結等。

（二）態度在投資行為中的功能及其相關性

個體態度與個體需要是密切相關的。積極的態度源於需要的滿足，而消極的態度則源於需要未被滿足。因此，我們認為態度對於個體的投資行為具有以下三個功能：

◆實用功能

這是態度對於投資行為最重要的功能。由於態度是個體為了達到某一目的的手段，起到了爭取獲得外界最大利益的工具性作用，例如，良好的投資態度有助於進行正確的投資決策。

◆防禦功能

每個個體都力求使自己的認知態度與現實環境保持協調一致。當個體的認知態度受到外界威脅時，他便會採取行動維護自身的態度，產生所謂「甜檸檬」效應，如投資者購買的股票股價雖然跌了，但他堅信還有上漲的可能，並主動採取逢低買進的手法，降低持股成本。

◆表現功能

態度是個體價值觀念的表現。例如，富豪會一擲千金投資於古董收藏或鉅額人壽保險，以顯示其地位與身分。

由於態度的複雜性和多樣性，心理學家對其有許多不同的理解：

勒溫（Lewin, 1938）提出場動力論以解釋態度的形成。他認為個體的行為是由其內驅力引起的，而個體的內驅力是由個體與誘發力之間的心理距離共同決定的。所謂誘發力，是指某一客體所具有的吸引力或拒絕力。勒溫認為在個人生活空間中，存在著無數的誘發力，這些誘發力的大小及人們的認識，決定了形成結果驅力的態度的方向和強度。如在股市中，有近千種股票，每種股票對於投資者而言，都具有一定的誘發力，這樣，可選的目標就構成了心理距離，儘管有些股票不在投資者考慮範圍，但仍在投資者的心理距離之內。不同股票對投資者產生不同的內驅力，投資者經比較後，最終形成決定投資行為的結果驅力。

托曼（Tolman, 1959）提出了態度的信念——價值模式。他認爲行爲決定於個體態度的信念——價值的心理構建，個體是根據客體能否滿足自身需要來決定其價值的，與場動力模式不同，該理論認爲個體關心的不是整個客體，而是客體的某些與個體需要相關的特殊方面。如個體在購置房產的問題上，不是考慮整個房產市場的狀況，而是考慮目標房的價格、房形以及小區環境等，這些才是影響購屋決策的關鍵因素。

蘭卡斯特（Lancaster, 1966）提出特徵模式之後，人們才把偏好從整個客體中分離出來進行考察。蘭卡斯特認爲效用主要取決於商品的特徵，因爲是商品的特徵而非商品的數量滿足了人們的特殊需要。因而，我們比較容易理解：爲什麼投資者偏愛具有某種板塊特徵的股票。如高科技股、績優股、基金股等。在蘭卡斯特的特徵模式中，投資品的特徵權數是透過對投資者的行爲評估來測定的。如透過對某類投資的態度測定，就可以了解投資者更傾向於哪種投資品特徵。投資心理學可運用投資者的訊息材料來解釋「偏好」問題，不能直接了解的特徵也可以評定，當然要達到這一目的是需要大量有關投資者的資訊的。

2.1.2　信心理論與投資行爲分析

信心理論認爲，影響股價變動的主要因素取決於投資者對於未來股價、盈利與股息變動的認知態度。

市場上若爲數眾多的投資者對股市前景抱樂觀態度時，必爭相吸籌建倉，拉高股指。如果投資者過分樂觀而引起股票惡炒，則會將股價抬升至不合理的高位。例如，某股票在短短一

週內，股價從24元猛漲到36元，乃因市場盛傳該上市公司即將
進行資產重組並公布新的發展計畫，造成該公司的投資前景充
滿想像空間，於是投資者紛紛進場吸籌，促使股價扶搖直上。

　　反之，若投資者對於股市前景持悲觀態度時，亦會大量拋
售股票，致使股指大跌，尤其在過分悲觀態度充斥下，投資者
由於盲目拋售股票而使股價過度縮水，信心理論可以說明當經
濟狀況良好而股價疲軟，或是當經濟狀況欠佳股價反而上漲的
原因。與其他投資理論相比，信心理論更重視投資者認知態度
的變化。

2.1.3　情緒週期理論與投資行為分析

　　由於情緒與態度關係密切，伴隨著不同的認知態度，個體
會產生不同的情緒體驗。而股市的波動不僅表現為股價空間起
伏的規則性，也表現為時間循環週期的節律性，個體的情緒對
此產生了很大的影響。統計研究表明，引發股價週期波動的諸
因素中，心理情緒因素占20％以上。造成心理情緒週期波動的
原因在於：

（一）人類生物節律的週期特性

　　科學研究發現，個體的生理週期為二十三天，情緒週期為
二十八天，智力週期為三十三天，而大陸滬深兩地股市的短週
期與此十分吻合。

（二）貪婪與恐懼情緒的交替出現

　　貪婪導致股市超漲時持有者不賣，未介入者則不斷追漲，

形成超漲。反之，恐懼則促使不斷殺跌，使股價由合理下跌轉
為超跌。股市中兩種情緒的不斷交替，促成了股市呈週期波動
狀態。

（三）股民情緒的相互感染與共鳴

　　股市是由人參與的，由於大多數股民缺乏自制力、自主性
以及輸贏不計、處變不驚、不以物喜、不以己悲的超脫情懷，
因而面對股市變化，股民情緒相互感染，引發共鳴事屬必然。

　　可見，隨著廣大股民情緒的週期性波動，股市的週期波動
也就不可避免了。

2.2　預期理論與投資心理

2.2.1　預期理論概述

（一）預期的基本涵義

　　「預期」作為一種社會心理現象，它影響著人類行為的各個
方面。經濟學中的所謂預期，是指經濟行為人對於經濟變數
（如價格、利率、利潤以及收入等）在未來的變動方向和變動幅
度的一種事前估計。在某種意義上，預期作為經濟行為人的行
為特徵與前提，無疑支配著個體的現實經濟行為。例如，個體
正是依據自己的預期，才做出各類投資決策。

　　在1936年出版的《就業、利息和貨幣通論》一書中，著名

經濟學家凱因斯（J. M. Keynes）首次明確地提出了預期概念，並把它作為宏觀經濟理論的主導思想，他認為預期是影響總供給和總需求的重要因素，甚至是導致經濟波動的決定性因素。凱因斯對於就業水準、貨幣供求、投資水準以及經濟週期的分析與探討，都是建立於預期概念之上的，換言之，作為心理因素的預期概念，正是凱因斯宏觀經濟理論體系的基石。

（二）預期的分類

凱因斯把預期分為短期預期與長期預期兩類。凱因斯認為，短期預期是一種短期的價格預期，它決定著廠商的日常產量，即廠商一般是根據商品銷售的實際結果，而不是根據主觀臆斷，來修改其短期預期，這樣，當前商品的預期售價大致就是最近商品的實際售價，因此，廠商修改其短期預期的過程是逐漸的和連續的。如果廠商所生產的商品具有持久性，那麼短期預期將轉化為長期預期。

所謂長期預期，是指投資者在增加資本設備（即資本品）時，對於未來收益的預期。它涉及未來資本品的類型和數量、消費者的偏好、有效需求的強度、工資單位的大小以及資本品壽命期內可能發生的變化。由於長期預期不能每隔一段時間就依據實際結果加以修正，因而長期預期充滿著不確定性。凱因斯認為，在發達的貨幣經濟系統中，未來的消費偏好、工資率等因素是高度不確定的，故而若干年後，到底是何種因素決定投資的收益，實在難以預測，因此，長期預期缺乏一種理性基礎。既然投資者對未來的收益預期缺乏可靠的理性基礎，而投資決策又必須事先做出，那麼投資者進行投資都必須具備一種勇於冒險的精神。

（三）預期對投資行為的影響

　　凱因斯認為，在一個現實的充滿不確定性的市場經濟體系中，投資者進行投資決策，只能依據預期做出判斷。而隨著社會分工的迅速發展和市場經濟的空前壯大，銀行體系和證券市場的業務活動向社會經濟生活的各個領域不斷滲透與擴展，人們的各類經濟決策對於預期的依賴程度也就不斷增強，以至於人們所擁有的各類資產，不論是機器、設備或其他耐用品等物質資產，還是貨幣、債券和股票等金融資產，都成了現在與未來的連結物。人們對於一筆資產，首先要考慮如何在它的各種用途之間做出安排、以何種形式持有，以及各種資產之間的分配比例等，以避免各種可能有的損失和獲得可能有的最大收益。這樣，預期就不能不闖入每個經濟行為人的心靈，成為形成投資決策的決定性心理因素。

（四）預期理論的發展

　　事實上，投資心理學的研究對象應當是「合乎理性的人」的投資行為，投資人為了避免損失或謀取最大收益，總是要設法利用一切可以獲得的資訊（包括過去的和現在的）對所關心的經濟變數（如投資收益率、利率等）在未來的變動狀況做出儘可能準確的合乎理性的預期，正是基於這樣的考慮，1961年，卡內基‧梅隆大學的穆斯（J. F. Muth）發表了題為〈理性預期與價格變動理論〉的著名論文，率先提出了「理性預期」的概念。

　　穆斯認為，「理性預期」事實上描述的是投資人對於投資前景的主觀預計與客觀經濟變動之間的聯繫，而實現這一聯繫

的機制就是形成預期所依據的資訊。對此，穆斯得出三點結論：第一，理性形成的經濟變數的預期值就個別而言會有誤差，但其均值必將趨近於或等於客觀實際值，因此就平均值而言，「理性預期」是最準確的預期。第二，「理性預期」的形成，並不要求投資人具有完全的訊息，但要他們充分利用可以得到的一切資訊，因此，「理性預期」是資訊有效利用的預期。第三，可以利用的資訊包括有關的經濟投資理論與模型，理性形成的預期值應該等於使用相關理論與模型計算所得同一變數的數值，因此，「理性預期」是與相應的經濟投資理論與模型相一致的預期。之後，穆斯進一步提出了「非理性預期」的概念。在「理性預期」與「非理性預期」概念的基礎上，人們先後提出了「穩固基礎理論」、「股價阻礙反應理論」、「空中樓閣理論」、「隨機移動理論」及「有效市場理論」等，二十世紀八〇、九〇年代，布萊克、德朗、凱爾、施利弗、薩默斯、沃爾德曼等人推陳出新，創造性地提出了「金融市場雜訊理論」，將預期理論又向前推進了一大步。

2.2.2　穩固基礎理論與投資行為分析

穩固基礎理論認為，每一種投資工具，無論是股票，還是房地產，均有某種「內在價值」的穩固基礎，可以透過分析現在的經營狀況與未來的投資前景而得出。當市場價格低於（或高於）這一投資工具的內在價值時，就會出現一個買進（或賣出）的機會，因為價格波動最終將被糾正，向其內在價值回歸。這樣，進行投資就成為將某一投資工具的實際價格與其內在價值進行比較的一種簡單易行的操作。

　　這一理論認為，一種股票的內在價值等於其未來全部股息的「現值」。其現值的計算公式可表示如下：

$$PV = \frac{F_1}{1 + r_1} + \frac{F_2}{(1 + r_1)(1 + r_2)} + \cdots + \frac{F_t}{(1 + r_1)(1 + r_2)\cdots(1 + r_t)}$$

其中，PV ＝現值（present value）

　　　　　r_1、$r_2\cdots r_t$＝各計息期上的利率（顯然r_1為現期利率）

　　　　　$r_2\cdots r_t$＝遠期利率

　　　　　F_1、$F_2\cdots F_t$＝未來收益流量

　　穩固基礎理論強調股票的內在價值，注重研究上市公司的個體差異。對於如何判定股票的內在價值，該理論提出了如下四點依據：

（一）成長性預期

　　透過對企業以往的財務報表和有關資訊進行分析，並對該行業未來發展前景進行預測，如今後若干年該企業利潤增長率高，則該股票成長性好、內在價值高。

（二）投資收益預期

　　股票投資除差價收益外，上市企業每年分紅和送配股等報酬多寡也是投資者考慮的重要因素，如預期收益優，則內在價值高。

（三）風險程度預期

　　投資也應規避高風險，對各種風險因素的綜合分析，是衡量股票內在價值的依據。

（四）利率水準預期

　　股票市場對利率變化很敏感，利率下調則股價堅挺，反之，股價下挫。把握近期利率變化趨勢，也是判別短期內股價是否堅挺的標誌。

　　穩固基礎理論強調股票內在價值是進行證券投資的重要依據，提出了衡量股票優劣的四要素，試圖從理論上闡明股價形成的內因，爲中長期穩健型投資者所推崇。但事實上，股票內在價值和市場價格兩者總有差距，運用這一理論進行實際操作時收益也不明顯。但當「熊市」來臨或準備長期投資時，這一理論的優越性就開始顯現，因爲成長性好的績優股票「抗跌性」強，長期投資收益不菲。

2.2.3　股價阻礙反應理論與投資行爲分析

　　證券市場的股價不是由一般意義上的自由競爭所形成的，不同的股價只不過是買賣雙方可以接受的價格，而非所謂公平價格，這一狀況使得股價波動很難預測，那麼，該如何把握股價的最佳買入點或是最佳賣出點？

　　對此，美國史丹佛大學的考塔納（Pawl Cootner）創立了股價阻礙反應理論。他認爲，參與證券交易的投資者一般可以分爲專業者和非專業者兩大類。由於專業者熟悉股市分析的基本技術並能深刻了解股市的實際情況，他們從可靠的基本諮詢研究中獲知股票的實際價值，因而可以細心觀察並分析股價的變化情況。當股價遠離實際價值時，專業者就進入市場，以圖從價格與實際價值之差中獲取收益。相反，非專業性的投資者則

缺乏基本的股票分析與研究技能，當其在股票市場因樂觀搶購股票或因悲觀遠離市場從而導致對市場產生阻礙反應時，專業投資者即進入市場引導股價避開阻礙，他們所採取的市場策略就是和非專業者反向操作，因而形成股市阻礙反應理論。

該理論認為，非專業者參與市場交易的股價期望區域是在樂觀與悲觀之間，因此，股市中的正常投資行為一般與非專業投資者的市場行為相背離。為了獲得較高的投資報酬，非專業投資者只能追隨專業投資者。目前，廣大散戶股民追隨莊股，與莊共舞現象正是這一理論的生動寫照。然而，真要追隨專業投資者是十分困難的，因為主力莊家的交易行為是隱藏不露的，等你發現時已經太遲了。

2.2.4　空中樓閣理論與投資行為分析

空中樓閣理論認為，股票的價格是難以確定的，由於上市公司和股票市場本身都處於變化之中，因而無法準確判定股票的真正價值。這一理論是著名經濟學家凱因斯於1936年進行投資分析時提出的。他認為，專業投資者一般不願花費精力估算股票的內在價值，而願意預測投資人群在將來可能會如何行動。成功的投資者會預期何時公眾最宜構建股價的「空中樓閣」，然後搶先成交，凱因斯在《就業、利息和貨幣通論》一書中，曾用了一章的篇幅以論述股票市場及其投資者預期的重要性。凱因斯認為，無人能確切地了解未來的收益前景與股息支付，因而「多數人主要關心的不是對一筆投資在其投資期間的可能收益做出準確的長期預測，而是搶在公眾之前預見到慣用的估價依據的變化」。換言之，凱因斯是運用心理學原理，而不

是金融手段來研究股票市場。這一理論，又被戲稱爲「最大笨蛋理論」，即對某物支付其所值的三倍價格是完全可能的，只要以後你能找到某個笨蛋，他願意支付其所值的高於三倍價格，這只是心理預期的差異而已。爲此，這一理論提出了股票投資的兩種方法：

(一) 心理認知法

投資人群普遍看好的股票其價格就會上揚，凱因斯更將選購股票喻爲「選美」，投資者不應依據自己的偏好行事，由於人氣左右市場，所以要仔細研究其他人的投資心理傾向，按多數人的認知共識進行操作，關鍵是在股價認知上要領先一步。

(二) 技術分析法

空中樓閣理論是技術分析法的理論基礎。以作圖等技術方法尋求最佳成交點，判別支撐線和阻力位，使股票操作有依據。

空中樓閣理論注重股票的市場屬性，研究公眾的投資心理，著重對成交量、交投密集區間和短期和高低期望價位進行研究把握。儘管股價走勢有時與企業經營狀況相背離，但如果透過技術分析法對市場把握較準，短期收益會相當豐厚，當然亦可能竹籃打水一場空，反被套牢而損失慘重。

2.2.5 隨機移動理論與投資行爲分析

這一理論認爲股價的市場表現並無規律和秩序可言，乃是以一種凌亂的步伐左搖右擺，猶如醉酒者走路，令人難以捉

摸、動向難測的，這可歸因於各種影響股價的社會經濟、企業盈利以及政局變化等因素都無法事前預知。該理論認為不可憑藉最近的股價變動型態，來預測其未來的變化方向與幅度。從統計學分析看，股票價格的變動具有獨立性，與先前的變動毫不相干，呈現出「股市雜訊」的特性。換言之，股票價格雖然在昨天上漲，但並不保證今天仍將上漲。

　　總之，股價隨機理論認為，股市的規律正在於其沒有規律性。

2.2.6　有效市場理論與投資行為分析

　　隨機移動理論認為，任何時刻的股價為當時對股票內在價值的評估值，由於新訊息的源源而至，致使股價隨之波動，使得目前的股價與過去毫無關聯。因眾多學者對於隨機移動理論的推崇，促成了「有效市場理論」的誕生。有效市場假設（effective market hypothesis）在二十世紀六〇年代為美國芝加哥大學教授法碼（Fama）所創，並在其1970年的回顧與評論文章中確定了該假設的定義。

　　隨機移動理論建立於股價變動具有獨立性這一前提下，這個假設條件需要有效市場的存在作為先決條件。所謂「有效市場」，是指市場中的所有資訊均能充分地反映在股價上，市場具有價格調整功能，任何時間都能對廣泛的具有投資價值的資訊給予正確評價與反映。

　　在一個有效股票市場中，股價應能即時對任何市場訊息（包括企業本身與宏觀經濟訊息，如通膨率、利率、外貿赤字等）做出反應，利多的訊息會即時使股價上升，而利空的訊息

會使股價即時下挫。因此，任何時刻的股價都充分地反映當時
所有的訊息。正因爲一個有效市場對於市場訊息高度靈敏，當
我們知道有關資訊後再作交易時已爲時過晚，所以贊同有效市
場假設的人士亦認爲利用資訊在股市中獲取額外利潤的機會甚
微。法碼教授於1970年以資訊的公開性來界定不同程度的有效
市場，分爲弱勢、半弱勢與強勢有效市場。

　　總之，有效市場理論認爲股票市場的效率如此之高，當新
資訊一旦出現，股價變動極爲迅速，以致無人始終能迅速地買
進或賣出股票以獲利。因爲，所有關於某公司收益預期的資訊
都將即時反映在該公司股票價格上。

　　法碼教授生活在一個資訊網路十分完善的資訊社會裡，獲
取資訊的成本低廉，只花費不到一元美金的成本就可買回一份
資料甚豐的《華爾街日報》。然而，分析資訊卻是另一回事，並
非每個人都能看懂《華爾街日報》上的金融專業術語。但這不
構成嚴重的影響，因爲大部分的資金都是透過專業的機構投資
者，例如共同基金、養老基金或保險基金，轉投到股市的。

　　儘管西方的市場較爲成熟，但是他們的股市同樣出現過很
多異常的現象，至今無法圓滿解釋，所以亦不能視爲完全有效
市場。

2.2.7　金融市場雜訊理論與投資行爲分析

　　金融市場雜訊可以表述爲：資產價格偏離資產均衡價值的
狀態。雜訊理論就是研究「雜訊」產生的原因與表現，常用的
分析方法爲事件分析法和數量模型分析法。研究這一理論的主
要有布萊克（Black）、德朗（Delons）、凱爾（Kyle）等，他們

的理論有著共同的基本前提：

1.雜訊交易者是長期存在的：布萊克將雜訊交易者定義爲：
   把「雜訊」視爲眞正的資訊而交易的人。與之相對的，則
   是資訊相對完全的理性交易者。雜訊交易者的存在，增加
   了市場流動性。由於交易者之間始終存在著收集資訊差
   異、資訊成本差異以及投資理論上的差異，使得雜訊交易
   者始終作爲交易者的一部分而存在於金融市場中。

2.投資者中存在著短期交易者：他們出於消費需求或調整投
   資組合的需要或者短期行爲（如基金管理者）而進行較短
   期的交易。

在以上兩個前提存在的情況下，經濟學家從不同角度分析
了不同交易者在這一環境下的行爲特徵以及所帶來的價格上的
「雜訊」。

施利弗（Shleifer）、薩默斯（Summers）、沃爾德曼
（Waldman）在1990年發表了題爲〈金融市場中的雜訊交易者風
險〉的論文中，詳細闡述了這一觀點。該模型假設存在兩種交
易者：雜訊交易者和理性套利者。對於理性套利者來說，他們
所面臨的不僅有基礎性風險，而且還有雜訊交易者自身創造的
風險。例如，當雜訊交易者今天對某一資產持悲觀態度時，則
會使其價格下跌，套利者此時進行交易是因爲他認爲價格不久
就會恢復。如果雜訊交易者的看法並未扭轉並更加悲觀時，對
於短期套利者來說，就可能遭受損失。由於雜訊交易者收益
高，因此可能有部分理性套利者轉爲雜訊交易者。從長期來
看，雜訊交易者主導了整個市場，從而使市場效率消失。對於
專業套利者來說，他們的行爲可能受此影響，不再是對基本面

的套利，而是對雜訊交易者的反映，他們花費資源去檢驗、預測雜訊交易者的行動，從而所獲回報可能超過社會平均收益，這一理論能夠合理地解釋證券、期貨、外匯市場中的價格異常聯繫。如羅爾（Roll, 1984）研究澄汁期貨市場，其價格大部分變化並不能歸因於影響基礎資產的資訊（如天氣）的變化；坎佩和凱爾（Campell & Kyle, 1987）所研究的大部分的證券市場價格變動並不能歸因於有關的未來紅利與貼現率的資訊上。

2.3 風險理論與投資心理

2.3.1 投資風險概述

（一）投資風險的基本涵義

「風險」通常是與「不確定性」聯繫在一起的。弗蘭克‧奈特（Frank H. Knight）認為，所謂「風險」狀態，是指那些每種可能發生的結果均有一個可知的發生機率的事件，所謂「不確定」狀態，是指那些每個結果的發生機率尚為不知的事件。如「擲幣事件」處於風險狀態，而明年是否發生核事故則處於不確定狀態。現代西方學者通常把「不確定性」定義為：指發生結果尚為不知的所有情形，它是由於人們缺乏有關資訊，或者缺乏處理資訊的能力而產生的。

從投資的實踐來看，「風險」常被看作是：

1.損失的可能性。

2.損失的或然性或機率。

3.危險事故。

4.危險因素。

5.潛在的損失。

6.潛在損失的變動。

7.損失的不確定性。

上述「風險」的同義詞，從各種不同的側面定義和規範了「風險」的涵義。因此，所謂「風險」是指發生某種不利事件或損失的各種可能情況的總和。具體地說，我們確認了構成風險的兩個基本要素：其一是負面性即發生不利事件或損失；其二是負面性發生的機率。

例如，某人購入預期收益率為15％的國庫券10000元，其投資回報率15％能準確地加以估計，說明這項投資是沒有風險的；但如果將這10000元用於購買某公司的股票，其投資回報從一本萬利到套牢賠本，變化極大。可見，後一項投資的風險是較大的。

（二）投資風險的分類

投資風險的類型是根據不同的標準，依據不同的風險內容進行劃分，一般將投資風險分為以下幾種類型：

◆主觀風險與客觀風險

主觀風險和客觀風險，是以人們對風險的不同認識為標準劃分的。主觀風險為個人心理上的一種觀念，是個人對客觀事物的主觀估計，無法用客觀尺度予以衡量，因而將風險看成是

主觀風險。如把「風險」看成是「損失的不確定性」，這種「不確定性」實際是個人主觀的估計，具體包括損失發生與否不確定、損失發生時間不確定、損失發生狀況不確定、損失發生結果不確定等。主觀風險雖然與風險本身有很大不同，但其對認識、評估風險的作用是不可忽視的。客觀風險爲客觀存在的事物，可以用客觀的尺度加以衡量，因而將風險看成是客觀風險。從本質上說，風險是一種客觀存在。

◆純粹風險與投機風險

　　純粹風險與投機風險，是以損失的性質爲標準劃分的。純粹風險指只有損失機會而無獲利機會的風險；投機風險指既有損失機會，也有獲利可能的風險。由純粹風險導致的結果有兩種：其一爲沒有損失；其二爲損失。例如，火災、車禍、死亡、疾病等都是純粹風險。由投機風險導致的結果有三種：其一爲損失；其二爲沒有損失；其三爲得利。例如，當股價下降，投資損失；股價不變，沒有損失；股價上漲，投資獲利。個人如因純粹風險而蒙受損失，社會也會隨之而遭受損失。但投機風險則不一定，某人受損失，他人可能因此而獲利，而整個社會則可能沒有損失。就企業而言，可能同時面臨著兩種風險，如火災一般認爲會導致純粹風險，但一場大火燒毀了棄而不用、準備拆除的建築物時，實際上爲企業帶來了益處，因此從這個意義上看，純粹風險與投機風險並不相互排斥，而是具有共存性的。

◆靜態風險與動態風險

　　靜態風險與動態風險，是以損失環境爲標準劃分的。靜態風險指一般環境下所發生的風險，是由於自然力的不規則變動，或人們的行爲失誤引起的。前者如地震、雷電、洪水、颱

風、疾病等；後者如失火、盜竊、呆帳、事故等。動態風險指
與社會經濟環境變動相關的風險，是由消費者需求變化、企業
組織結構、技術結構和生產方式變動引起的。例如，投資環境
惡劣、市場疲軟、經營不當等。靜態風險與動態風險也常交織
在一起。

◆特殊風險與基本風險

　　特殊風險與基本風險，是以風險的來源為標準來進行劃分
的。特殊風險來源於特定的個人，損失也只涉及個人，如非正
常死亡、傷殘、火災等。基本風險來源於組織系統，損失也影
響整個組織系統，與特定個人無關。基本風險包括：(1)經濟系
統的不確定性，如勞動力、資本、能源、交通、適宜建築的土
地等都存有一定風險；(2)社會政治因素的不確定性，如稅率、
匯率、利率等；(3)意外的自然破壞力等。隨著時代的發展和觀
念的轉變，特殊風險與基本風險的某些界定也會有所不同。如
失業，過去被認為是特殊風險，只與特定的個人相關，現在則
被視作基本風險。

　　此外，對於風險還有其他分類，如可分為自然風險、社會
風險、經濟風險和技術風險，也可分為市場風險、生產風險和
財務風險等。

（三）投資、投機與賭博行為的區分

◆投資行為的特點分析

　　投資行為的特點是：投資目的主要是為了獲得長期的資本
所得，即希望定期獲得投資收益；同時，也希望能在較長時期
內透過資產價格的變動而獲得差額利潤。如股票投資者，一般
應選擇那些經濟實力雄厚、經營管理好的上市公司的股票。同

時，投資者在進行投資之前，一般要掌握較充分的訊息資料，對所購股票的可能風險和預期收益進行分析，絕不可憑空臆測進行投資決策，因為理性的投資決策是投資成功的關鍵所在。

◆投機行為的特點分析

投機行為的特點是：以在短期內獲得較大的利潤為目的，並願意承擔較大的行為風險。投機者從事股票買賣的目的，與投資行為不同，是希望能在短期的股價變動中獲得差價。投機者通常不注重對上市公司的經濟實力和經營業績的分析。他們進行投機行為是以了解和猜測某方面的內幕消息為前提，以技術分析為主要手段，據此做出投機決策，因此，其未來投資收益的不確定性很大，但投機者願意承擔較大的風險，也往往會在短期內獲得預期的收益。當然，一旦失算，其損失也很大。

投機行為雖然有時會造成股價的猛跌猛漲，不利於股市的安定，但它也有有利於股票市場的方面：

1. 投機者的交易行為頻繁，成交量很大，因而活躍了股票市場。
2. 由於投機者不注重定期穩定的股息收入，而是關注股票價格波動帶來的差價收益，一般採用低吸高拋手法，即在股價低位時購買，在股價高位時拋售，這對於調節股市供求與穩定股票市場，起到了積極的作用。

◆賭博行為的特點分析

賭博行為的特點是：以運氣、機遇為基礎，憑藉僥倖心理進行投資，寄希望於在短時期內獲取暴利。如在股票市場中，具有賭博行為特徵的投資者往往在毫無訊息資料分析的情況下，或者聽信傳言而僅憑點滴內幕消息便做出了股票操作的大

膽決策。由於賭博行為是盲目冒險的行為，往往只有遭受損失，而很難獲取預期收益。

就經濟性質而言，賭博是製造一種風險，參與者的風險是由於該賭局的設立而產生的，如果賭局不存在，這種風險也隨之而消失。所以，賭博行為所冒的風險是本來不存在的風險。反觀投機行為所冒的風險，本身已在市場經濟過程中存在，即使投機行為不存在，這種風險依然存在。

就參與方式而言，賭博者存有僥倖心理，勝負完全依賴於博弈機率，具有很大的盲目性。而證券市場的投機者往往是些具有豐富投資經驗、熟悉市場規律的專業人員，他們能夠較準確地預測股價走勢，透過低吸高拋的手法，從中賺取利潤。其行為具有主觀能動性，勝負機率是依據其預測的準確程度而定。

就社會作用而言，賭博者花費了時間和資源卻沒有創造新的社會價值，甚至還人為製造了額外風險。而投機者是風險的承擔者，透過均衡市場風險，對於穩定與繁榮證券市場起到了不可或缺的作用。

◆三種行為之間的特點區分

人們經常將投資與投機進行對比，投資被認為是僅有有限風險、未來收入較穩定而本金也相對「安全」，投機則具有較高風險性。但是，要將兩者明確區分是不容易的。

區分投資與投機的困難首先在於，兩者在未來的收入實現和本金歸還上都涉及到風險性。由於風險程度是個人的一種認知判斷，所以不同程度風險之間的界限是難以把握的。若將所有的證券，從政府的短期債券到脆弱的普通股票按風險大小做一排列，投資與投機的這條界限應該如何劃分呢？

區分投資與投機的困難其次在於，不同投資工具的風險須用不同的方法來測定。就債券而言，對未來利息和到期本金都能做出準確的估價。但就股票而言，本金一般透過市場換手可以得到補償，而股息收益是由股份公司的利潤分配所決定的。所以，只有透過估計股票市值來測定普通股票的「安全性」，這還不包括對未來可能收益的估價。

據此，我們認為：

1.投資與投機難以明確區分。
2.證券市場的投機傾向無法消除。
3.投機有助於活躍證券市場，有利於吸引風險投資，應該允許適度投機存在，但要加強監管力度。
4.投資與投機的未來收益都具有不確定性，因而兩者都包含著風險因素。

證券交易中的投資行為、投機行為和賭博行為的界限是很難嚴格區分的，但透過對以上三種行為特點的分析，還是可以找出其差別，具體表現為以下四個方面：

股票交易的目的不同。在股票交易中，投資行為者的目的在於獲取穩定的股息和長期的資本收益；投機行為者的目的是為了在短期內獲取資本收益；賭博行為者與投機行為者的目的一樣，只不過前者希望在更短的時期內透過股價發生暴漲或暴跌，從中獲取暴利。

承擔風險的程度不同。投資行為者關心的是股本金安全，而不期望有極高的收益，所以一般不會投資風險較大的股票；投機行為者傾向於投資那些能獲得較高預期收益的股票，因而他們願意承擔較大的投資風險；賭博行為者則不考慮風險與收

益之間的關係，他們敢於承擔的風險是三者中最大的。

　　投資決策的依據不同。投資行爲者在投資決策前，一般要對上市公司的資料與各方面的市場訊息進行認眞的分析，詳加比較才做出投資決策；投機行爲者就不那麼注重上市公司的資料而更側重於市場訊息的分析，他們進行投資決策的依據，有時是僅憑內幕消息；賭博行爲者的投資決策則是完全憑空臆測和依據僥倖心理盲目地冒險操作。

　　持股的時間長短不同。一般而言，投資行爲者購入股票後的持股時間在一年以上；而投機行爲者購入股票後的持股時間在幾個星期至幾個月之間；賭博行爲者購入股票後僅幾天甚至隔天就會拋售，因爲他們追求的是這期間的差價。當然，以持股時間進行劃分也不是絕對的，有時持股期在一年內也僅算是投機行爲。因此，以時間長短進行劃分的同時，還須結合其他方面的因素綜合考慮。

　　以上我們對投資、投機和賭博行爲進行了區分，但這種區分只是相對的，在一定條件下，上述三種行爲之間可以互相轉化。茲將投資、投機和賭博行爲的區別點列於表2-1。

(四) 投資風險與投資冒險的關係

　　風險與冒險是人們常混爲一談的兩個概念，其實兩者既相互區別，又相互聯繫。風險是指發生不利事件或損失的機率或可能性。任何時候，當我們無法預料某種結果，無法確定某種負面後果時，我們就可能面臨著風險。冒險是指個人對自己的行動做出的選擇，而這種選擇會產生或增加某種不幸結果發生的可能性，致使一些不希望發生的事情更有可能發生。

　　冒險的基本行爲模式可以簡單地表示爲「X（指某人）採取

表2-1　投資、投機、賭博行為比較表

項目＼方式	投資行為	投機行為	賭博行為
買賣目的	獲取穩定的股息和長期資本所得	短期內獲得資本所得	希望在更短的時期內獲取更多的收益
承擔風險	較小	較大	最大
決策依據	基本分析為主	技術分析為主	憑臆測與僥倖心理
持有時間	長	較短	最短

行動Ａ，主動去冒風險Ｒ（指可能具有負面結果的事件）」。當然，在投機風險中，冒險行為也可能產生正向的結果。

　　總之，風險是一種客觀存在，而冒險則是人的主觀選擇和決定，由於個人行為的介入，會加劇風險發生的可能性，從而促使這種客觀存在的可能性轉化為現實性。例如，對於某種股票，我們無法確定其價格是否上漲或股份公司是否會倒閉，即無法確定價格下跌或血本無歸的風險，但當我們決定購買這種股票時，則公司倒閉或價格下跌的情況完全可能發生，即我們在冒投資無法盈利的風險。

　　當然，風險與冒險的關係是相當密切的。一方面，風險的存在使人們必須認真考慮選擇最合理的行動，以爭取最好的結果，因此，風險是人們冒險行為的起因。另一方面，就結果而言，風險和冒險都以可能的負面性結果為特徵。在很多情況下，這種結果是透過人們行為的介入而促成的。由於投資是一種風險行為的選擇，因此，冒險的概念對投資風險十分重要的。

（五）研究投資風險的意義

在現實生活中，不確定性（uncertainty）及其引發的風險是一基本事實。當投資者做出投資決策時，無不受到不確定性因素的影響。例如，當投資項目前景不能確定時，其收益水準便不能確定，至於如何將收益在現期與遠期之間進行跨時配置也就更不能確定。又如，當投資者進行儲蓄決策時，會遇到各種儲蓄形式的利率以及未來的通貨膨脹率等不確定性因素困擾。再如，投資者購買房產，即便價格不發生變化，投資者所購得的房產品質卻未必能即時確定。其他諸如火災、地震等自然災害也都是投資的不確定性因素。

由於不確定性的普遍性和重要性，它正日益受到經濟學界的重視，而成為現代經濟學領域中的一個研究焦點。同時，不確定性問題也受到心理學界的高度重視，不少學者對不確定情形下微觀主體的決策心理研究方面進行了寶貴的嘗試。就目前而言，投資心理學這一新興學科尚處在構建階段，但「不確定性與投資心理」研究已經成為該學科理論體系中不可或缺的內容之一。

2.3.2　證券組合理論與投資風險分析

在市場經濟中，每個經濟實體都必須決定怎樣安排現有的財富，而證券市場的存在使得這些經濟實體可以對已經安排的資產做不斷的調整以減少投資的風險。證券組合理論就是用於研究家庭或廠商等對所持不同金融資產的決定問題。該理論最早是由哈里‧馬爾科維茨（Harry Markowitz）於1959年創立

的,在其博士論文〈論交易的證券組合選擇〉中,馬爾科維茨
宣布了自己的研究成果:風險較大的股票可以透過組合方式使
整個股票組合的風險比其中任何一種股票的風險低。這一發現
引起了整個華爾街證券分析人士的極大關注,並很快在實際的
投資過程中得到廣泛運用。

(一)馬爾科維茨的假定和效率曲線

馬爾科維茨的理論邏輯是:首先否定將預期收益的最大化
作為資產分析的決定準則,即假定人們不喜歡風險;其次確定
在資產結構中將風險和預期收益綜合考慮的需要,進而詳細討
論風險分散化的問題。馬爾科維茨提出如下三個假定:

1.投資者都是反對風險者和追求最大效用者。
2.投資者都是在期望報酬率及其變動(標準差 σ_P)的基礎
　上選擇投資組合。
3.投資者都具有一個相同的單一持有期。

上述假定的涵義是指,投資者將在效率曲線上選擇其投資
組合。效率曲線如圖2-1所示。

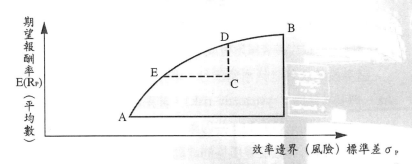

圖2-1 資產期望報酬與效率曲線

縱軸表示期望報酬率，橫軸表示以報酬率之標準差衡量的
風險，陰影部分表示由給定各種證券所形成的所有可能的不同
投資比例的投資組合。因此，只要知道某種投資組合的$E(R_p)$和
σ_p，就能將它表示成圖中陰影區中的一點。AB曲線就是效率
曲線，在此曲線上的投資組合要優於曲線以下的投資組合，被
稱為有效投資組合，因為在此曲線上的各投資組合要麼能在相
同的風險水準下提供更高的報酬水準，要麼能在相同的報酬水
準下具有較小的風險水準。圖中的E和D要優於C，因為E與C
相比，報酬水準相同但風險小；D與C相比，風險水準相同但
報酬水準高。

可見，理智的投資者都會選擇有效投資組合，然而不同投
資者由於其風險偏好不同而會選擇不同的投資組合。如保守型
投資者（即對風險高度厭惡）將會選擇較靠近A點的有效投資
組合，而進取型投資者（即對風險不太厭惡）則會選擇較靠近B
點的有效投資組合。

（二）投資風險及其衡量

投資風險是指投資遭受損失的可能性。在證券市場上，各
類主客觀的因素錯綜複雜，它們共同對證券價格發生影響。如
果投資者手中的證券價格下跌，使得投資者的預期收益不能實
現，這時，可以說投資風險變成了現實。

證券投資風險包括兩個部分：非系統風險（unsystematic
risk）與系統風險（systematic risk）。非系統風險是指由於某家
公司或幾家公司所特有的一些因素，如公司內部經營不善、重
要人事變動等，導致股票價格的波動而遭受損失的風險。系統
風險是指各類股票或股票組合對股市總活動的靈敏反應程度。

例如，股市崩潰時期，基本上所有的股票價格都將有不同程度的下跌。投資風險可用圖2-2表示。

那麼，風險究竟如何衡量？一般用收益的標準差（σ_P）來衡量。假設有某種股票，其預期收益狀況如表2-2所示。

這種股票的預期收益為：

$$E(r) = a_1 R_1 + a_2 R_2 + a_3 R_3 + \cdots + a_n R_n$$

其收益的方差為：

$$K = a_1(R - R_1)^2 + a_2(R - R_2)^2 + a_3(R - R_3)^2 + \cdots + a_n(R - R_n)^2$$

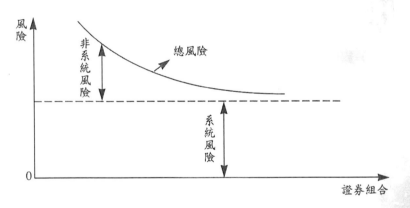

圖2-2 證券投資的系統與非系統風險

表2-2 某股票預期收益狀況表

經濟情形	發生機率	預期收益率
A_1	a_1	R_1
A_2	a_2	R_2
A_3	a_3	R_3
...	...	...
A_a	a_a	E_a

該種股票的標準差為：

$$\sigma_P = \sqrt{K}$$
$$= \sqrt{a_1(R-R_1)^2 + a_2(R-R_2)^2 + a_3(R-R_3)^2 + \cdots + a_n(R-R_n)^2}$$

上述所求出的標準差即為風險的大小。一種股票或者一種證券組合的標準差越大，其風險也就越大；相反，標準差越小，風險也就越小。證券投資風險的大小隨證券種類的不同而變化。例如，國庫券的風險遠比股票要小，如果一位投資者購買了收益率為15％的兩年期國庫券並一直持有到兌現之時，那麼該投資者承受的風險極小，可以穩獲其預期的15％收益。倘若其持有的證券為股票，則風險就大多了。

（三）組合投資與降低風險

證券組合理論說明投資者如何透過證券組合從而達到減少風險的目的。該理論核心是：透過多樣化投資，投資者可以降低其風險。現舉一簡單例子進行說明，假設有兩家上市股份公司，第一家是經營海灘、網球場、高爾夫球場等娛樂設施的旅遊公司，第二家是雨傘製造公司。氣候影響著這兩種行業的盈利。在陽光明媚的季節裡，旅遊公司生意興隆而製傘公司則不景氣；到了雨季，旅遊公司大虧其本，而製傘公司的銷售與利潤大大增加。

現假設，雨天出現的機率為50％，晴天出現的機率也為50％，這樣，將資金全部用於購買製傘公司股票的投資者便會發現：大約有一半的時間他可以獲取60％的收益，而在另一半的時間，他卻要損失40％的收益，總體而言，他可獲取10％的收益。將資金全部用於購買旅遊公司股票的投資者的結果同樣：

大約有一半的時間他可以獲取60％的收益，而在另一半時間則要損失40％的收益。總體而言，他的總收益率仍爲10％。但是，應當看到上述兩家公司的任何一家投資風險都相當大。我們可以根據風險衡量公式來計算兩家公司的風險程度：

1.製傘公司的風險值：

$E(R_傘) = 0.6 \times 0.5 + (-0.4) \times 0.5 = 0.1$

$K_傘 = 0.5 \times (0.6 - 0.1)^2 + 0.5 \times (-0.4 - 0.1)^2 = 0.25$

$\sigma_傘 = 0.5$

2.旅遊公司的風險值：

$E(R_旅) = (-0.4) \times 0.5 + 0.6 \times 0.5 = 0.1$

$K_旅 = 0.5 \times (-0.4 - 0.1)^2 + 0.5 \times (0.6 - 0.1)^2 = 0.25$

$\sigma_旅 = 0.5$

上述計算表明，製傘公司和旅遊公司股票的風險程度均爲0.5。

現在假定，投資者並不將自己的資金都投入上述兩家公司中的一家，而是將資金的一半用於購買製傘公司的股票，另一半用於購買旅遊公司的股票。那麼，無論晴雨，投資者都可穩獲10％的收益。如在雨天，用於購買製傘公司股票的一半資金會帶來60％的收益，而投資於旅遊公司的另一半資金則損失40％，投資者的總收益率爲10％；而在晴天，旅遊公司使投資者受益，製傘公司使其賠本，但投資總收益率依然不變，仍爲10％。

收益率$R' = 0.5 \times 0.6 - 0.5 \times 0.4 = 10％$

此時，$R_{(組合)} = 10％$

$K_{(組合)} = 0.5 \times (0.1 - 0.1)^2 + 0.5 \times (0.1 - 0.1)^2 = 0$

$$\sigma_{(組合)} = \sqrt{K} = 0$$

可見，投資者透過同時購入兩家公司的股票，在保持收益率不變的情況下，將風險大大降低。

上述例子表達了證券組合理論的核心思想：透過證券投資的多樣化，可以有效降低投資風險，如圖2-3所示。

在A點，有N_A種證券，對應的風險為f_A；在B點，有N_B種證券，對應的風險為f_B；在C點，有N_C種證券，對應的風險為f_C。$N_C > N_B > N_A$，而$F_C < F_B < F_A$，即隨著投資者所持證券種類的增多，其風險性也逐步下降。

（四）系統性風險與對策

透過證券組合可以有效降低甚至消除非系統性風險，例如，某公司由於新近發生一起火災導致其股價暴跌，從而使投資者蒙受損失等。這類非系統性風險是可以透過多樣化投資來

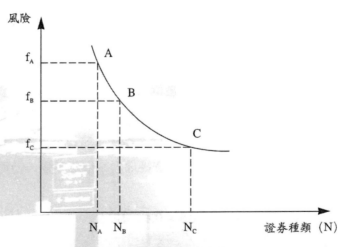

圖2-3　證券投資種類與風險大小

消除的，因為不可能出現這類情況：手中持有二十種股票，而這些股票所屬的二十家上市公司同時發生火災。美國華爾街證券分析人士認為，當手中持有二十種股票時，非系統性風險大體消除了。但是，系統風險卻無法透過多樣化來消除。對於系統性風險，最簡便的方法是用 β 值來識別，某些股票及證券組合往往對市場動向非常敏感，另一些就比較穩定，這種市場動向的敏感性可以根據以往的紀錄做出估計，它通常用希臘字母 β 來表示。一般地，我們希望 β 值越小越好，如果有兩種投資，其所得報酬幾乎不相上下，而 β 值分別為 1.1 與 0.55，則前者風險為後者的一倍，在這種情況下，顯然後者更有投資價值。因此，當面對兩種表現相當接近的證券，我們應運用上述原則加以判斷，以選擇最適合的投資，而不要只注重報酬而忽略了風險。

證券組合多樣化能降低風險這一原理同樣適用於國際證券市場。有關研究表明，由於他國經濟與本國經濟運行狀況的不一致性，透過將他國證券引入證券組合之中能夠更進一步降低非系統風險。

總之，證券組合理論認為，在收益率既定的情況下，多樣化的資產構成會減少風險，用一句形象的話作比喻：「不要把你所有的雞蛋放在一只籃子裡。」可以說，投資多樣化是在不確定條件下普遍適用的投資準則，它亦可以說明人們同時持有貨幣、債券以及其他多種資產現象的原因所在。最後，我們可以把證券組合理論歸納為：每一個經濟單位都想追求最大的收益，卻面對不確定的未來，為減少因不確定而可能帶來的風險，必須分散其資產。可見，未來的不確定性乃是資產管理所面臨的基本問題之一。

　　最後，我們將與個體投資行為相關的投資心理理論概述如下（見表2-3）。

表2-3　投資心理理論與個體投資行為的相關分析

主體理論	次理論類型	主要理論觀點
態度理論	信心理論	影響股價變動的主要因素取決於投資者對於未來股價、盈利與股息變動的認知態度
	情緒週期理論	股市的波動不僅表現為股價空間起伏的規則性，也表現為時間循環週期的節律性，個體的情緒對此產生了很大的影響
預期理論	穩固基礎理論	每一種投資工具均有某種「內在價值」的穩固基礎，可以透過分析現在的經營狀況與未來的投資前景而得出
	股價阻礙反應理論	股市中的正常投資行為一般與非專業投資者的市場行為相背離，為了獲得較高的投資報酬，非專業投資者只能追隨專業投資者
	空中樓閣理論	股票的價格是難以確定的，由於上市公司和股票市場本身都處於變化之中，因而無法準確判定股票的真正價值
	隨機移動理論	股價的市場表現並無規律和秩序可言，不可憑藉最近的股價變動型態，來預測其未來的變化方向與幅度
	有效市場理論	股票市場效率極高，所有關於某公司收益預期的一切資訊都將即時反映在該公司股票價格上，以致無人始終能迅速地買進或賣出股票以獲利
	金融市場雜訊理論	雜訊交易者的長期存在，增加了市場流動性，弱化了市場效率；同時，使得理性投資者不僅面臨基礎性風險，而且面臨雜訊交易者自身創造的風險
風險理論	證券組合理論	風險較大的股票可以透過組合方式使整個股票組合的風險比其中任何一種股票的風險低，即在收益率既定的情況下，多樣化的資產構成會減少風險

本章摘要

◆ 態度對於個體的投資行為具有實用功能、防禦功能和表現功能。由於態度的複雜性和多樣性,心理學家對其有許多不同的理解。

◆ 態度理論中與個體投資行為相關的主要為信心理論與情緒週期理論。

◆ 預期作為一種社會心理現象,它影響著人類行為的各個方面,個體正是依據自己的預期,才做出各類投資決策。

◆ 預期理論中與個體投資行為相關的主要有穩固基礎理論、股價阻礙反應理論、空中樓閣理論、隨機移動理論、有效市場理論與金融市場雜訊理論。

◆ 風險通常與不確定性聯繫在一起,在現實生活中,不確定性及其引發的風險是一基本事實,當投資者做出投資決策時,無不受到不確定性因素的影響。

◆ 風險理論中與個體投資行為相關的主要為證券組合理論。

思考與探索

1.簡述態度在投資行為中的功能。

2.簡述預期的基本涵義及其分類。

3.簡述預期對投資行為的影響。

4.請舉例試述投資風險的基本涵義及其分類。

5.試比較投資、投機與賭博行為的異同。

6.舉例試述投資風險與投資冒險的關係。

第3章
投資者的個體心理

3.1 投資者的心理過程分析

俗話說：「股市是一個心理的王國。」在股票市場上，為什麼有人做得好，有人卻做不好？為什麼同樣是犯了操作上的錯誤，有的人一錯再錯，有的人卻因禍得福，反敗為勝？為什麼有的人越做越大膽，有的人卻越做越膽小……凡此種種，顯然不是簡單的所謂「運氣好」所能解釋的。大量的調查表明，投資者所犯的錯誤中有70％是由心理因素引起的，心理因素成為影響我們投資行為的無形之手。

3.1.1 股市中的知覺選擇性

在日常生活中，作用於我們感覺器官的客觀事物多種多樣，但在一定時間內，人總是選擇少數事物作為知覺的對象，這就是知覺的選擇性。此時，被知覺的對象好似從環境中凸顯出來，顯得格外清晰，其他事物則成為知覺的背景，而對象和背景在一定條件下是可以相互轉換的。

在大陸股票市場上，當人們討論滬深兩地股市時，常可聽到這樣的議論：一說滬股市盈率偏高，上市公司業績不如深股，因此投資深股風險小；但又說深股盤子太大，不如滬股盤小穩定，因此投資滬股風險小。這就是股民的知覺選擇性所引發的視覺雙關效應，當投資者選擇不同的股票作為觀察背景，以不同的因素作為知覺對象，就會得出不同的認知結果。

不同的股票有不同的特徵，同一股票又有不同的側面，當

它們同處一個市場上，就會產生互為背景、互相映照的效應。高價股襯托出低價股股價低廉，大盤股襯托出小盤股的盤小特點，績差股襯托出績優股業績之優，而績優股股價的居高不下又使人感到績差股雖劣，但卻價廉，低價吸納也蠻實惠，如此相互映照的結果是投資者感到各種股票都各有所長，各具題材，都有投資價值。

　　儘管不同投資者會因自身條件與習慣偏好，選擇不同的觀察背景和知覺重點，造成認知結果上的差異：新入市者一般以股價為知覺重點，會感到績優股價高風險，績差股價低保險，然而股市老手則更注重股少易炒的小盤股。但是股民人群的這種知覺選擇始終是雙向的，有人這樣認知，有人則那樣認知，這一視覺雙關效應，使得個股以他股的「短處」來襯托自身的「長處」，又以自身的「短處」去反襯他股的「長處」，從而使眾股的短處都得到了彌補，形成互相幫助、互相支援的局面。因此，知覺選擇性所引發的視覺雙關效應的存在是股市能否穩定發展、減少震盪的重要條件之一。

　　正確認識股市中的視覺雙關效應，對於判斷股市狀況具有重要的現實意義。因為再盲目的投資者在決定投資方向時，總要依據一定的背景進行觀察思考，一旦投資者感到投資沒了方向或目標，是因為其股市圖像已經紊亂，視覺雙關效應喪失所致。

3.1.2　股價錯覺

　　錯覺是指個體對於客觀事物不正確的知覺，它是客觀事物在刺激作用下所產生的一種對刺激的主觀歪曲的知覺。

在股市中，即使是再理性的投資者，也會產生時強時弱的錯覺，其中最明顯的莫過於股價錯覺。例如，10元面值的股票賣200元與1元面值的股票賣20元，前者股價似乎更高，這就是股價錯覺。這種錯覺使得同樣已達面值二十倍的股票，後者有一種虛幻的安全感，而前者卻使人望而生畏。

股價錯覺的產生與人們日常生活經驗息息相關，我們在日常生活中遇到的商品價格總是與某一具體計量單位的多少聯繫在一起，這種聯繫經長期強化，就形成了條件反射，股價同樣也不例外。上市公司拆股的原因之一正是為了最大限度地降低股價錯覺。股價錯覺可分為以下三類：

（一）股價絕對值錯覺

10元一股與20元一股，哪支股票價格更貴？一般人都認為是後者，這就是對股價絕對值的錯覺。只要冷靜分析，我們就會發現有的個股雖然20元一股甚至更高，但是業績優，極具上升空間，是績優股；相反，有的個股雖然10元一股，卻是績差股，缺乏市場題材，是垃圾股。所以，注重股票的內在價值比外在價格更為重要。

（二）股價相對值錯覺

在下跌行情中，甲股下跌40％，乙股下跌20％，哪支股票價格更高？一般人會認為乙股相對值較高，這又是一種價格錯覺，即股價相對值錯覺。

通常，股價跌幅深淺有其內在規律與原因，跌幅較深的個股往往是原先股價太高，而跌幅較淺的個股則說明原先股價比較合理，該股下挫是大勢拖累所致，一旦大勢起穩回升，這樣

的個股更容易輕鬆破位，再創新高。可見，股票和商品一樣，價格是次要因素，關鍵要看是否物有所值。

（三）股價動態錯覺

當股票處於數元價位時，每上漲1元，都會讓人怦然心動。一旦衝破10元價位後，即使股價上漲速度不變，股價絕對值的增長沒有減緩，但持股人卻往往失去了原有的「心跳感」，而對漲勢感覺麻木。

總之，錯覺作為一種心理現象是客觀存在的，所以對於一般的股價錯覺不必太顧及，因為你有，其他人也會有，但是過於強烈的股價錯覺則會使我們選錯股，需要引起注意。

3.1.3　股市記憶

記憶是指過去經驗在人腦中的反映。人腦對感知過的事物、思考過的問題、體驗過的情緒與練習過的動作，都可成為記憶的內容。例如，熟讀一首詩就能把它背出來，便是透過記憶來實現的。

股市也有記憶，以前的股價走勢會令人吃驚地重演，人們據此總結出股價運行模式，建立了一整套預測股價走勢的方法和理論，這便是技術分析法。例如1991年1月14日，大陸上海電真空股票兵敗530元「高地」，後於495元價位反彈，至524元再度失利，其後滬市進入熊市。經過這場多空戰，495元和530元在廣大股民心中留下了難忘的記憶，成為電真空股價復漲的強大阻力位。當5月17日牛市起步後，電真空儘管漲勢十足，但到7月1日剛觸碰495元價位，就遭到空方沈重的拋盤壓力，

股價迅速回落，進入盤整期，後重新上揚，至523元時又遇阻力，經過一‧九萬餘手的換籌，才跨越530高地，進入一個全新的成長空間。

可見，所謂股市記憶，即是股民記憶。被套割肉的股價會給股民留下深刻難忘的記憶，從而形成心理阻力位。然而，股市記憶具有時間性，隨著時間流逝，舊的股市記憶會慢慢消退，取而代之的是新的股市記憶。因此，投資者既要總結過去，更要注重現在、展望未來。

可是，眾多投資者雖然知道這一道理，但是事到臨頭卻常沈緬於過去而不能自拔。如發現大勢已變，漲勢漸成，卻無法擺脫熊市記憶；或者明知熊牛轉換，大勢已去，卻跳不出牛市記憶。這固然與投資者的分析能力及其心理素質相關，但也與記憶表象的形象性、直觀性與片斷性等特點有關。因為人們最容易記住的恰恰是形象鮮明、感觸深刻的成功與失敗。因此，投資者要擺脫股市記憶的困擾，唯一有效的方法就是勤用手、勤動腦，留意分析每一階段股市行情變化的前因後果，把注意力集中在今天，把目光投向明天。

3.1.4　股市情緒

情緒是人類心理生活的一個重要方面，它是人類對客觀事物是否符合自身需要而產生的主觀內心體驗。

人具有自己的主觀世界，當外界事物作用於個體時，個體對待事物就會有一定的態度。個體根據是否符合自身的主觀需要可能採取肯定的態度，也可能採取否定的態度。當他採取肯定的態度時，就會產生愛、滿意、愉快、尊敬等正面體驗；而

當他採取否定的態度時，就會產生憎恨、不滿、痛苦、憂愁、憤怒、恐懼、羞恥和悔恨等負面體驗。無論對客觀事物持肯定或否定的態度，都是個體的情緒體驗。在股市中，最難控制的是股民自身的情緒。

　　股市具有自身的週期性特徵，即股價指數的起伏波動，低價──高價──低價──高價，如此往復。這種股價指數的有節律波動，反映出投資者的情緒狀態，即悲觀或是樂觀。一旦大多數投資者出現悲觀情緒，空方占優，股指下挫，股票市場就進入熊市；反之，當投資者的情緒樂觀，多方占優，股票市場就進入牛市（見圖3-1）。

3.1.5　股市心理定勢

　　心理定勢是指個體對於某種積極性的準備狀態，它是受兩個因素（主觀需要和客觀情境）制約的心理動力狀態。在重複

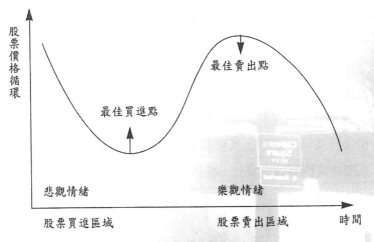

圖3-1　股價週期與股民情緒

情境的條件下，當個體的需要總能得到滿足時，由需要所引發的個體行為就會得到鞏固，於是便形成心理定勢。心理定勢作為個體心理活動的一種準備狀態，它影響著解決問題時的傾向性，這一傾向性有時有助於問題的解決，有時又會阻礙問題的解決。

在股市中，當投資者剛入市時，既缺乏投資經驗，更沒有心理定勢，因而能隨著行情變化做出不同的判斷。隨著實踐的深入，投資經驗經反覆印證、強化之後，投資者就形成股市心理定勢。

股市心理定勢在使投資者的思維與行動達到高度自動化的同時，也會使其思維模式固定化、單一化和機械化，因此，它會影響投資者對股市行情的主觀判斷。例如，有的投資者習慣根據消息來判斷股市行情，有的投資者傾向按成交量來推測漲跌變化等。然而，一旦心理定勢失靈之後，卻容易造成投資者心態失衡，以至對明明正確的經驗也會產生懷疑與動搖，使投資決策一錯再錯。

不同的投資者會有不同的股市心理定勢，但是在股市長期走高或長期走低之後，投資者總體心理定勢就是好了更好，壞了更壞。這一心理定勢的存在，使得股價不易出現一旦看好就直線抬升、一旦看淡就下跌不止的情況，所以，心態成熟的投資者可以有效地利用它，趁多數人還未認清大勢之前，及時調整投資策略。當然，其前提是自己不能為股市心理定勢所困，而應經常觀察股市變化，積累新的經驗，拓展新的認識。

3.1.6　股市情結

　　情結是指一組與許多因素相聯繫的複合情緒。著名人格心理學家榮格認爲，情結是一種伴隨著強烈情緒變化的思想或觀念，由於個體情緒的變化，使保持在個體潛意識中的情緒會對其行爲產生重要影響。股市情結則是投資者不能擺脫過去而沈溺於某種心理體驗的產物。在股市中，形形色色的「情結」是不勝枚舉的，具體有以下三類：

（一）遲到情結

　　人們事先沒想到要入市，或即使想到，但由於各種主客觀原因，而未付諸行動，一旦牛市起來，看到別人賺錢後，就難免產生遲到的悔意。對此，心態健康的個體會做到知錯就改，力爭亡羊補牢。而另有一些人則沈溺於遲到情結，痛苦不能自拔。股指每升一步，就懊惱一聲「晚了」，股指越上漲，悔意就越強烈，以至心結越繞越緊，無法解脫。如果有人勸其入市，他會說：「晚了，現在再搞已經晚了。」遲到情結就是這樣，讓人不能正確面對，時間就這樣分分秒秒地流逝，機會就這樣一次又一次失去。其實，參與投資永遠不會遲，因爲股市中只有被淘汰者而沒有遲到者。

（二）錯賣情結

　　投資者因一時不愼而做空踏空，這在股市中本是很正常的，但有些投資者卻因此耿耿於懷，形成「錯賣情結」，讓懊惱綁住自己的手腳。例如，某位投資者在股票14.60元價位時賣

出，後來不跌反漲，他果斷地以15.80元的價位補進，有人說他傻，他一笑了之。結果，不出幾天該股漲至18元。顯然，該投資者正是由於克服了錯賣情結，戰勝了人性弱點，才贏得了市場豐厚的回報。

（三）戀股情結

當投資者在某股中盈過利，就會對該股抱有好感，以至當股性已變，市場中有了更好的股票可供選擇時，也往往視而不見，正所謂「情人眼裡出西施」；相反，在某股中虧損過，便會對該股抱有成見，即使明知目前購入該股不失為明智之舉，也會捨棄不買，可謂「一朝被蛇咬，十年怕井繩」。

總之，股市情結是投資者心理素質不良的表現，一個「情結」就彷彿是一個套子，種種套子便將投資者束縛了。股市中有人越做越順，是因為他們善於自我解套，而有人越做越背，是因為他們「心有千千結」。俗話說：解鈴還得繫鈴人，戰勝自我、超越過去，則是解鈴的唯一辦法。

3.1.7　股市意志

意志是指個體自覺地確定目的，根據目的支配、調節行為，從而實現預定目的的心理過程。意志對於個體行為的調節有兩個方面：一是發動，二是抑制。前者表現為推動個體去從事達到一定目的所必需的行動，後者表現為制止與預定目的相矛盾的願望和行動。這兩方面在個體的實際活動中不是相互排斥，而是統一的。例如，為了事業，人們可以抑制住憎恨和嫉妒，控制住失敗的痛苦與憤怒而發奮圖強、堅持工作。正是透

過發動和抑制這兩種作用，意志實現著對個體行為的支配和調節。意志不僅調節個體的外部工作，而且調節其心理狀態，這包括人的認知活動與情緒狀態。

(一) 意志的基本品質

良好的意志品質是克服困難、完成各種實踐任務的重要保證。投資作為一項高智力的複雜活動，更需要有良好的意志品質提供支援。良好意志的基本品質是：自覺性、果斷性、堅韌性與自制力。

◆ 自覺性

自覺性是指個體在行動中具有明確的目的性，並能充分認識到行動的意義，反映出個體堅定的立場和信仰。自覺性貫穿於意志行動的始終，是形成良好意志的源泉。具有自覺性的人，在行動中既不輕易接受外界的影響，也不盲目排斥有益的意見。

與自覺性相反的不良意志品質是易受暗示性和獨斷性。具有易受暗示性的個體，只有在得到提示、命令、建議時才表現出積極性，而且他們容易屈從於他人的影響，對他人的觀點與行為會不加鑑別地接受。例如，在股市中，不少投資者因易受別人的影響與暗示，經常改變自己原先正確的投資決策，結果造成損失；而馬路股市沙龍的長盛不衰也從側面反映了投資人群的易受暗示性。而具有獨斷性的個體，表面上似乎是獨立地採取投資決策，但實際上缺乏自覺性，不考慮自己採取的決策是否合理，經常固執己見，毫無理由地拒絕考慮別人有益的批評與勸告。例如，股市投資失敗的人，受挫後就容易形成固執行為。

◆果斷性

　　果斷性是指經明辨是非，迅速而合理地採取行動，以實現所作決定的意志品質。具有果斷性的個體能全面而又深刻地考慮行動的目的及其達到的方法，懂得所作決定的重要性，清楚地了解可能發生的結果。意志的果斷性與智慧的敏捷性有著密切聯繫。由於明辨是非和利害關係，當個體認識到行動有勝利的把握時，才堅決採取行動。但是在複雜情境中所表現出來的果斷性並不是每個人所固有的，因為果斷性必須以正確的認識為前提，以大膽勇敢和深思熟慮為條件。

　　與果斷性相反的不良意志品質是優柔寡斷和魯莽草率。優柔寡斷的主要特徵是思想、情感的分散。由於個人無法克服矛盾的思想和情感，不能將思想與情感引上某種明確的軌道，於是便在各種動機、目的與手段之間搖擺不定，無法取捨。具體表現為患得患失、躊躇不前、常常懷疑所做決定的正確性以及擔心實現決定的不良後果，或者做出決定後又不能堅決執行，這正是投資者的一大心理弊病。而魯莽草率主要源於懶於思考且輕舉妄動。例如，為了擺脫選股的緊張狀態，而不考慮主客觀條件地盲目入市等，都是意志薄弱的表現。

◆堅韌性

　　堅韌性是指在執行決定時能堅持到底，在行動中能長期保持充沛的精力和頑強的毅力，勇往直前地克服困難的意志品質。堅韌性表現為，一方面善於抵抗不符合行動目的的主客觀因素的干擾，即面臨各種困擾，不為之所動；另一方面善於長久地維持業已開始的符合目的的行動，做到鍥而不捨，有始有終。

◆自制力

自制力是指能夠自覺、靈活地控制自己的情緒，約束自己的行為和言語的意志品質。自制力體現著意志的抑制職能。有自制力的個體，能夠克制住自己的恐懼、懶惰、害羞等消極情緒和衝動言行。在跌蕩起伏的股市中，投資者的自制力十分重要，它對投資決策有著重要影響。

（二）意志與投資決策

「行情易斷，決心難下」這句股諺道出了投資者們的苦惱，許多投資者往往知識豐富、思維敏捷，分析大勢頭頭是道，判斷行情一針見血，可臨到上陣卻常常遲疑不決，以至一次次地痛失良機。

事實上，「行情易斷，決心難下」的情況是每個投資者都會遇到的，產生這一問題的原因是多方面的。有的是意志不堅、遇事猶豫；有的是對自己的分析判斷缺乏信心；有的是家庭經濟壓力大。總之，由於投資與個人利益密切相關，因此在人的意識深處存在著害怕失敗、害怕獨立承擔責任的本能。上述主觀因素以及股市的客觀風險性，都會使人在操作時難免產生猶豫和動搖。

對此，首先要樹立自信心。俗話說：「股市無常勝將軍」，因此不要過分擔心失敗。對自己分析判斷缺乏自信心的投資者，可以經常回顧自己以往的分析判斷，如錯多對少，說明確實分析有問題，需要加以總結、糾正。如對多錯少，說明自己的分析判斷已有相當水準，不必過多地懷疑。樹立自信心的具體方法有：一是多回憶成功操作的例子，以此鼓勵自己的投資決心；二是多做紙上練習，根據行情變動，進行簡單的實戰練

習。由於是簡單的練習，因此要儘可能地把這種練習建立在不假思索的基礎上；三是經常有意識地在大庭廣眾之中，大聲說出自己的意見，以此來激勵自己的信心。例如，日本一家學校，它專門訓練企業經營者如何從失敗走向成功，其中很重要的一課就是讓學員在大庭廣眾之中邊跑邊喊：「我就是成功者！」

其次要爭取家庭的支援。對於家庭經濟狀況造成精神壓力過大的投資者，應主動消除這個「病灶」。要知道股市機會永遠有，而有了家庭的支援，則會大大減輕自己的壓力以及獨立承擔責任的負重感。目前，工薪階層投資股市一般是夫妻雙方共同參與，婚姻心理研究表明，一個優柔寡斷的人所找的伴侶往往是決斷型的。唐太宗時，宰相房玄齡和杜如晦共掌朝政，房氏多謀略，杜氏善決斷，故有「房謀杜斷」的美稱。一個謀，一個斷，夫妻雙方配合得好，不僅相得益彰，亦可以相互減輕心理壓力。

3.2　投資者的行為、需要與動機分析

3.2.1　投資者投資行為的一般模式

投資是一種動態的心理與行為，投資行為的心理過程可以表示為：需要引發動機，動機引發行為，行為又指向一定的目標。這說明，人的行為都是由動機支配的，而動機則是由需要引起的，人的行為則是在某種動機的策動下為達到某個目標而

進行的有目的活動。

需要、動機、行為、目標,這四者之間的關係可以見圖3-2。

如果將圖3-2改為圖3-3形式,那麼這即是典型的人類行為模式圖。從心理學角度分析投資過程,實質就是三類變數之間的相互關係,這三類變數是指刺激變數、機體變數和反應變數。

刺激變數是指對有機體的反應發生影響的刺激條件,其中包括可以變化與控制的自然與社會環境刺激。投資的刺激變數大多是社會、經濟的環境變數。機體變數是指有機體對反應有影響的特性,這些都是有機體本身具有的特性,諸如性格、動機、內驅力強度等。反應變數是指刺激變數和機體變數在行為上引起的變化。

圖3-2 動機激發的心理過程模式圖

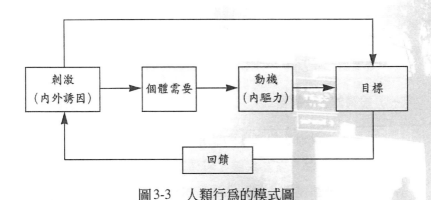

圖3-3 人類行為的模式圖

　　據此分析，圖3-3中的需要和動機都屬於機體變數，行為屬於反應變數，外界的目標則是刺激變數。個體的投資行為過程，實質上就是社會經濟的環境刺激變數引起機體變數（需要、動機）產生持續不斷的興奮，從而引起投資行為反應，當投資目標達到後，經回饋又強化了刺激，如此周而復始，延續不斷。

　　上述投資行為模式圖在一定程度上反映了人類行為和心理活動的共同規律。因為心理學的研究證實了下述客觀規律性：個體的意志行動開始於需要以及由需要而引起的動機。具體而言，個體受到刺激產生了需要，需要不滿足時，個體呈焦慮狀態，從而激發動機，透過行為實現目標，需要滿足後焦慮得到平息，但又產生新的需要，進而激發新的動機，最後又推動新的行為。如此循環往復，以至無窮，使個體的心理水準達到更高的境界。

3.2.2　投資者的投資需要分析

　　美國心理學家馬斯洛（A. H. Maslow, 1908-1970）的需要層次理論是最為著名的一種動機理論，其影響深遠，廣為流傳。這一理論在許多領域得到了廣泛運用，如教育科研、組織管理、心理治療等方面，同樣也涉及投資領域。

（一）投資的生理需要

　　這是人類最原始最基本的需要，例如，饑餓需要食品，口渴需要飲料，禦寒需要衣服，居住需要場所，疾病需要醫療等。這些需要維持著人們生命的基本要求，若不能滿足，人類

就無法生存。馬斯洛認為，在一切需要之中生理需要最先產生，而且是有限的，當生理需要被滿足時，它就不再作為行為動機而存在。這時，人類可以從生理需要的支配下解脫出來，產生其他「更高級」的需要。

因此，生理需要便成為投資中最基本的需要，即希望透過投資來獲得利息或紅利收入，以實現私人資本的增值，更好地滿足個人的生理需要。

（二）投資的安全需要

個體的生理需要相對地得到滿足之後，就會產生安全需要，希望避免如冷、熱、毒氣、災害、疼痛等物理條件方面的傷害，要求職業穩定、勞動安全，希望未來生活有保障等。在安定良好的社會裡，一般健康而正常的成年人，其安全需要基本上能夠得到滿足，但在動亂社會裡，安全的需要就顯得很突出。

參與證券投資可以滿足個體的安全需要，因為購買證券可以防止因意外災害或被盜造成的可能損失，使得資本更有保障。而不少投資者把購買人壽保險作為其安全需求的保障，如果被保險人過早死亡，人壽保險便能給其家庭提供財務上的保障，這一保障是有幼兒的年輕父母們的最大需求；也有一部分投資者的主要目的是為退休後能有長期穩定的收入，養老保險恰能滿足其需求。上述都是安全需要在投資中的體現。

（三）投資的社交需要

一旦上述兩種需要都滿足了，個體就會出現感情、友誼和歸屬的需要，如渴望父母、朋友、同事、主管等對其愛護、關

懷、信任、友誼甚至愛情等，人們還渴望自己有所歸屬，成為團體一員。馬斯洛特別強調，人是社會的動物，沒有人希望自己孤獨，總希望有些知心朋友，有個溫暖的集體，渴望在團體中與他人建立深厚的感情，保持友誼和忠誠。

人是一種社會性動物，社交需要成為其必不可少的一種需要，股票投資可以在一定程度上滿足社交需要。有人說，現在人群最集中的地方不是商店而是證券公司，甚至股市收盤後，在證券公司門口還可以見到三個一夥、五個一群的股民們在談論著股票行情、交流著各自的觀點。這在一定程度上滿足了股民的社交需要，激發股民的投資動機。

(四) 投資的尊重需要

每個社會人都有自尊、自重的需要，希望他人尊重自己的人格，希望自己的能力和才華得到他人公正的承認和評價，要求在團體中確立自己的應有地位。這種需要可分為兩方面：一是要求得到他人的重視、關心或高度評價，使自己的工作得到社會的肯定與認可，並獲得相應的名譽、威信或地位；二是在所處的環境中，希望自己有實力、有成就、有信心。這些需要的滿足可以增長人們的自信心，覺得自己生活在這個世界上有價值、有用處，可對周圍環境產生影響力。當這些需要一旦受挫，就會使人產生自卑、軟弱、無助等負面感覺，從而喪失自信心。而這些需要一旦得到滿足時，就會產生強大動力，表現出持久的幹勁。

尊重的需要在投資中表現為投資者想顯示自己的才能，從而獲得一種心理上的滿足。例如，投資者透過賺取比別人更多的收益來表明自己能力的不同凡響；而一些青少年參加股票投

資以表明自己已經長大成熟等，這些都是一種個體的尊重需要
而引發的投資動機。

（五）投資的自我實現需要

馬斯洛指出，即使以上需要都獲得滿足，往往又會產生新
的不滿足，即要求實現個人的聰明才智與理想抱負，這是個體
最高層次的自我實現需要。

在股票市場上，部分投資者參與股票投資，主要是爲了參
與公司決策，這也是某種程度上自我實現的滿足，即透過自己
的努力，影響公司的重要決策，實現自己的投資目標。同時，
投資者成功的投資體驗，也強化了其投資信心，可以促使投資
者向更高目標攀登，完成與自己能力相稱的更大的投資。這種
投資需要在高層次的知識份子中占有一定的比例。

3.2.3 投資者的投資動機分析

動機是指直接推動個體活動以達到一定目的的內部動力。
個體的一切活動都是由一定的動機所引起，並指向一定的目
標。動機是個體行爲的動力，是引起人們活動的直接原因，它
是一種內部刺激。動機這一概念包含如下涵義：(1)動機是一種
內部刺激，是個體行爲的直接原因；(2)動機爲個體行爲提出目
標；(3)動機爲個體行爲提供力量以達到其體內平衡；(4)動機使
個體明確其行爲的意義。可見，動機具有兩方面的作用：

1.活動性：個體懷有某種動機之後，能對其行爲產生推動作
用，表現爲對個體行爲的發動、加強、維持與中止。

2.選擇性：具有某種動機的個體，其行為總是指向某一目的
而忽視其他方面，使其行為表現出明顯的選擇性。

可以說，每個投資者的投資動機是不完全相同的，它依賴
於投資者的財務需要以及貨幣使用的道德觀念。例如，有些投
資者參與投資活動僅是為了積累財富；有些投資者是為子女的
未來教育積累資金；還有些投資者是為退休生活作準備，以及
完成其他方面的財務需要。個體投資者和團體投資者的投資動
機往往也是不同的：個體投資者一般視投資為增加資產的手
段，以便能夠為自身增加資金的來源，團體投資者則是積累資
金以更好地為其成員服務。

總之，在日趨發達的市場經濟中，投資在各類經濟活動中
占有重要地位。隨著市場經濟的不斷發展，投資的形式更趨多
樣化，投資的內容更具豐富性，投資的功能進一步多元化。例
如，在證券市場中，投資者不但可以透過長期投資獲取與其風
險相應的收益，而且可以利用市場波動進行短期投資以賺取差
價收益。當然，正是由於證券投資的形式多樣化、功能多元
化，必然使得投資動機也日益複雜化。歸納起來，個體投資者
的投資動機主要有以下十種：

(一) 資本增值動機

人們參與證券投資活動，最基本的動機就是獲取股息或利
息收入，以實現資本增值。僅持這一動機的行為屬於投資行
為，不具投機性質。投資者比較注重各種不同股票的股息差
別，同時也注重股票的品質，以求穩定地獲取較高的股息。

（二）投機動機

持有這種動機的投資者參加投資活動，其主要目的是爲了從股票價格波動中獲取差價收益。他們很少注重股息，因爲在他們看來，股息和價差相比微不足道。這類投資者認爲，爲獲取股息而買進股票，遠不如在股票市場上快進快出賺取價差收益好，因此他們極爲重視股票市場的供需關係和行情變化，將資金投放在價格波動幅度較大的股票上。他們頻繁地買賣股票，願意承擔較大的風險以獲取較高的收益。個別投資者甚至推波助瀾，故意炒作股價，以牟取暴利。香港美麗華酒店的股票票面價值爲每股7元港幣，1982年1月到11月間，該酒店股票每股最高市價57元港幣，爲票面價值的8倍多；最低價格爲31元港幣，爲票面價值的四倍多。而國內很多公司股票的價格曾經達到票面價格的幾十倍甚至數百倍。可見，在股票面值與市場價格相差懸殊的情況下，名義派息率和實際派息率的偏離擴大，股息率一般低於銀行存款利率。這樣，人們對於股票投資更多的是追求從股價變動中獲取收益，而不是單純追求股息收入。因而，在股票市場上持投機動機的人日益增多，投機已成爲證券投資的一種普遍現象。當然，更多的則是兩種動機兼備的投資者。

（三）靈活性動機

靈活性是指投資者在儘可能避免損失的條件下，將投資迅速轉化爲現金的能力。保留現金靈活性最大，但無法實現資本的增值；儲蓄投資則收益率太低；房地產投資一般收益率較高，但將其轉化成現金的成本太高，而且交易時間也較長，投

資靈活性偏低。可見，證券投資能將靈活性與收益性融合起來，它既能迅速轉化成現金，又能長期爲投資者帶來收益。因此，在確保資本增值的前提下，出於靈活性的考慮，投資者可以選擇證券投資。

（四）參與決策動機

雖然就國內廣大投資者而言，參與決策的意識比較薄弱，但是也有少部分投資者確爲參與公司的決策而購買其股票。當然，現代股份制經濟的特徵之一是股權的日趨分散，大企業擁有眾多的股東，只有極少數的大股東才有參與實際決策的權力，多數股東無法眞正參與決策。因此，我國廣大股民參與公司決策的意識不強，而更注重了解「內幕消息」，以獲取差價收益，這導致了投資者的角色錯位。

（五）避險動機

投資者之所以參與證券投資，還有安全上的考慮，因爲購買證券可以防止意外災害或被盜造成的損失，使資本更有保障。此類投資者也重視投資收益率，他們認爲把錢存入銀行與購買證券安全程度基本相等。因爲證券投資能提供更大收益，所以採取證券投資的方式更爲有利。由於他們更注重安全考慮，在投資時多把資金投資於收益穩定的債券品種上。

（六）選擇動機

邊際效用遞減法則在一般商品購買活動中表現爲：儘管某種商品可能對消費者具有極大的吸引力，但是他不會把大量現金花費在同一種商品上，因爲隨著購買數量的增加，商品的效

用會遞減。同樣，在證券購買活動中，邊際效用遞減法則也起著作用，投資者如果總是購買一種證券會感到乏味，而希望從多種證券的投資收益比較中獲得平衡性滿足。

（七）自我表現動機

這一動機的核心是自我炫耀，從而獲得心理滿足。社會上某些巨富以擁有鉅額證券資產顯示自身的富有和地位；一些自認為能力超群的人透過證券投資收益來顯示自己的不凡；部分退休者及家庭婦女則期望透過從事證券投資以獲得社會承認；而少數青少年參與證券投資以表明自己的成熟。

（八）好奇與挑戰動機

有人從未買賣過證券，目睹他人買賣證券，自己也想體驗一下；有人眼見他人炒股賺了錢，出於一種挑戰心理，也開始買賣證券，力圖比他人賺得更多。具有這種動機的投資者一般缺乏必要的技術和心理準備，因而投資較具衝動性，且不夠穩定。

（九）習慣動機

這類投資者曾長期從事證券投資活動，已經形成習慣，證券投資成為他們生活中必不可少的內容，可謂「一日不炒股，則坐臥不寧」。這類超出常規的證券投資活動，一般屬於不理智投資行為。

（十）避稅動機

避稅動機是指高稅階層的投資者為逃避收益納稅而選擇收

益免稅的證券進行投資的心理傾向。例如，他們選擇利息免稅的市政債券進行投資，或者選擇能源交通建設方面的證券投資，後者可為投資者提供稅收保護。

綜上所述，投資者的動機是複雜多變的，而獲取收益則是最基本和最主要的動機。

3.3　投資者的投資挫折與自我調節

3.3.1　投資挫折的形成原因

心理學將挫折定義為：個體在從事有目的的活動過程中，遇到障礙或干擾，致使個人動機不能實現，個人需要不能滿足時的情緒狀態。挫折在個體投資活動中同樣不可避免，其心理變化見圖3-4所示。

古人云：「人生逆境十之八九。」在投資過程中，很難事事如意，總是有成功，也有失敗。成功了固然高興，失敗了也並非完全沒有益處。英國心理學家布朗（J. Brown）認為：「一個人如果沒有任何障礙，將會永遠保持其滿足和平庸的狀態，既愚蠢又糊塗，像母牛一樣的怡然自得。」實際上，正因為遭遇種種挫折，才更能磨練人的意志，從失敗中吸取經驗教訓，以增強其克服困難、適應環境、戰勝挫折的能力，即所謂「失敗乃成功之母」。

從心理學分析，人的行為總是從一定的動機出發達到一定的目標。如果在通向目標的道路上遇到了障礙，則會產生以下

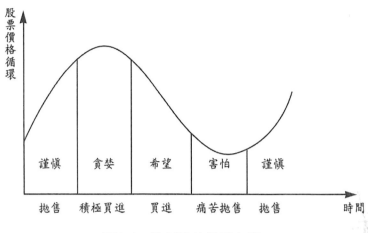

圖3-4　挫折時的股民心態

三種情況：

1. 改變行為，繞過障礙，達到目的。例如，投資者本想短線操作，因行情看跌，現改為長線投資，等待轉機。

2. 如果障礙不可逾越，可以改變目標，從而改變行為的方向。例如，改變投資目標，降低收益預期，以恢復心態平衡。

3. 在障礙面前無路可走，不能達到目標。一般正是在這種情況下會產生挫折感。例如，少數投資者經驗不足，又經不起利益的誘惑，孤注一擲進行舉債投資，結果卻事與願違，損失慘重，無法收回投資，這時便會有一種強烈的挫折體驗。

　　失敗的經歷總是伴隨著強烈的情緒體驗，心理學實驗研究表明，個體對於經歷強烈情緒體驗的事物，才能夠記憶深刻。一方面，失敗的體驗比理論的告誡更具力量，它能使投資者明

瞭許多耳熟能詳卻未真正理解的真知灼見。儘管報刊傳媒反覆告誡投資者，不可盲目追漲殺跌，但是彷若過眼雲煙，只有當他們切身經歷了深深的套牢和股價崩潰之後，才會深切體驗盲目決策的弊害，從而積累經驗，走向成熟。另一方面，不可否認的是，失敗所帶來的強烈挫折感，並未使所有投資者的心理素質得到錘煉與提高，相反，少數人甚至走向極端，引發反社會的暴力犯罪。可見，如何正確對待挫折才是投資者獲得成功的關鍵。

案例分析：炒股失敗引發的屠殺悲劇

1999 年 7 月 29 日，在美國東南部喬治亞州首府亞特蘭大市，現年四十四歲的化學師馬克‧巴頓於當日下午三點左右走進繁華的布克赫德街區一間投資經紀行，當他說了一句「今天股市大跌」後，就拔出兩支手槍向經紀行雇員們亂射，打死四人。然後，他又步入鄰近的另一間投資公司，說了句「希望我今天不會破壞你們的交易」，再扣扳機，射殺五人，然後逃離現場。警方在搜捕過程中發現，馬克‧巴頓的妻子及其兩名子女早已死在家中。五個小時後，警方在科布縣一個加油站發現了已飲彈自盡的馬克‧巴頓本人。

據當地傳媒報導，馬克‧巴頓參與了一種高風險的市場投資，稱為「即日賺」，即透過在數小時內買入又賣出股票以賺快錢。馬克‧巴頓在大開殺戒的前一天，已在股市中損失了 70 萬美元。在這起因炒股失敗引發的屠殺悲劇中，共有十三人死亡，另有六人受傷。（摘自《東亞經貿新聞》1999 年 8 月 2 日）　⊙

3.3.2　投資挫折時的個體行爲表現

我們現在分析遭受挫折時常見的個體行爲表現。挫折行爲表現的主要特徵是攻擊、倒退、固執、妥協和壓抑，這些表現一般以綜合的形式出現。

（一）攻擊

個體遭受挫折後，引發憤怒的情緒，對造成挫折的對象進行直接攻擊。例如，個人受到他人無端的指責後，他可能會以牙還牙，反唇相譏；他也可能轉向攻擊，將憤怒的情緒發洩到其他對象上去。例如，某位投資者因自己操作不當，造成損失，回到家中便罵老婆、打孩子、摔東西，以發洩自己的情緒，甚至以暴力破壞證券交易設備。

（二）倒退

當個體遭受挫折時，有時會表現出一種與自身的年齡、身分很不相稱的幼稚行爲。例如，遭受挫折的投資者可能會因一點小事而暴跳如雷，粗暴地對待他人，產生退化性行爲。倒退的另一種表現是易受暗示性，例如，盲目地輕信謠言，不能控制自己的情緒等。

（三）固執

固執通常指被迫重複某種無效的行爲，儘管反覆進行該行爲並無任何結果，但仍有繼續這種行爲的傾向。例如，某些投資者在受到挫折後，不是總結經驗，吸取教訓，而是拒絕了解

目前股市狀況，抵制有關股市資訊等。

（四）妥協

個體在遭受挫折時會產生情緒緊張狀態，這種狀態稱之為「應激狀態」。人們長期處於應激狀態會引發各種疾病，因此需要採取妥協性措施以減輕應激狀態。妥協性措施有以下幾種：

◆合理化

在受到挫折後想出各種理由原諒自己，或者為自己的失敗辯解，即所謂「阿Q精神」。例如，很多短線投資者失利後，往往以「反正我是長線投資」以自我安慰。

◆推諉

當一個人受到挫折時，諉過於他人。諸如以「聽了某人的話才去買某股票，結果賠了錢」等言語，減輕自己的不安、內疚和焦慮，以恢復自信心。

◆昇華

當個體所確立的投資目標無法達到時，其會設法制定一個新目標以取代原先目標。例如，改投資股票為投資債券，或者及時總結經驗，加強有關投資方面的理論學習，以利再戰。昇華反應具有積極作用，它是個人透過自身的努力揚長避短，戰勝挫折，克服困難的過程。

（五）壓抑

當投資者受到挫折之後，用意志力壓制住自己憤怒、焦慮的情緒反應，表現出正常的情緒狀態。這一做法雖然可以暫時減輕焦慮，但並不能從根本上解決問題，因為長期的情緒壓抑將對身心健康造成極大的危害。

3.3.3　投資挫折時的不同行爲類型

投資者的個性心理特徵有很大的差異，因而對待投資挫折的心理取向類型也是不同的，基本上可分爲：主動型、隨意型、僥倖型三類。

（一）主動型

這類投資者對投資前景抱樂觀態度，有堅定的信念，因此他們能忍受長期套牢。在解套時一般不輕易出貨，因爲他們感到這是意料之中的，所以這類投資者越解套越套得牢。

（二）隨意型

這類投資者雖無明確的目標和信念，但心胸開闊，既然套牢索性不管，將證券投資純當玩股遊戲，因此，往往解套時也不過於興奮，就像沒事發生一樣。從股市發展的狀況來看，市場也不會過於虧待他們。

（三）僥倖型

最容易在剛解套時就匆忙脫手的是以僥倖心態面對套牢的投資者。僥倖心態使他們錯失了逃跌的最佳時機，及至股價越跌越深，才如夢初醒。僥倖之後是惱怒、是悲觀，於是他們整天惶惶不可終日，祈求股市再給一個止損出貨的機會。這類投資者不僅在解套時最容易出貨，也最容易在觸底後的第一波上升行情中就奪路而逃，因爲他們的心理防線已垮，失去了正常分析的能力，對他們而言，拿出10000元卻收不回10000元是無

法容忍的事，所以一旦熬過漫漫長夜而獲解套，也就最容易出貨。

3.3.4　投資者的自我調節

我們對投資挫折時個體的行為進行了分析，應該講上述表現都是正常的情緒反應，只要正確對待，就會戰勝挫折，取得更大的成功，具體要做好以下三方面的工作：

（一）樹立對待挫折的正確態度

投資人群中普遍存在著一種懼怕失敗的心態，經常導致他們因過分小心謹慎或優柔寡斷，而坐失許多良機。例如，大陸延中股份1992年上半年利潤888838.8元，每股利潤按全年預測將達到1.74元，市盈率為101.3，可謂不錯；並且該公司沒有國家股，法人股只占極小一部分，公司運作又較規範，所以該股會隨延中公司的發展而呈上升趨勢。但是許多散戶因被延中套牢過，而心存恐懼，不敢輕易買入，並以「準備等它跌得更低再買進」為藉口，以自我安慰。結果錯失良機，因為股價不會永遠下跌。

既然失敗是投資中的正常現象，那麼投資者就應努力學會從失敗中站起。同時，要對失敗進行合理歸因。失敗的歸因可分為外部歸因和內部歸因。由外部原因引發的失敗，常具有普遍性，其覆蓋面是廣大股民。而在法制健全的今天，投資失敗主要源於自身因素，諸如心理緊張造成操作不當、盲目從眾而被套牢、誤信謠傳導致決策失誤等。

俗話說：「股市中永遠有煩惱，永遠有後悔，也永遠有賺

頭。」只要能量力而行，正確對待自己，正確對待股市，經常保持頭腦冷靜，相信終有一天你會成功。

（二）增強個人對挫折的容忍力

投資失敗的原因，無外乎環境因素和個人因素這兩個方面。就環境而言，諸如社會經濟狀況惡化、通貨膨脹率提高、銀行利率提高乃至突發性的政治事件，都會使股市產生動盪而造成投資損失。對此，投資者只有及時了解社會經濟動態、上市公司經營業績，才能準確把握股市的基本面，儘量減少損失。同時，家庭環境也有影響，家人的反對或過高的期望，都會影響投資者的投資決策而造成損失。就個人因素而言，其財務狀況、個性特徵、投資目標、知識與經驗，都會影響投資績效，需要投資者作具體分析。此外，還要增強投資者對挫折的容忍度，增強其心理承受力，做到面對挫折能冷靜處之。

（三）面對挫折應採取理性對策

面對變幻莫測的股市行情，沒有人能完全掌握其走勢，因而遭受挫折總是難免的。但同樣面對挫折，不同的投資者有不同的對策：成熟的投資者能正視現實、糾正錯誤，這是需要意志和勇氣的；盲目的投資者則心存僥倖、一錯再錯，以種種理由來自我安慰、自我麻醉。

俗話說：「不以成敗論英雄，反敗為勝眞本事。」面對挫折，成熟的投資者既不無端冒險，也不甘願沈淪，而是冷靜地審視自己的決策失誤，並根據失誤的大小和自身的條件採取相應的措施，這需要良好意志的配合。

本章摘要

◆ 心理因素是影響個體投資行為的無形之手，正確認識知覺選擇性所引發的視覺雙關效應，對於個體進行投資決策具有重要的現實意義。

◆ 股價錯覺、股市記憶、股市情緒、股市心理定勢、股市情結、股市意志等是一系列影響個體投資成功與否的重要心理因素。

◆ 個體的投資行為過程是社會經濟的環境刺激變數引起機體變數（需要、動機）產生持續不斷的興奮，從而引發投資行為反應。

◆ 個體的投資需要包括生理、安全、社交、尊重與自我實現五個方面。

◆ 個體的投資動機包括資本增值、投機、靈活性、參與決策、避險、選擇、自我表現、好奇與挑戰、習慣與避稅十個方面。

◆ 個體的投資挫折表現為攻擊、倒退、固執、妥協與壓抑五項特徵，並分為主動型、隨意型與僥倖型三類。

思考與探索

1. 舉例簡述股市中知覺選擇性的涵義。

2. 簡述投資者投資行為的一般模式。

3. 舉例分析投資者的投資需要與投資動機。

4. 舉例簡述投資挫折的形成原因。

5. 舉例試述投資挫折時的個體行為表現及其不同行為類型。

6. 舉例試述投資挫折時個體如何進行自我調節。

第 4 章
投資者的群體心理

4.1　投資行爲與群體心理

　　群體是個體的共同體，個體按某一特徵結合在一起，進行共同活動、相互交往，就形成了群體。個體透過參加群體活動而融入社會，成爲社會一員。個體的一生是在不同的社會群體中度過的，他不僅從屬於許多群體，而且在不同群體中占有一定的地位，扮演一定的角色，因此說人是社會人。

　　社會心理學家霍曼斯（G. C. Homans）認爲，群體不是個體的簡單總和，而是超越了這一總和。群體對個體能產生巨大影響，個體在群體中會產生不同於獨處環境中的行爲反應，從而形成各種群體心理現象，諸如從衆、流言等。

4.1.1　投資者的群體心理效應概述

　　證券市場是一個動態的開放市場，參與人數衆多，因而影響股價的因素複雜。其中，投資者的群體心理因素起著重要作用。我們除了研究影響市場的各種客觀因素外，也應重視心理因素的研究，有時公衆心理甚至左右證券交易的市場走勢。投資者的群體心理對股價的影響，主要是透過投資者的心理變化引起證券供需關係發生變化，從而影響行情。因此，分析投資者的群體心理效應是非常重要的。

（一）投資群體的心理乘數效應

　　投資群體有一種極端心理傾向，就是行情看漲時更加樂

觀，行情看跌時更加悲觀。因此，當股市蕭條時，即使某些個股前景看漲，也少人問津；當股市繁榮時，即使某些個股前景看淡，不具投資價值，人們也會爭相購入，唯恐失去良機。可見，正是由於群體心理的乘數效應，所以股市一旦呈現漲勢，就有可能引發「井噴」行情；而一旦陷入跌勢，則容易「一瀉千里」。國際著名金融投機家索羅斯在其投資策略中便充分利用了這一所謂「群羊效應」，他並不根據對於基本面的分析而是基於對未來公眾投資行為的預期進行交易，例如，在二十世紀六〇年代，當資訊不靈通的投資者為索羅斯旗下基金收益的增加而驚喜時，索羅斯並不因預期未來收益的下跌而出售基金股份，而是預期投資者會進一步購買而搶先購入股份。如他所料，由於搶購而導致的基金股價上漲以及基金年收益增加的消息一經公布，刺激了投資者進一步購買，從而持續推動基金股價上揚。

（二）投資群體的心理偏好效應

如同人們對於商品會有不同的偏好一樣，投資者也會偏好某類股票，對某類股票感興趣的投資者，往往幾經考慮，最終還是購買該類股票作為投資選擇。例如，有的投資者總離不開績優股，因為他們偏愛其相對穩定的收益，而不喜歡冒險；相反，另一類投資者則具有強烈的風險收益意識，喜好購買資產重組股。投資者產生投資偏好的原因一般有以下三方面：

1.資訊偏好：因投資者所處的環境及地位等各不相同，所能獲得的資訊也不完全，一般投資者獲得的資訊都限於少數幾種特定的來源，這樣，他們就只能選擇可獲得資訊來源

的股票作爲投資方向。

2.習慣偏好：投資者如果曾在某股票上獲利，一般會對該股票產生好感，會很自然地繼續投資於這一股票。

3.安全偏好：如果投資者經常接觸某類股票，就會比較熟悉這類股票的股性，出於投資安全考慮，便更願意投資這類股票。

4.1.2　股市的發展週期與群體心態

股票市場與其他經濟市場一樣有著自身的發展週期，縱觀世界各國股市，有些股市處於比較穩定的狀態，而有些股市則起伏劇烈或長時期處於頹勢。呈現這種截然不同局面的主要原因在於它們各自處在不同的發展階段，這既是各國股票市場發展不均衡所致，更是投資者群體心理的反映。

不同股票市場的發展情況可能不盡相同。然而，如果我們仔細觀察西方國家股票市場的發展經歷，不難看出有五個發展階段比較明顯，即休眠階段、操縱階段、投機階段、調整階段和成熟階段。現具體剖析一下五個發展階段的各自特點。

（一）休眠階段

這是股票市場的初級階段，開始大部分人對股票市場陌生，只有極少數人涉足股市，因此交易量不多，幾乎沒有公司掛牌，而且股票的上市價格接近票面價值。隨著時間的推移，一些精明的投資者發現股票的紅利收益超過了其他投資的收益時，他們便紛紛轉向投資股票，起初謹慎小心，到後來便積極購買，引起股票交易量逐漸增加，股價也緩慢攀升。

（二）操縱階段

在此階段由於市場上股票供給匱乏，股票供需矛盾突出，以及股票市場管理法規的不健全，便爲市場投機者操縱一種或多種股價創造了條件，一旦價格上漲，操縱者就利用股票的差價套利。這種活躍的交易，同樣也可能是由於政府制定有關放寬的政策，激發起投資者的投資熱情所引起。此外，一個國家或公司的經濟景況突然出現回升也會引發投資者狂熱地購買股票。

（三）投機階段

隨著一部分人在股票交易中發了財，甚至成爲眾人注目的暴發戶，吸引了一大批投資者捲入股市，掀起「炒股熱」，當股價上漲到遠離基本價值以及交易量猛升時，投機階段便開始了。儘管政府會採取一些限制投機的措施，諸如政府機構入市托盤、增加交易管理場所、搞活上市公司的承銷業務等，但總體而言，投機仍然不可避免。面對股價持續狂漲、市盈率增高，頭腦冷靜的投資者認識到，股價被炒到如此之高表明現在股票價格與其內在價值已相背離，於是他們開始拋售，致使股價與股指開始波動，逐漸下調，甚至大幅跳水，調整階段便開始了。

（四）調整階段

這一階段的股市基本上處於低迷狀態，股市的熊期有可能延續幾個月甚至數年之久，要使股市走出低谷，恢復投資者對股市的信心，主要取決於股價下跌幅度和銀行利率水準、證券

市場管理法規的完善、市場利多措施的出台以及機構大戶的投資行爲。在調整階段，大部分投資者都不願忍痛割肉拋售股票，而堅持把它作爲長期投資並寄希望於股價重新上漲，這表明廣大股民經過股市風雨的洗禮，其總體素質水準以及心理承受能力已有所提高。隨著證券市場法規制度的日益完善，股市將逐漸發展到成熟階段。

（五）成熟階段

隨著廣大股民的入市操作日益規範和熟練，以及新的投資團體的形成與介入，諸如信託投資公司、保險公司入市等，由於上述團體一般是由專業人士經營，這將大大減少整個股市運作的盲目性，有利於股市穩定健康地發展。隨著股票供應管道的拓寬、投資風險減少，儘管股價仍會不斷上揚，但其波動幅度將不大，同時，因經濟呈現出長期增長的趨勢，使企業盈利繼續上升，股市發展將達到其顛峰狀態，並持續很長一段時間。

然而並非每個股市的發展週期都要經歷上述五個階段，也有可能呈現出跳躍的特點。但從長期發展趨勢來看，股市的發展將日趨成熟。

回顧我國過去股票市場的發展狀況，分析股票市場的發展週期，研究投資人群的心理變化，無疑將有助於客觀地把握我國股市的現狀。

4.1.3　群體心理價位與股市操作

所謂心理價位，是指投資者根據股價走勢所預先設定的股

票交易價格。它既是一個獲利的目標，也是一個止損的界限，是投資者的判斷力和承受力在心理上的尺度。群體心理價位的形成是廣大投資者心理價位共同作用的結果。

在廣大的投資人群中，既存在著相近的心理價位，也存在著截然不同的心理價位。由於投資者的個體素質差異，就難免產生心理價位的判斷差異。例如，對於同一股票的同一價位，你認為已近浪峰，他卻認為尚在谷底；你認為是熊市的開始，他卻認為是牛市的起點。可謂仁者見仁，智者見智。一般說來，有了正確的心理價位，才能在波動的股市中平穩心態，順勢操作，既不盲目跟進，也不隨風拋售，而在山窮水盡時看到柳暗花明，在晴空曉日時覺察山雨欲來，從而領先一步地跨入風光勝地或躲入避風港灣。

股市沒有常勝將軍，但是一個合理的心理價位卻能使投資者操作有序、進退有方。然而，要確立一個合理的心理價位，絕不是瞎子摸象、僥倖所得，而是要取決於投資者對市場訊息、企業優劣、供需矛盾、形勢政策等系統性風險和非系統性風險的科學分析。它既是一個由表及裡、由淺入深、去偽存真、去粗取精的思維方式，也是一個隨股市變化而不斷認識、不斷調整的綜合性過程，它從屬於市場規律，也有其自我的特性。以上主要討論了個體心理價位問題，相對應的有群體心理價位問題。個人的心理價位只對個體起作用，對股價影響甚微，因此，下面我們討論群體心理價位的形成。

(一) 群體心理價位形成的過程

股價走勢的高點和低點是個體投資者最關心的兩個問題。一般來說，在股價上漲階段，人們關心的是本次漲勢的高點，

而下跌階段，人們關心的則是低點何在。對於股價的高點和低點可從幾方面確定，如經典的基本分析強調市盈率、淨資產率、股息紅利率與增長率，以此測定的是理論期望價格，不屬於心理價位。純粹的技術分析根據股價運行模式，把眼前的價格走勢與成交量製成各種圖表，以此推測價格變動，這樣測定的價位也不屬於心理價位。股市群體心理價位只存在於股市大眾的感覺與期望中，並透過大眾的口耳相傳逐步形成的。

心理價位是應市場的需要而產生的。不管哪一種投資者，在進行決策時，總希望有所依據，有明確的目標可追，否則就會感到不踏實。而股市是人氣聚散之地，當人氣過於充沛時，基本分析往往退居幕後，技術分析也會武器鈍化，一般投資人就會嘀咕：這個股價到底要漲到哪兒？尤其當股價連創新高，連最起碼的橫向比較也找不到較合適的參照系時更是如此。無方向、無目標是投資人最頭痛的事。

這時，一些市場人士往往會因勢而作，根據各自的經驗、感覺提出各種價位，這只是個人猜測階段。然而各種價位出籠後，有的迅速被淘汰，有的幾經流傳、碰撞、篩選，終因較符合大多數人的感覺而被廣泛接受，群體心理價位就這樣產生了，它像同行之間的「自由議價」，一經產生，又會成為同行間做生意的基準。所以，群體心理價位是市場態勢十分明朗、人氣十分充沛時的產物，而它的產生，又像茫茫夜海中的燈塔，隱現於波濤之中，順應了夜航人的心理需求，吸引眾多的投資者不顧一切地往這個目標奔，其效果也往往會「心想事成」。

（二）群體心理價位的特性

股市的風雲變幻，直接影響著投資者的心理變化，在確立

群體心理價位過程中，投資者的心態往往顯得微妙複雜。

◆階梯性

以1992年3月份，大陸延中實業股份公司的股價為例，在98.9元上揚至199.9元僅僅三個交易日（股票面值為10元），每天平均漲幅為29.4％，換手率為25.2％，最高最低的申報差價為51.4元；在210元上揚至290.15元時，就需六個交易日，平均漲幅下降為6.4％，換手率為30.4％，最高最低的申報差價已縮小為15.7元；而在302.3元至371元的上漲過程中，增加至九個交易日，平均漲幅下降至2.3％，而最高最低的申報差價僅為6.95元。可見，在股價連續上揚的走勢中，人們的心理價位好比上樓登高，起步時體力充沛，一步三級，可是隨著體力消耗，越向上越慢，漸漸每上一個台階都需作一番努力。而當3月12日跌勢剛起，第二天便賣盤驟增，買盤寥落，尤其中小散戶，拋售如潮。可見人們的心理價位在梯形上升時，往往越是高價位，心理越脆弱，神經越敏感，而操作也越謹慎。

◆攀比性

攀比性即股票投資的比價心理。它指兩種（或兩種以上）類似屬性股票的價位常因投資者的心理攀比作用而趨於接近。比價心理存在的客觀基礎是股票間存在著某些相關可比因素，這些因素透過個體的聯想，就產生了股價期望。因此，所謂比價，實質就是聯想，聯想的要素是在股票價位、品質、流通量方面進行。最常見的有同類型股心理比價、同概念股心理比價、同地域股心理比價與板塊股心理比價等。

造成股票投資心理比價的內在動力，是投資者普遍存在著比較屬性相仿而市盈率和價位偏低的股票的心理，以為唯有此法，風險才小。當然，此種投資方法確有可取之處。但由心理

比價產生的股價，有眞實價值回歸和市場惡性炒作兩類，所以，投資者判斷和操作時，應謹愼從事。

　　同類型股心理比價。同類型股是指同一個類型的股票，如工業股、商業股等。1993年4月《上海證券報》公布一家商業股1992年度報告，其稅後利潤爲負數，一般而言，投資者會看淡，同日，商業類的中百、華聯、小飛、豫園漲幅分別爲8.22％、9.93％、17.38％和10.9％，次日該股票則急起直追，其漲幅在中百和華聯之上，高達3.58％。

　　同概念股心理比價。同概念股是指同類型中同一行業的股票。如工業股中還可細分爲紡織股、電力股等。大陸浦東大衆和大衆出租同爲公用事業類中的出租汽車行業。1993年3月29日，浦東大衆除權收盤價爲14.85元，因其盤子小、質地優良和價位偏低等因素，深受投資者追捧，至4月26日股價上揚到26.16元，漲幅達76％，而同期的大衆出租漲幅爲53％，兩者價位走近。然而，市場也有盲目攀比現象。同年5月25日刊出的福耀上市公告書，被譽爲上市公告書的範本，而此時與福耀同爲玻璃股的某股票儘管業績平平，卻被市場先期惡性炒作，短短十一個交易日股價由9.80元抬升至最高價爲16元，漲幅達63％，風光一時，隨後股價迅速滑落。另外，由於投資者股票投資的心理比價作用，新錦江和滬昌的上市開盤價比照同爲飲食業的新亞和同爲鋼鐵業的異鋼。

　　同地域股心理比價。同地域股是指同處一地或地域相鄰的股票，這既有浦東股和浦西股之分，也有本地股和異地股之別。北京的「兩天」同爲商業類中的百貨行業，兩股首日收盤價分別爲19.70元和22元，不出四日因投資者心理比價作用而價格相當，後又互爲消長。又如，一個時期，興起浦東熱，浦東

股也不分良莠，皆表現超凡。

　　板塊股心理比價。板塊股是指由市盈率相近的股票組成同一個板塊。1993年4月8日從申達到廣電各股平均漲幅為22.89％，其中有的漲幅竟為27.73％，令人震驚，這是因為投資者填單時，目光過於集中在某些板塊的緣故，致使所涉各股呈板塊上揚之勢，當日A股股指漲幅僅為12.87％，次日A股股指漲幅為0.61％，而從申達到廣電各股跌幅達2.69％，其中三愛富、廣電分別下跌7.69％和7.5％，位列同日A股各股跌幅前茅。

◆階段性

　　隨著股市的不斷發展，投資者對於心理價位的確立已從初級階段逐步走向高級階段。在股市開創初期，投資者的心理價位起步較低，往往以高於債券利息作為獲利標準，只求與溢價相平就滿足了。隨著證交所的成立，分散的櫃檯交易轉向集中競價的二級市場，投資者的心理價位進入一個新階段。以上海電真空為例，從1990年12月19日到1991年6月，該股價位為365元→507元→373元→495元，呈現出波浪形起伏狀，可見投資者的心理素質得到了鍛鍊，理智的成分開始提高，在確立獲利目標的同時，也知道確立止損的極限。自1991年7月起，由於投資人群的迅速擴大，供需矛盾逐步突出，在人們金融意識提高的同時，心理價位的投機因素也逐漸增加，出現了脫離市盈率而狂熱追漲的現象。可見，一定階段的股市狀況正是該階段投資者的心理價位在市場上的反映。

　　一個股市的成熟穩定常取決於投資人群中合理的心理價位是否占主導。從大陸上海、深圳兩地股市特點可以看出，當不穩定的心態一旦占主流，必然導致股市的不穩定，偏高的心理價位引發的是股市的暴漲，而偏低的心理價位則引發股市的暴

跌，可見心理價位對股市影響之大。隨著股市的發展成熟，合理的心理價位必將主導股市的起伏。

（三）群體心理價位的採納和引導

◆心理價位的採納

採納心理價位是一件簡單而又複雜的事情。其簡單是因為一個數字，簡潔明瞭，不費我們的腦子；其複雜是因為採納心理價位除了要與人氣狀況進行對比外，還要掌握以下三個特點：

適中性。在股價漲勢的初期、中期和後期，心理價位往往會一高再高，一般來說，早期的大多會偏於保守，後期的會偏於激進，有時甚至是盲目樂觀的產物。例如，1992年初，大陸延中的初期心理價位是200元，後來是300元、400元和500元，投資者不掌握適中原則就會誤入歧途。

單純性。好的心理價位至少是大多數人公認的，因此比較單純，眾口一價，如果同一時間內數價混行，反而說明股民中分歧極大，這時，明智的投資者往往會擇低者而從之，甚至乾脆不理。

近似性。依心理價位操作一定要有足夠的提前量。因為心理價位是一柄雙刃劍，在實際價位還低於它時，它會產生吸引力，當實際價位達到它時，它就會引力頓失，使股價跳水。所以，股價越高，提前量應越大。

◆心理價位的引導

形成一個理性的心理價位，並使之成為投資人群的共識，並非一朝一夕所能辦到的，這首先有待於股市機制的不斷完善和證券機構的引導，為了防止暴漲暴跌現象的發生，必須經常

不斷地引導投資者增強風險意識，了解上市公司的經營業績和
發展前景，明確供需矛盾的解決前景，借鑑中外股市的經驗教
訓，提高對股票投資的理性認識。其次有待於投資者自身素質
的提高，切實認識到股票不是儲蓄，不僅需要財力，還需要智
力和精力，股市既有收益也有風險，高收益與高風險是成正比
的，如何趨利避害、順勢而爲是一門科學，我們應該克服追漲
時只聽利多、趨跌時只聽利空的偏執心理，增強對經濟環境、
股市情況的綜合分析和判斷能力，這樣，一個既符合股市規律
又有利於投資者自身的合理的心理價位，就能熟能生巧不斷確
立。

　　可以相信，隨著經濟環境的迅速改善，股市機制的不斷完
善，健康穩定的股市與投資者必將走上共同成熟共同發展之
路。

4.1.4　群體心理氣氛與股市人氣

　　股市人氣，即股市中投資者群體心理氣氛的總稱，是人們
無意識從眾行爲的展示。任何投資者都或多或少受到股市人氣
的影響，因爲人氣與股市有著密不可分的關係，人氣聚則股市
興，人氣散則股市衰，股市人氣無時無刻不影響著投資者的投
資信心及其股市表現。可見，股市人氣是指投資者群體的心理
預期及其投資行爲等多方面心理氣氛的總和。影響股市人氣形
成的因素較多，不同的時間、不同的政策背景下，其主導因素
也各不相同，具體有如下因素：

（一）人氣與政策

股市中必要的政策調控，已為廣大股民所接受。每每重大政策出台，人氣總是為之所動。

當然，政策對股市人氣的聚散既有決定性的一面，也有依賴性的一面，因為股民的投資熱情始終是活躍股市的動力。試想如果股市人氣不聚、交易萎縮、資金離場、熊氣瀰漫，在這種低迷的情況下又如何發展。所以，我們應憑天時、地利與人氣，將股市機制推進到一個新的發展階段，減少股市對政策保護的過分依賴，讓「無形的手」更多地發揮作用，使股市走上良性發展的軌道。

（二）人氣與主力

俗語說：「散戶看大戶，大戶看機構。」可見，主力大戶對股市人氣聚散的強烈影響。主力大戶的一舉一動在股市上起著舉足輕重的放大乘數效應。當然，在利益動機驅使下，人氣的趨勢與主力的動向也時有背離。廣大中小散戶與主力大戶之間既依存又鬥爭的關係，構成了股市中對立統一的格局。

（三）人氣與資訊

傳媒是散戶的主要資訊源，而資訊的影響力在股市中遠比其他領域顯著。例如，報刊雜誌、廣播電視等傳媒中的各類資訊是利多或利空，會讓人們議論紛紛，猜測不已；而每天各證券行門前更是各類未經證實資訊蜚短流長的場所。隨著種種訊息的傳播，人氣也不斷消長。總之，沒有人氣不足以成市，股民的投資熱情是股票發行的前提，沒有人氣則上市公司無法成

立；沒有人氣，股市將無以發展，所以人氣是一種資源，我們
應該認識人氣、理解人氣、引導人氣，爲投資者服務。

4.1.5 投資者的群體決策

作爲一個理性的投資者，在人氣盛時，不應人云亦云，盲
目樂觀，而應冷靜地分析思考；當人氣衰時，更應保持清醒的
頭腦，對後市做出自己的客觀判斷。但事實上，股市的變幻莫
測，常使投資者感到勢單力孤、難以把握，因此許多投資者都
喜歡在決策之前同他人交換一下意見，交流一下資訊。於是，
久而久之就形成了一個鬆散型的股市決策群體，構成了股市中
「群策群力」的獨特風景線。下面我們分析一下群體決策的利
弊：

(一) 群體決策的有利因素

1.群體中存在較多的綜合性知識和資訊，在決策過程中可以
  集思廣益，提高決策的品質。
2.群體決策允許大家參加並發揮作用，可從多種角度提出不
  同的方案，使得考慮周密，方案全面。
3.群體的決策成爲大家的決議，會使更多人感到對問題的解
  決負有更大的責任和信念，爲進一步行動提供心理上的支
  援。

(二) 群體決策的不利因素

投資實踐證明，大多數群體決策績效都不理想，有的甚至
勝少敗多，屢屢誤判大勢。有的投資者個體思路清晰，進退有

序，然而加入群體之後反而遲疑不決，舉措失當。這說明群體決策並非是最好的決策方法，投資者還是以個人決策爲宜。

大量的社會心理學實驗表明，當個體發現自己的言行與群體不一致時，他會感到緊張與焦慮，這促使他與群體保持一致。其結果導致群體樂觀時群情激昂，對股市前景做出過於樂觀的判斷與決策；而一旦股市風浪驟起，卻又容易呈現過度的悲觀與保守。造成上述群體決策失誤的原因有三方面：

◆責任分散

群體決策使決策失誤的責任由個體轉爲群體，這就大大減輕了群體成員的心理壓力，使個體投資者在群體討論過程中易於草率地下結論，作判斷。

◆資訊交流

當投資者尚未進入群體時，他對於股市資訊的了解尚不全面透徹，因此分析判斷也更愼重，更注意從全局的角度去看股市。而進入群體後，由於各種資訊的互相交流，使個體投資者感到自己掌握了最新的資訊，所以愼重心態也就大爲減弱。

◆情感互動

這類情況極爲普遍，例如在證券行股市散戶的討論中，開始時大多數人都認爲，目前的盤整行情屬於正常現象，盤整後股指仍會創新高，然而有人提出了法人股、國家股上市「擴容」以及債轉股上市流通的問題，這觸動了大家的心病，結果使得討論基調越來越低，最終錯失良機。

可見，在群體決策時，冷靜的思考會讓位於群體壓力，最終討論結果總是取決於何人的話更具感染力，更能激發起人們的心理「共鳴」，從而左右群體決策。

4.2 投資中的從眾行為

4.2.1 從眾行為概述

(一) 從眾的基本涵義

從眾指個體在社會群體壓力下，放棄自己的意見，轉變原有的態度，採取與大多數人一致的行為。所謂「隨波逐流」、「人云亦云」就是從眾的最好例證，它是人類生活中非常普遍的現象。社會心理學家認為，從眾行為是在群體一致性的壓力下，個體尋求的試圖解除自身與群體之間衝突、增強安全感的一種手段。實際存在的或頭腦中想像到的壓力，會促使個體產生符合社會或團體要求的行為與態度。個體不僅在行動上表現出來，而且在信念上也改變了原來的觀點，放棄了原有的意見，從而產生從眾行為。個體在解決某個問題時，一方面可能按自己的意圖、願望而採取行動；另一方面也可能根據群體規範、領導意見或群體中大多數人的意願制定行動策略，由於隨大流、人云亦云總是安全的、不擔風險的，所以在現實生活中不少人喜歡採取從眾行為，以求得心理上的平衡，減少內心的衝突。

從眾行為在怎樣的心理狀態下容易出現呢？C. A. 基斯勒（1969）從個體的角度出發，提出了引發從眾行為的四種需求或願望：

1.與大家保持一致以實現團體目標。

2.為取得團體中其他成員的好感。

3.維持良好人際關係的現狀。

4.不願意感受到與眾不同的壓力。

(二) 從眾與順從

與從眾行為相類似的概念是順從行為。順從行為雖然也是個體受到群體壓力而表現出符合外界要求的行為，但其內心仍然堅持自己的觀點，保留自己的意見，僅作表面上的順從。從眾行為與順從行為的區別在於是否出自內心的意願。自願放棄自己原有的意見附和他人的意志，遵守群體規範，這是從眾行為；雖然行為上與他人一致，但內心態度並未改變，保留著個體自己的觀點而去符合客觀要求，做出權宜的行為改變，這是順從行為，其特點是「口服心不服」。兩者的共同點都是迫於外界壓力而產生的相符行為。外界壓力，主要是指社會輿論、群體心理氣氛等，而不是社會或群體的明文規定。

(三) 反從眾與獨立

個體行為既有從眾現象，也有反從眾的獨立行為。具有這種行為傾向的個體，之所以能夠克服群體的壓力，不發生從眾行為，是因為認識到群體行為可能會是錯誤的。他們蔑視群體規範，保持自己的態度與信念。從個性上看，這種類型的人獨立性強，不易受人暗示，所作所為不願意被他人的行為所支配，有時也可能是某種反叛心理的表現。

4.2.2　證券投資中的從眾行為

股民心理對於股市具有重大影響，其中從眾就是一個重要的股民群體心理現象。

(一) 股市從眾概述

從眾是股市中最常見的投資心理與行為之一。當多數人買進某股票，其他人便改變原有態度跟著買進，這就是股市從眾。股市從眾一般發生在資訊不明、缺乏可比較標準的情況下，所以投資者應把自己的投資行為建立在深入分析行情的基礎之上，採取人買我賣、人賣我買的投資策略。這一策略強調，不要盲目從眾，不能一跟到底，要變單純的從眾為把握人氣的漲落，及時做出應有的反應。

(二) 股市從眾的形成原因

導致股民從眾的原因一般有以下四個方面：

◆心理因素

當個體在解決某個問題時，一方面會按照自己的意願採取行動，另一方面也會根據群體規範或群體中多數人的意願行動。由於隨大流、人云亦云總是安全而不擔風險的，因此，在現實生活中人們喜歡採取從眾行為，以求得心理上的平衡，減少內心衝突。

股市的變幻莫測會對投資者產生無形的壓力，使投資者與多數人接近，以免產生孤獨感。因而投資者很難不受投資群體心理與行為的感染與影響，真正做到「特立獨行」。比如，有的

股民事先想好去拋股票，但一到人氣沸騰的股市之中就變得遲疑不決，似乎在這種情形下拋售股票很不光彩。如果看到股票拋售者較多，他就會變得坦然一點，因為他有眾可從了。

◆人氣因素

　　股價指數時刻變化，股民追漲殺跌，買進拋出，形成了股市人氣。如果多數人認為股價將上漲，則會形成多方逼空的態勢，股指將創新高。在此情形下，大多數股民，特別是散戶，往往盲目從眾跟風，為股價上漲推波助瀾。反之，股民盲目從眾跟風拋售，亦會加速股指下滑，甚至引起股價「跳水」，可見，股市從眾是股市動盪加劇的重要因素之一。

◆風險因素

　　股市永遠是效益與風險同在。由於大多數股民有過被套的切身體驗，因而投資入市時謹小慎微，往往不敢相信自己的判斷，只好追隨大多數人的操作，力求穩妥，避免被套。

◆行情因素

　　縱觀股市的波動，有三個行情階段最易引起投資者的從眾行為。一是上漲期，此時股市人氣旺盛，一片利多景象，身處其中的股民被市場強烈的買氣所感染，於是群起跟風，盲目跟進；二是下跌期，股民人心惶惶，此時的盲目從眾會導致群體潰逃，割肉清倉；三是盤整期，此時行情難測，股民們迷茫不安，也易產生從眾行為。

（三）如何克服股市從眾行為

　　股市從眾行為原因複雜，股民們必須不斷總結自己的投資經驗，加強自己的獨立分析、獨立判斷能力。具體措施為：

◆不為股市人氣所惑

　　人氣樂觀時，股價上漲，多數人急於買進，但自己是否也買進，則需深思熟慮；當人氣悲觀時，股價下跌，這時應能正確預測下跌幅度，把握行情，以求出奇制勝。

◆提高對風險的心理承受能力

　　盲目從眾往往與個體心理承受能力不強有關。股市如戰場，提高自己對風險的心理承受能力，也是克服盲目從眾行為的必要前提。

4.3　投資中的流言現象

4.3.1　流言概述

　　股市是流言的溫床。大量公眾的存在及他們對有關問題的共同關注是流言產生的必要條件。股市提供了流言產生的各種主、客觀條件，現具體闡述如下：

(一) 流言的定義

　　流言是提不出任何信得過的確切的依據，而在人群中相互傳播的一種特定消息。流言作為一種極為普遍的社會心理現象，所引發的連鎖反應極為迅速。

　　「流言」一詞，最早見於《尚書金騰》：「武王既喪，管叔及其群弟，乃流言於國曰，公將不利於孺子。」後經蔡沈作了註解：「流言，無根之言，如水之流自彼而至此。」可見，流

言是一種無根據的假消息。

(二) 流言內容的變化

G. 奧爾波特等人的實驗發現，口頭傳播流言後，其內容會發生明顯的歪曲。生活中經常可以遇到這種情況，某件事一傳十、十傳百，越傳越走樣，最後面目全非。在傳播過程中，流言內容發生變化的特點如下：

第一，流言內容越傳越變得簡單扼要，省去了許多具體繁瑣的細節，流失了許多資訊，越到後來越使人感到內容一般化。

第二，聽到流言的人，由於對其中有些內容比較感興趣，因而留下了較為深刻的印象，經他再次傳播時，就會突出強調其印象深刻的部分。

第三，流言接受者以自己已有的知識經驗、需要態度等主觀因素來理解流言的內容，凡是他認為合乎邏輯的部分就接受下來，同時憑自己的想像對它進一步加工之後再廣為傳播。

第四，流言不是平均而廣泛地傳播給社會上的每一個人，它只流傳給那些與傳播者有密切關係的人。流言往往傳播在一個群體之內，因為群體成員對當前的某些問題是共同關心與注意的。流言傳播的速度往往是開始緩慢，然後不斷地加快，當達到了高潮，近飽和狀態，即人人皆知時，又變得緩慢起來，整個傳播過程呈現S型。

4.3.2 流言產生與傳播的主客觀因素

流言的產生與傳播總有其特殊背景，與社會個體、群體的

某些特點相關。

（一）流言產生的社會情境

流言總是發生在與人們有重大關係的問題上，G. 奧爾波特提出流言的發生與流傳有三個條件：

第一，在缺乏可靠資訊的情況下，最容易產生與傳播流言。人們越不了解事實真相，流言就越容易傳播。

第二，在焦慮不安的情況下，會促使流言的產生和傳播。例如，某一龍頭股股價急跌之後，人們就會變得焦慮不安，擔心將對大盤產生連動效應，於是關於大盤要跌的各種流言，就開始產生和傳播了。

第三，處在一定社會情境中的個人，若被置於顯要地位時，也容易產生關於他的流言，因為關於個人的流言，往往是針對處於比較重要的社會地位上的人。例如，證券主管部門負責人的一句話，就有可能引發股市流言，造成市場波動。

（二）流言形成的心理原因

流言的形成，主要是個體在認識上的偏差所致。個體平時觀察事物、記憶事物時，往往不夠細緻，總會有所遺漏、顛倒甚至混淆；在與他人交往過程中，也可能對於對方的某些含糊言詞，憑自己的經驗來理解，自圓其說，致使外界資訊失真、失實或遺漏。此外，還受自己希望、恐懼、憂慮、怨恨等各種情緒影響，所以當他把自己耳聞目睹的事件轉告他人時，就有可能在不知不覺中對資訊進行了加工，於是無根據的流言就會隨之而起。

（三）流言傳播的動機分析

傳播的流言往往是言過其實、聳人聽聞，以致以訛傳訛、誤人不淺。有的流言則是個體根據自身的願望、恐懼、怨恨而加以附會的結果。由於人們的願望未被滿足，人們的恐懼未能消除，人們的怨恨未能發洩，因此人們在傳播流言時往往會加以附會，以圖達到心理上的平衡。有的流言是個體根據事實的因果關係作主觀猜測的結果。人們總是認為凡事有因必有果，有果必有因，從而簡單地把並非屬於因果關係的事物強加聯繫，並進行「合理化」，以致混淆了事實的真相。

4.3.3 流言傳播的影響

流言是作為一種社會情境對個體發生直接的刺激作用。流言一旦形成並廣為傳播之後，就會成為一種社會心理環境，而個體處於這種社會心理環境之中，也就自然而然地受到影響。每當聽到流言，尤其是被人們相互傳播的流言，往往會信以為真。《戰國策》中曾記載一則故事，有一個與曾參同名者殺了人，有人去告訴曾參的母親說曾參殺了人，曾母不信；過會兒，又有人去講曾參殺人，曾母還是不信，第三次來人講曾參殺人，曾母卻相信了。這則故事說明，由於周圍屢次發出相同的消息，在這一情境中的個體往往會聽信流言。

流言對社會群體的影響不容忽視。群體中個體之間的相互接觸，使流言不斷變化，進一步增強了它的力量。關於股市政策變化的流言被傳播時，往往會引起股民的恐慌心理，產生強烈的情緒反應，造成股市的劇烈波動。

其實，流言是完全可以制止的，因為它缺乏事實的依據。政府有關部門透過傳媒發布公告，向人們澄清事實的眞相，就可以徹底制止流言的傳播。此外，人們只要有冷靜的頭腦、理智的態度，就可以正確判斷出流言，並主動勸說他人不要參與流言的傳播。

4.3.4　股市流言的現象分析

股市流言在某種程度上無不是股民心理的折射（除有意編謠、傳謠外）。有時流言並非存心誤導，而是代表了傳播者的願望和利益。對流言的正確分析和辯證有助於我們正確判斷決策。

(一) 股市流言與謠言

流言與謠言有所不同，謠言是惡意的攻擊，是謠言製造者故意捏造、散布的假消息。兩者的區別在於動機不同，但其共同點在於，它們都缺乏明確可靠的事實根據，並廣為流傳。

股市謠言，乃是為了個人目的而故意捏造和散布的某種消息，它往往被說得有根有據，對投資者造成巨大的傷害。如莊家為達到拉高出貨的目的，散布某某機構已開始護盤的消息，使得許多不明內情的散戶跟風被套。

流言雖然也是不實消息，但並非純粹的憑空捏造，如有的流言是因為投資者聽到某種消息，就根據自己的經驗進行加工，再傳給他人聽，以至越傳越走樣，有的流言是投資者對傳聞想當然地加以猜測，這種猜測經過多人流傳就變成了「消息」。總之，流言雖然也是不實之詞，但並非故意捏造的產物，

它代表了傳播者的願望和利益。

（二）股市流言的形成原因

社會心理學的研究表明，流言的產生常與社會動盪、突發事件以及某種社會危機狀態相聯繫。社會公眾的存在及其對有關問題的共同關注是流言產生的必要條件。證券市場就充分提供了流言產生的各種主客觀條件，切身利益決定廣大股民對於股價漲落的密切關注，而證券投資的高風險性又使股民常處於高度緊張之中。為了消除這種緊張和不安，使自己的資本實現最大可能的增值，股民們迫切需要各種股市資訊，因此，他們常常聚成馬路股市沙龍，互通消息，共同探討投資策略。

由於股民們在觀察、理解、記憶等方面的個體差異，對於資訊的誤傳、歪曲、訛傳就在所難免。股民們心理緊張以及對各種資訊的敏感與關注，更是降低了他們對流言的鑑別力。助長了流言的產生和傳播。而證券公司的集中交易方式、股民人群的相互感染和暗示，也為流言的產生和傳播創造了理想的環境條件，特別是在股市敏感期，如波動期、整理期以及某種經濟政策、證券法規等即將出爐的前夕，股民人群處於觀望狀態，而正式途徑的消息無法滿足股民的迫切需要，於是各種小道消息、傳聞流言便成為股民們預測未來、消除恐慌的主要依據，大量流言一經產生便迅速遍及整個股市。

總之，股市必有流言，因為股民心理特點決定了股市是流言產生的最佳溫床。

（三）股市流言的種類和傳播過程

◆股市流言的種類

　　股市流言多種多樣。凡是能引起股價變化的因素，都可以成為流言的對象。根據現階段的狀況，我們可把股市流言分為三類：

　　有關股市政策的流言。它是關於股市宏觀政策、證券法規以及對股市有重大影響的政治、經濟事件等方面的流言。現實決定了政策性因素對於股市具有重大影響，也決定了股民對於這類資訊的深切關注。

　　有關上市公司的流言。上市公司的經營狀況、分紅派息，尤其是增資配股、新股上市等消息能對股市產生直接影響。

　　有關主力、大戶的流言。機構、大戶投資者的資金雄厚，他們的舉動會對股市產生相當大的影響，因此其投資行為一直受到中小散戶們的密切關注。

　　以上三類流言構成了股市流言的主要內容。此外，還有其他大量的關於股市狀況的流言。諸如「炒股」如何賺錢、暴跌使多少人被套等，有關這方面的流言同樣在股市內外廣為傳播。

◆股市流言的傳播過程

　　隨著證券市場的發展，股民總數激增，為股市流言的產生創造了充分的空間。為了獲取最大收益的投資回報，股民群體內部經常利用自身的關係網，互通資訊。流言傳播常以下列方式出現：「喂，老李，據一位證券公司的朋友說……」、「據一位管理層人士透露……」。這些消息有可能是真實的，也有可能僅是說者自己的分析、猜測。各種傳媒的含糊報導，是導致大

量猜測產生並在群體內部流傳的重要因素。股市流言一經產生便會作用於它的接受者，使他們採取相應的操作，同時，又會向其他投資者傳播。

總體而言，流言的傳播管道是一種鏈式資訊網路系統，但在各種傳播途徑上又有所不同，具體分為以下四種類型：

1.單串型：由Ａ傳至Ｂ，Ｂ傳至Ｃ，Ｃ傳至Ｄ⋯⋯資訊依次傳遞至接受者。

2.發散型：由Ａ將資訊傳遞給所有的人。

3.隨機型：由Ａ以隨機的方法，將消息傳遞給某一部分人，這些人又隨機地將消息再傳給另一些人，依此類推。

4.集聚型：由Ａ將消息傳遞給某些特定的人，這些人再將消息傳遞給另一部分特定的人。

隨著股市流言的傳播，資訊日益公開化，流傳的速度不斷加快，不久便達到了「鼎沸期」，此時，傳播網路縱橫交錯，接受者與傳播者人數劇增，而主力大戶則利用流言有意拉抬或打壓股價，這就引起股價的更大波動。流言所引起的股指波動作為一種回饋資訊，既「證實」了流言，同時也造成一種人為事實，迫使一些將信將疑者不得不順勢跟風。上述交互作用將有力地推動股市流言的進一步傳播。

流言與股指的交互作用是股市流言區別於其他種類流言的重要特徵，它導致了股市流言以加速度方式達到傳播的鼎沸期。鼎沸期過後，流言便開始走向衰退，衰退的方式主要有兩種：一是被新聞媒體公布的事實真相所證偽而很快消失；二是長期得不到證實而自行消失。但無論是哪種形式，股市流言獨有的交互效應，常使它的衰退過程較其他流言更長。尤其是它

對於股市的影響，即使在流言消失之後，往往還要持續一段時間才能徹底消除。

(四) 股市流言的特點

在傳播過程中，股市流言的內容發生變化的特點如下：

◆一般化

股市流言的傳播者並非聽到什麼就傳播什麼，他往往會刪除許多具體細節，使消息越傳越失真，流失了許多有效資訊，越到後來越使人感到內容很一般。

◆強調化

股市流言的接受者，常會去除他不感興趣的內容，保留並強調給他留下深刻印象的內容，當他再次傳播時，就會突出強調其印象深刻的部分，結果會抹殺消息的本義或誇大消息的意義。

◆個性化

股市流言的接受者以自己已有的知識、經驗、需要、態度等主觀因素來理解流言的內容，凡是他認為合乎邏輯的部分就接受下來，同時憑自己的想像對它進一步加工之後再廣為傳播。

(五) 股市流言與自我保護

對於股市的穩定與發展，流言的影響是消極的。那麼，作為一個投資者，面對流言紛揚的股市，如何才能透過流言的迷霧，使自己立於不敗之地呢？以下兩點十分重要：

◆提高鑑別股市流言的意識與能力

當流言在傳播時，每個人都有可能被它所迷惑，如果這僅

僅歸因於股民們的鑑別能力不夠，不足以說明其實質，缺乏鑑別意識才是根本原因。某些投資者太容易相信他人了，他們幾乎毫無懷疑地接受所獲得的每一個資訊，情緒緊張以及對資訊的過分敏感則進一步降低了其本來就不強的鑑別意識，於是各種流言乘機而入。

要提高對流言的鑑別，避免為股市流言所惑，投資者必須首先提高自己的鑑別意識，並在對流言的鑑別中，不斷提高自己的鑑別能力，消除緊張，穩定情緒，對股市進行全面分析，把握股市整體走勢，認清當時的股市形勢，預測可能產生的流言及其性質等，是保持頭腦冷靜，提高鑑別能力的關鍵。

◆分析與預測股市流言對投資的影響

投資者鑑別出流言後，就應對股市流言的性質、傳播狀況及其對股價的可能影響進行全面的分析和預測。透過運用股市流言與股指股價的交互作用規律，結合當時的具體情況進行系統分析，以確保預測準確、投資成功。

本章摘要

◆ 投資者的群體心理對股價的影響極大，因而分析投資者的群體心理效應是非常重要的，具體包括投資群體的心理乘數效應與心理偏好效應。

◆ 股市的發展週期分為休眠、操縱、投機、調整與成熟五個階段，每個階段的投資者群體心理各具特點。

◆ 群體心理價位是應市場的需要而產生，其具有階梯性、攀比性與階段性的特性，須進行有效的採納與引導。

◆ 股市人氣是投資者群體的心理預期及其投資行為等多方面心理氣氛的總和，它是投資者無意識從眾行為的展示，並受股市人氣、股市主力與股市資訊的影響。

◆ 個體投資者在決策前往往與他人進行資訊交流，從而構成了群體決策現象，其各有利弊。

◆ 股市從眾的形成原因有心理、人氣、風險與行情四方面因素，投資者須透過總結經驗教訓，努力加以克服。

◆ 股市流言代表了傳播者的願望和利益，其具有一般化、強調化與個性化的特點，投資者對此應強化自我保護意識。

思考與探索

1. 簡述投資群體的心理乘數效應。

2. 簡述投資群體的心理偏好效應。

3. 舉例試述股市的發展週期與群體心態的關係。

4. 舉例試述群體心理價位的形成、特性以及如何進行採納與引導。

5. 舉例簡述股市人氣形成的影響因素。

6. 舉例分析投資中群體決策的利弊。

7. 舉例試述股市從眾的形成原因及其克服方法。

8. 舉例分析股市流言的現象以及如何進行自我保護。

第5章
金融市場中的投資行為

5.1 金融市場及其產生、發展和組成

5.1.1 金融市場及其產生、發展

金融指資金的融通，是資金的借貸關係；金融市場是因經常發生多邊資金借貸關係而形成的資金供需市場，它是經濟活動發展的心臟。如果金融市場上的資金借貸關係發生在本國居民之間而不涉及其他國家的居民，就稱為國內金融市場，國內金融市場中只能發生一種類型的交易，即國內借款人向國內貸款人借用資金。如果這一市場涉及到其他國家，超越國境並以國際性規模進行資金的借貸，就稱為國際金融市場，換言之，國際金融市場就是非本國居民可以參與的、從事國際借貸業務（行為）的信用市場。在一個國際金融市場中，可能發生三種類型的交易：(1)國內借款人和國外貸款人之間的交易；(2)國外借款人和國內貸款人之間的交易；(3)國外借款人和國外貸款人之間的交易，即境外交易。由於它涉及到兩個或更多個國家之間的信貸關係，所以具有國際性的特點。例如，紐約金融市場主要是美國的國內金融市場，但由於非美國居民也可以在此自由參加活動，所以帶有國際金融市場的性質。而倫敦金融市場則本來就是作為國際性的金融市場而發展起來的。

國際信貸關係，是借貸資本在國際範圍內運動的表現形式和結果。在國際金融市場上，國際信貸關係的發生意味著借貸資本在國際間進行移動。國際金融市場為這種國際資本移動提

供服務，並由此促進國際信貸關係的發展。所以，國際金融市場實質上成為國際信貸關係產生和國際借貸資本運動的仲介和媒體。

國際信貸關係的發生和國際貿易一樣，在資本主義經濟大發展過程中，生產和資本國際化逐漸有所發展，各國國內金融市場與國外的聯繫也隨之產生並且日益擴大。這種聯繫的傳統形式是：本國投資者購買外國債券或將資金存放於外國金融機構；本國銀行向外國商人提供貸款或外國商人在本國發行債券。但早期最主要的國際金融交易是為國際貿易提供資金，即銀行對進出口商融通資金以利於進出口貿易的進行，這種資金的融通促進了國際貿易的發展。

在生產和資本國際化的發展過程中，各國金融市場的對外聯繫不斷發展，使得資本主義國家的信貸體系和金融市場結構發生了相應的變化。在一些主要的資本主義國家中，國際信貸聯繫趨於經常化和多邊化，從而出現了主要從事國際業務和專門從事國際業務的國際金融市場。關於這一點正如馬克思所言：「隨著信用制度的發展，像倫敦那樣大的集中的貨幣市場就興起了。」

在資本主義進入帝國主義階段，由於資本主義生產發展的遲緩，出現大量過剩的資本，這部分資本脫離了本國的生產和流通過程而在國際間尋求最有利的投資場所，從而促進了國際金融市場的發展。第二次世界大戰後，由於科技革命的影響，生產國際化提高到了一個新的階段，生產國際化又推進了資本國際化，國際資金借貸日益頻繁，國際資本流動達到空前的規模，國際金融市場獲得了更進一步的擴大。所以，生產國際化和資本國際化，是國際金融市場產生的條件和根本原因，也是

促進其進一步發展的客觀基礎。

5.1.2 金融市場的分類

到目前為止，隨著金融創新工具的日新月異，金融市場已逐漸形成一個異常龐大、複雜，且多元化、多層次的市場體系。有關金融市場的分類，出現了各種不同類型的分類方法。但是，目前世界上普遍採取的分類法是按金融工具到期日的長短把金融市場分為貨幣市場和資本市場。

5.2 貨幣市場和資本市場

貨幣市場指短期資金交易的市場，也稱為短期資金市場；資本市場是指長期資金交易的市場，也叫長期資本市場。金融市場又有廣義和狹義之分，廣義的金融市場包括貨幣市場和資本市場，狹義的金融市場僅指短期的資金市場，而不涉及長期資本市場。按照經營業務的種類來劃分，金融市場包括：資金市場、外匯市場、證券市場、黃金市場。嚴格講來，金融市場與外匯市場不同，外匯市場經營外幣買賣，而金融市場則主要進行外幣的存放借貸業務，它是一種信用市場。但是，這種國際借貸活動，往往由多種外匯交易緊密地聯繫在一起，所以廣義地說，金融市場的業務活動就不僅包括資金的借貸，還包括外匯、證券和黃金的買賣等。

5.2.1　資本市場及其與貨幣市場的區別

　　資本市場是指證券融資和經營一年以上中長期資金借貸的金融市場，包括股票市場、債券市場、基金市場和中長期信貸市場等。

　　資本市場融通的資金主要作為擴大再生產的資本使用，因此稱為資本市場。作為資本市場重要組成部分的證券市場，具有透過發行股票和債券的形式吸收中長期資金的巨大能力，公開發行的股票和債券還可以在二級市場自由買賣和流通，有著很強的靈活性。

　　貨幣市場是經營一年以內短期資金融通的金融市場，包括同業拆借市場、票據貼現市場、回購市場和短期信貸市場等。

　　資本市場和貨幣市場都是資金供需雙方進行交易的場所，是經濟體系中聚集、分配資金的「水庫」和「分流站」，但兩者的分工較明確。資金需求者透過資本市場籌集長期資金，透過貨幣市場籌集短期資金，國家經濟部門則透過這兩個市場來調控金融和經濟活動。從歷史上看，貨幣市場先於資本市場出現，貨幣市場是資本市場的基礎，兩者有時可以相互轉化。但資本市場的風險遠遠大於貨幣市場。其原因主要是中長期因素影響資金使用效果的不確定性增大，不確定性因素增多，以及影響資本市場價格水準的因素較多。

5.2.2　外匯市場

　　外匯市場是個人、企業、銀行和經紀人從事外匯買賣交易

的機制或網路，它不像證券交易所或商品交易所那樣有固定的
場所，是外匯銀行及其他金融機構和經紀人之間利用電話、電
傳等通訊工具從事報價和交易的無形市場，是一種鬆散型市
場，它遍布全世界，涉及世界各地主要的金融中心，而不是在
哪個具體的場所開展外匯買賣業務。世界上交易量比較大的外
匯市場有紐約、倫敦、法蘭克福、巴黎、蘇黎世、東京、米蘭
等地。外匯市場的形成是國際商品交易和國際信貸的內在要
求，它的出現是國際經濟交往的必然結果。外匯市場一般由三
部分組成：外匯銀行、外匯經紀人和中央銀行。外匯經紀人是
在銀行與進出口商之間進行聯繫、接洽外匯買賣的匯兌商人，
靠收取傭金生活。

5.3　證券市場

　　證券市場是從事股票、債券等有價證券交易的場所，是長
期資本市場，也是金融資本家進行大規模投機的重要場所。證
券市場作為長期資本的最初投資者和最終使用者之間的有效仲
介，是金融市場的重要組成部分。證券市場由股票市場、債券
市場等有價證券市場組成。

5.3.1　股票市場

　　股票市場是股票發行和交易的場所。根據市場功能劃分，
可分為發行市場和流通市場。發行市場是透過發行股票進行籌
資活動的場所，一方面為資金的需求者提供籌集資金的管道，

另一方面為資金的供應者提供投資的場所。發行市場又稱為一級市場，是資本職能轉化的場所，透過發行股票，把社會上閒散資金轉化為資本。流通市場是將發行的股票進行轉讓的市場，也稱二級市場，流通市場一方面為股票持有者提供投資機會，另一方面為股票持有者提供轉讓的機會。與發行市場一次性行為不同的是，在流通市場上股票可頻繁地進行交易。發行市場是流通市場的基礎和前提，流通市場是發行市場得以存在和發展的條件。發行市場的規模決定了流通市場的規模，影響著流通市場的交易價格。沒有發行市場，流通市場就成為無源之水，無本之木。在一定時期內，發行市場規模過小，容易使流通市場的供需脫節，造成投機過度，股價起伏過度；發行節奏過快，股票供過於求，對流通市場形成壓力，股價低落，市場低迷，反過來會影響發行市場的籌資。發行市場與流通市場是相互依存、互為補充的整體。

　　根據市場組織細分，股票市場可分為場內交易市場和場外交易市場。股票的場內交易市場是股票集中交易的場所，即股票交易所，一般稱為證券交易所，如大陸的上海證券交易所和深圳證券交易所。有些國家最初的證券交易所是自發產生的，有些是根據國家有關法規政策註冊登記設立或經批准設立的。今天的證券交易所均有嚴密的組織，嚴格的管理，有進行集中交易的固定場所。在世界大多數國家裡，證券交易所是股票交易的唯一合法場所。股票的場外交易市場是在股票交易所以外的各證券交易機構櫃檯上進行股票交易的市場，也叫櫃檯交易市場。隨著通訊技術的發展，一些國家出現了有組織的，並透過現代化通信與電腦網路進行交易的場外交易市場，如美國的全美證券協會自動報價系統等。

（一）股票市場的功能

◆籌集資金

　　籌集資金是股票市場的首要功能。企業透過在股票市場上發行股票，把分散在社會上的閒散資金集中起來，形成鉅額的、可供長期使用的資本，用於支援社會化大生產和大規模經營。股票市場所能達到的籌資規模和速度是企業依靠自身積累和銀行貸款所無法比擬的。正如馬克思所描述的，「假如必須等待積累去使某些單個資本增長到能夠修建鐵路的程度，那麼恐怕直到今天世界上還沒有鐵路，但是，集中透過股份公司轉瞬之間就把這件事完成了」。

　　據國際證券交易所聯合會（FIBV）統計，1996年各國上市公司和當年新上市的公司在股票市場上籌集資金總額達4380億美元，比1995年的3199億美元增長36.9％。

◆轉換機制

　　股票市場可促進公司轉換經營機制，建立現代企業制度。第一，企業要成為上市公司，就必須先改制為股份有限公司，適當分離企業的所有權和經營權，規範公司的體制。第二，由於上市公司的資本來自眾多的股東，公司必須履行資訊披露義務，這就使得企業時時處在各方面的監督和影響之中。一方面來自股東的監督，股東作為投資者必然關心企業的經營狀況和發展前景，透過授權關係來行使他們的權利；另一方面來自資本市場的壓力，企業經營的好壞影響股價，股價的高低牽動企業和投資者。經營不善，股價下跌，可能導致企業被第三者收購。第三，來自社會的監督，特別是會計師事務所、律師事務所、證券交易所和社會輿論等的監督和制約。所有這些監督和

制約促使上市公司必須改善和健全內部運作機制。

在資本主義國家，不少家族企業透過股份制改造成為上市公司後，突破了私人企業的單一資本限制，獲得巨大的成功，得以躋身於世界大公司的前列，如日本的松下電器公司，就是透過有效的管理、上市和多次增資擴股，迅速擴大了經營規模，躋身於世界五百強的。

◆優化資源配置

股票市場的優化資源配置功能是透過一級市場籌資、二級市場的股票流通來實現的。投資者透過即時披露的各種資訊，選擇成長性好、盈利潛力大的股票進行投資，拋棄業績差、收益差的股票，使資金逐漸流向效益好、發展前景好的企業，推動企業股價的逐步上揚，為該公司利用股票市場進行資本擴張提供了良好的運作基礎。而業績差、前景黯淡的企業股價下滑，難以繼續籌集資金，以至於逐漸衰落或被兼併、收購。

◆分散風險

股票市場在給投資者和融資者提供投資融資管道的同時，也提供了分散風險的途徑。從資金需求者角度來看，透過發行股票籌集了資金，同時將其經營風險部分地轉移和分散給投資者，實現了經營風險的社會化。這一點如美國電話電報公司有三百萬個股東，該公司經營收益由三百萬個股東共同分享，同時該公司的經營風險、市場風險也由三百萬個股東共同承擔。從投資角度看，可以根據個人承擔風險的程度，透過買賣股票和建立投資組合來轉移和分散風險。投資者在資金多餘時，可以購買股票進行投資，把消費資金轉化為生產資金；在資金緊缺時，可以把股票賣掉變成現金以解決即期之需。股票市場的高變現性，使得人們放心地把剩餘資金投入股票市場，從而使

閒散資金轉化為生產資金，使得社會既最大限度地利用了分散
的閒散資金，又促進了個人財富的保值增值。

（二）股票及其特點

股票是股份有限公司在籌集資金時向出資人發行的股份憑
證。股票代表著其持有人（股東）對股份公司的所有權。這種
所有權是一種綜合的權利，如參加股東大會、投票表決、參與
公司的重大決策、收取股息或分享紅利等。同一類別的每一份
股票所代表的公司所有權相等。每個股東所擁有的公司所有權
的大小，取決於其持有的股票數量占公司總股本的比重。股票
一般可以透過買賣方式有償轉讓，股東能透過股票轉讓收回其
投資，但不能要求公司返還其出資。股東與公司之間的關係不
是債權債務關係，是所有者與經營者的關係，股東是公司的所
有者，以其出資額為限對公司負有限責任，承擔風險，分享收
益。

股票具有以下特點：

◆不可償還性

股票是一種無償還期限的有價證券，投資者認購了股票
後，就不能再要求退股，只能到二級市場透過交易轉讓給第三
者。股票的轉讓意味著公司股東的改變，並不減少公司資本。
從期限上看，只要公司存在，它發行的股票就存在，股票的期
限等同於公司存續的期限。

◆參與性

股東有權出席股東大會，選舉公司的董事會，參與公司重
大決策。股票持有者的投資意志和享有的經濟利益，通常是透
過行使股東參與權來實現的。股東參與公司的決策權利的大

小，取決於其所持有股份的多少，從實踐中看，只要股東持有的股票數量達到可左右決策結果所需的實際多數時，就能掌握公司的決策控制權。

◆收益性

　　股東憑藉其持有的股票，有權從公司領取股息或紅利，獲取投資的收益。股息或紅利的大小取決於公司的盈利水準和公司的盈利分配政策。另外，收益性還表現在股票投資者可以獲得價差收入或實現資產的保值增值，透過低價買入和高價賣出股票，投資者可以賺取價差的利潤。股票通常被視為在高通貨膨脹期間可優先選擇的投資對象。一般情況下，在通貨膨脹時，股票價格會隨著公司原有資產重置價值的上升而上升，從而避免了資產貶值。

◆流通性

　　股票的流通性指股票在不同的投資者之間的可交易性。流通性通常以可流通的股票數量、股票成交量以及股份對交易量的敏感程度來衡量。可流通股數越多，成交量越大，價格對成交量越不敏感，股票的流通性越好，反之越差。股票的流通，使投資者可以在市場上賣出所持有的股票，取得現金。透過股票的流通和股價的變動，可以看出人們對相關行業和上市公司的發展前景和盈利潛力的判斷。那些在流通市場上吸引大量投資者、股價不斷上漲的行業和公司，可以透過增發股票，不斷吸收大量的資本進入生產經營活動，收到優化資源配置的效果。

◆價格的波動性和風險性

　　股票在市場上作為交易的對象，和商品一樣有自己的市場行情和市場價格。由於股票價格受到所屬公司經營狀況、供需

關係、銀行利率、大眾心理等多種因素的影響，其波動有很大的不確定性。正是這種不確定性，有可能使股票投資者收益受到損失。而且價格波動的不確定性越大，投資風險也越大。因而股票也是一種高風險的金融產品，尤其在過高的價位購買後，就會導致嚴重的損失。

(三) 股票融資與信貸融資的區別

企業在生產經營過程中，特別是在擴大生產經營規模時，經常會遇到資金不足的困難，在企業自有資金不能完全滿足其資金需求的情況下，便需要向外部籌資。對外籌資可以採取兩種方法，其一是直接借助市場向社會上有資金盈餘的單位和個人籌資，即直接融資；其二是向銀行等金融仲介機構申請貸款等，也稱爲間接融資。

直接融資的主要形式有股票、債券、商業票據、預付款和賒購等，其中股票融資和債券融資是最重要的形式。銀行信貸融資是間接融資中最爲重要的形式之一，間接融資的金融仲介機構主要是商業銀行。股票融資和信貸融資屬於不同的融資方式，在融通資金的性質、作用等方面有很大的區別：

1. 銀行提供給企業的資金融通，對企業而言是它的外部債務，體現的是債權債務關係；而企業透過股票融資籌集的資金是企業的資本金，它反映的是財產所有權關係。
2. 信貸融資是企業的債務，企業必須在到期時或到期前按期還本付息，因而構成企業的債務負擔；而股票融通資金卻沒有到期日的問題，投資者一旦購買股票便不得退股。
3. 對提供資金者而言，信貸融資是銀行提供給企業的信用，

銀行提供的借貸資金不論數量多少，都沒有參與企業經營
管理的權利；而提供股票融資者即成為企業的股東，有權
參與企業的經營決策。

4.從提供融資者的收益看，銀行的收益是固定的利息收入。
無論企業經營好壞都有義務按契約規定的條款支付應付的
利息；而股票的收益通常是不固定的，它與企業的經營好
壞有著密切的關係。

5.從公司破產時對信貸融資和股票融資的清償順序來看，在
企業破產清算時，銀行提供給企業的貸款，不論有無擔
保，都是對企業的債權，可以在股東之前取得清償權。

（四）股票的分類

◆普通股和優先股

普通股是指在公司的經營管理和盈利及財產的分配上享有
普通權利的股份，代表滿足所有債權償付要求及優先股東的收
益權與求償權要求後對企業盈利和剩餘財產的索取權。它構成
公司資本的基礎，是股票的一種基本形式，也是發行量最大、
最為重要的股票。普通股股票持有者按其所持有的股份比例享
有以下基本權利：

1.公司決策參與權：普通股股東有權參與股東大會，並有建
議權、表決權和選舉權，也可以委託他人代表其行使股東
權利。

2.利潤分配權：普通股股東有權從公司利潤中得到股息，普
通股的股息是不固定的，由公司盈利狀況及其分配政策決
定，普通股股東必須在優先股股東取得固定股息之後才能

享有股息分配權。

3.優先認股權：如果公司需要擴張而增發普通股股票時，現有普通股股東有權按其持股比例，以低於市價的某一特定價格優先購買一定數量的新發行股票，從而保持其對企業所有權的原有比例。

4.剩餘財產的分配權：當公司破產或清算時，若公司的資產在償還欠債後還有剩餘，其剩餘部分按先優先股股東、後普通股股東的順序進行分配。

優先股是公司在籌集資金時，給予投資者某些優先權的股票。這種優先權主要體現在兩個方面：(1)優先股擁有固定的股息，不隨公司業績的好壞而波動，並且可以先於普通股有固定的股息；(2)當公司破產進行財產清算時，優先股股東優先於普通股股東對公司剩餘財產的要求權，但優先股一般不參加公司的紅利分配，持有人沒有表決權，不能借助表決權參加公司的經營管理。優先股與普通股相比較，雖然收益和決策權有限，但風險較小。

優先股起源於歐洲，英國在十六世紀已經發行優先股，但以後的幾百年裡出於管理等方面的需要，不再發行優先股。一般情況下，公司發行優先股主要出於以下原因：(1)清償公司債務，幫助公司度過財政難關；(2)欲增加公司的資產又不影響普通股股東的控制權。

◆績優股與垃圾股

績優股是業績優良公司的股票，對於績優股的定義國內外有所不同。在國外，績優股主要是指業績優良且比較穩定的大公司股票，這些大公司經過長時間的努力，在行業內達到了較

高的市場占有率，形成了經營規模優勢，利潤穩步增長，市場
知名度很高。績優股具有很高的投資回報和投資價值。其公司
擁有資金、市場、信譽等方面的優勢。因此，績優股總是受到
投資者尤其從事長期投資者的青睞。

　　垃圾股是業績較差公司的股票，這類上市公司或者由於行
業前景不好，或者由於經營不善等，業績不理想，有的甚至於
進入虧損行列。其股票在市場上的表現可能萎靡不振，股價走
低，交易投資不活躍，年終分紅也差。投資者在考慮選擇這些
股票時要有較高的風險意識，切忌盲目跟風。

　　績優股和垃圾股不是絕對不變的。績優股公司決策失誤，
經營不當，其股票可能淪落為垃圾股；而垃圾股公司經過重組
和提高經營管理水準，抓住市場局面，也有可能將其股票變為
績優股。

　　股票市場中績優股和垃圾股並存的格局警示著上市公司：
並不意味著股票上市後，公司就可以高枕無憂，股票市場容不
得濫竽充數，每支股票價格的波動，都顯示著公司的實力，是
績優股還是垃圾股，依賴於上市公司本身的努力。

◆藍籌股與紅籌股

　　在海外股票市場上，投資者把那些在其所屬行業內占有重
要地位、業績優良、成交活躍、紅利豐厚的大公司股票稱為藍
籌股。「藍籌」一詞源於西方賭場。在西方賭場中，有三種顏
色的籌碼，其中藍色籌碼最為值錢，紅色籌碼次之，白色籌碼
最差。股票投資者把這些行話套用到股票上。美國通用汽車公
司、埃克森石油公司和杜邦化學公司等股票，都曾屬於藍籌
股。藍籌股並非一成不變。隨著公司經營狀況的改變及經濟地
位的升降，藍籌股的排名也會變更。例如，美國著名的《富比

士》雜誌統計，1917年一百家最大藍籌股公司中，目前只有四十三家公司股票仍在藍籌股之列，而當初「最藍」、行業最興旺的鐵路股票，如今完全喪失了入選藍籌股的資格和實力。在香港股市上，最有名的藍籌股當屬全球最大商業銀行之一的「匯豐控股」。有華資背景的「長江實業」和中資背景的「中信泰富」等也屬藍籌股之列。中國大陸的股票市場雖然歷史較短，但發展十分迅速，也逐漸出現了一些藍籌股。

紅籌股這一概念誕生於二十世紀九〇年代的香港股市。其原因是中國大陸在國際上被稱爲「紅色中國」，相應地，香港和國際投資者把在境外註冊、在香港上市的那些帶有中國大陸概念的股票稱爲「紅籌股」。對其具體定義有兩種觀點：一種觀點認爲，按照業務範圍劃分，如果某個上市公司的主要業務在中國大陸，其盈利中的大部分也來自該業務，那麼，若這家在中國境外註冊、在香港上市，其股票就是紅籌股。國際資訊公司彭博資訊所編的「紅籌股指數」就是按照這一標準來遴選的。另一種觀點認爲，應該按照權益多寡來劃分，如果一家公司股東權益的大部分直接來自於中國大陸或具有大陸背景，實際上成爲中資所控股份，那麼，這家在中國境外註冊、在香港上市的公司股票也屬於紅籌股之列。1997年4月，恆生指數服務公司著手編制的「恆生紅籌股指數」，就是按照這一標準來劃定紅籌股的。通常以上公司的股票均稱爲紅籌股。

早期的紅籌股，主要是一些中資公司收購香港的中小型上市公司後改造而形成的，如「中信泰富」等。近年來出現的紅籌股，主要是大陸內地一些省份將其在香港的窗口公司改組並在香港上市後形成的，如「上海實業」和「北京控股」等。紅籌股已經變成了除B股、H股外，內地企業進入國際資本市場

籌資的一條重要管道。紅籌股的興起和發展，對香港股市也有著十分重要的影響，從1993年初至1997年6月，紅籌股公司透過首次發行及增資配股籌集的資金為115.5億元。1997年1月至6月香港股票市場的總籌資額約為1433億港元，其中，紅籌股占23.8％。

A股、B股、H股、N股和S股

中國大陸上市公司的股票有A股、B股、H股、N股、S股等的區分。這一區分主要依據股票的上市地點和所面對的投資者而定的。

A股的正式名稱是人民幣普通股票。它是由中國大陸境內的公司發行，供國內機構、組織和個人（不含台、港、澳投資者）以人民幣認購和交易的普通股股票。1990年大陸的A股股票只有十支，至1999年9月底，深滬兩市股票增加到一千餘支，總市值29655億元人民幣，與國內生產總值的比率為35％。1998年A股年成交金額24000億元人民幣。

B股的正式名稱是人民幣特種股票。它是以人民幣標明面值，以外幣認購和買賣，在境內（上海、深圳）證券交易所上市交易。它的投資人限於：外國的自然人、法人和其他組織，香港、澳門、台灣的自然人、法人和其他組織，定居在國外的中國公民，中國證監會規定的其他投資人。現階段B股投資人主要是上述幾類中的投資者。B股公司的註冊地和上市地都在境內，只不過投資者在境外或者在香港、澳門和台灣，至1999年9月底深滬交易所共有B股上市公司一百零八家，籌資額達50億美元。

H股，即註冊地在內地、上市地在香港的外資股。香港的英文是Hong Kong，取其字首，在香港上市的外資股叫做H

股。依此類推，紐約的第一個英文字母是N，新加坡的第一個英文字母是S，在紐約和新加坡上市的股票分別叫做N股和S股。

◆一線股、二線股和三線股

根據股票市場交易價格的高低，證券市場上流通的股票分為一線股、二線股和三線股。

一線股通常指股票市場上一類價格的股票。這些股票業績優良並具有良好的發展前景，股價領先於其他股票。大致上，一線股等同於績優股和藍籌股。一些高成長股，如某些高科技股，由於投資者對其發展前景充滿憧憬，它們也屬於一線股。一線股享有良好的聲譽，為機構投資者和廣大中小投資者所熟知、青睞。

二線股是價格中等的股票。這類股票在市場上數量最多，其業績參差不齊，但從總體上看，它們的業績也和股價一樣在所有上市公司中居於中游。

三線股是價格低廉的股票。該類公司大多業績不好，前景不妙，有的甚至於虧損。也有的少數上市公司，由於發行量太大，或處於夕陽行業，或缺乏高速增長的可能，難以塑造出好的投資概念吸引投資者。一般情況下這類公司股票價格徘徊不前。

◆配股

配股是上市公司根據公司發展的需要，依據有關規定和相應的程序，旨在向原股東配售發行新股籌集資金的行為。按照慣例公司配股的認購權按照原有股權比例優先在原股東之間分配，即原股東擁有優先配股權。

5.3.2　債券市場

　　債券市場是債券發行和債券買賣的場所，是金融市場的重要組成部分。與股票市場一樣，債券市場也分為發行市場、流通市場；一級市場、二級市場；場內交易市場和場外交易市場及國內債券交易市場和國際債券交易市場等。國內債券市場的發行者和發行地點同屬一個國家，而國際債券市場的發行者和發行地點不屬一個國家。

（一）債券市場的功能

◆融資功能

　　債券市場作為金融市場的一個重要組成部分，具有使資金從剩餘者流向需求者，為資金不足者籌集資金的功能。

◆資金流動導向功能

　　效益好的企業發行的債券通常比較受投資者歡迎，因此發行時利率低，籌資成本小；相反，效益差的企業發行的債券風險相對較大，受投資者歡迎的程度較低，發行時利率較高，籌資成本較大。透過債券市場的發行、交易，資金得以向優勢企業集中，從而有利於資源的優化配置。

◆宏觀調控功能

　　一個國家的中央銀行作為國家貨幣政策的制定與實施部門，主要依靠存款準備金、公開市場業務、再貼現和利率等政策工具進行宏觀調控。其中，公開市場業務是中央銀行透過在證券市場上買賣政府公債等有價證券，藉以調控貨幣供應量，實現宏觀調控的重要手段，在經濟過熱，需要減少貨幣供應量

時，中央銀行賣出債券，收回金融機構或公眾持有的一部分貨幣，從而抑制經濟的過熱運行；當經濟蕭條、銀根過緊，需要增加貨幣供應量時，中央銀行便買入債券，增加貨幣的投放。

（二）債券及其特徵

債券是政府、金融機構、工商企業等直接向社會借債籌措資金時，向投資者發行，並且承諾按一定利率支付利息並按約定條件償還本金的債權債務憑證。債券本質上是債權的證明書，具有法律效力。債券購買者和發行者之間是一種債權債務關係，發行人即債務人，投資者是債權人。根據債券發行人、發行對象、發行期限、發行時的利率、發行範圍的不同，債券可分為多種，後面將主要的種類作簡要介紹。

債券具有如下特徵：

◆償還性

債券一般都規定償還期限，發行人必須按約定條件還本並支付利息。

◆流通性

債券一般都可以在流通市場上自由轉讓。

◆安全性

與股票相比，債券通常規定有固定的利率，與企業績效沒有直接聯繫，收益較穩定，風險較小。在企業破產時，債券持有人享有優先於股票持有者對企業剩餘資產的索取權。

◆收益性

債券的收益性主要表現在兩個方面：一是投資債券可以給投資者定期和不定期的帶來利息收入；二是投資者在證券市場上利用債券價格的變動，買賣債券可賺取利差收入。

（三）債券的分類

◆政府公債

　　政府公債也稱金邊債券，源於十七世紀英國政府發行的英國政府公債，該公債帶有金色邊線。因此被稱爲「金邊債券」。在美國，經權威性資信評級機構評定爲最高等級（AAA級）的債券，也稱爲「金邊債券」。現在「金邊債券」一般泛指所有中央政府發行的債券，即政府公債。中央政府發行的債券一般有兩種：其一是爲經濟建設發行的公債，稱爲「建設公債」；另一種視爲彌補預算收支差額發行的公債，稱爲「赤字公債」。中央政府是權力的象徵，以該國的徵稅能力作爲政府公債還本付息的保證，投資者一般不用擔心「金邊債券」的償還能力。除中央政府發行的公債外，有些國家的地方政府也可發行地方政府債券，這些債券的安全性僅次於「金邊債券」。

　　政府公債是中央政府爲籌集財政資金而發行的政府債券，是中央政府向投資者出具承諾在一定時期支付利息和到期償還本金的債權債務憑證。政府公債是國家信用的主要形式，以中央政府的稅收作爲還本付息的保證，風險較小，流動性強，利率也較其他債券低。

　　從其形式上看，分爲憑證式政府公債、無記名式政府公債和記帳式政府公債三種。

　　憑證式政府公債是一種國家儲蓄債，可記名、掛失，以「憑證式政府公債收款憑證」記錄債權，不能上市流通，從購買之日起計息。持有期內，持券人如遇特殊情況需要提取現金，可以到購買地點兌取。提前提取時，除償還本金外，利息按實際持有的天數以相應的利率計算，經辦機構按兌付本金的一定

比例收取手續費。

　　無記名政府公債是一種實物債券，以實物的形式記錄債權，面值不等，不記名、不掛失，可上市流通。發行期內，投資者可直接在銷售網站購買或在交易所申購。發行結束，持有人可在櫃檯賣出，也可將實物券交證券交易所託管，再透過交易系統賣出。

　　記帳式政府公債以記帳形式記錄債權，透過證券交易所系統發行和交易，可記名、可掛失，但投資者必須在證券交易所設立帳戶。由於記帳式政府公債的發行和交易均為無紙化，所以效率高、成本低、交易安全。

　　依政府公債利息的支付方式劃分為貼現政府公債和附息政府公債。

　　貼現政府公債指票面上不附有息票，發行時按規定的折扣率，以低於債面價值發行，到期按面值付息的政府公債，發行價格與面值的差額即為債券利息。附息政府公債，指券面上附有息票的債券，息票上標有利息額、支付利息的期限、支付方式及債券號碼內容等。持有人可從債券上剪下息票，並據此領取利息。附息政府公債的利息支付方式一般是在償還期內按期付息，每半年或一年付一次利息。

◆公司債券

　　公司債券是股份公司發行的一種債務契約，公司承諾在未來的特定日期，償還本金並按事先規定的利率支付利息。

　　公司債券主要有以下幾類：

　　記名與否。按是否記名可分為：(1)記名債券，即在券面上登記持有人的姓名，支取本息要按印鑑領取，轉讓時必須經持有人背書並到債券發行公司登記的公司債券；(2)不記名債券，

即券面上不需要載明持有人的姓名，還本付息及流通轉讓以債券爲憑證，不需登記。

是否參加利潤分配。按持有者是否參加公司利潤分配可分爲：(1)參加公司利潤分配的債券，指除了可按預先約定獲得利息收入外，還可在一定程度上參加公司利潤分配的公司債券；(2)不參加公司利潤分配的債券，指持有人只能按照事先約定的利率獲得利息的公司債券。

可否提前贖回。按是否可提前贖回分爲：(1)可提前贖回公司債券，即發行者可在債券到期前購回其發行的全部或部分債券；(2)不可贖回公司債券，即只能一次到期還本付息的公司債券。

發行目的。按發行債券的目的可分爲：(1)普通公司債券，即以固定利率、固定期限爲特徵的公司債券，是公司債券的主要形式，其目的是爲公司擴大生產規模提供資金來源；(2)改組公司債券，是爲清理公司債務目的發行的債券，也稱以新換舊債券；(3)利息公司債券，也稱爲調整公司債券，是指面臨債務信用危機的公司經債權人同意而發行的較低利率的新債券，用以換回原來發行的較高利率債券；(4)延期公司債券，指公司在已發行債券到期無力支付，又不能發行新債還舊債的情況下，徵得債權人的同意後可延長償還期限的公司債券。

持有人有無選擇權。按發行人是否給予持有人選擇權分爲：(1)附有選擇權的公司債券，指在一些公司的債券發行中，發行人給予持有人一定的選擇權，如可轉換公司債券（附有可轉換爲普通股的選擇權）、有認股權證的公司債券和可退還公司債券（附有持有人在債券到期前可將其回售給發行人的選擇權）；(2)未附選擇權的公司債券，即債券發行人未給予持有人

上述選擇權的公司債券。

　　償還期限。根據償還期限的不同，債券可分為長期債券、短期債券和中期債券。一般來講，償還期限在十年以上的為長期債券；償還期限在一年以下的為短期債券；期限在一年以上和十年以下（包括十年）的為中期債券。

　　利率變化。根據債券利率在償還期內是否變化，可將債券區分為固定利率債券和浮動利率債券。

　　固定利率債券指在發行時規定利率在整個償還期內不變的債券。固定利率債券不考慮市場變化因素，因而其籌資成本和投資收益可以事先預計，不確定性較小。但債券發行人和投資者仍然必須承擔市場利率波動的風險。如果未來市場利率下降，發行人能以較低的利率發行新債券，則原來發行的債券成本就顯得相對高昂，而投資者則獲得了相對於現行市場利率更高的報酬，原來發行的債券價格將上升；反之，如果未來市場利率上升，新發行的債券成本增大，則原來發行的債券成本就顯得相對較低，而投資者的報酬則低於購買新債券的收益，原來發行的債券價格將下降。

　　浮動利率債券是發行時規定債券利率隨市場利率定期浮動的債券，也就是說，債券利率在償還期內可以進行變動和調整，該種債券一般是中長期債券。浮動利率債券通常根據市場基準利率加上一定的利差來確定。美國浮動利率債券的利率水準主要參照三個月期限的政府公債利率，歐洲則主要參照倫敦同業拆借利率。

　　浮動利率債券的種類較多，有規定利率浮動上、下限的浮動利率債券；有規定利率到達預定水準時可以自動轉換成固定利率債券的浮動利率債券；有浮動選擇權的浮動利率債券以及

在償還期的一段時間內實行固定利率，另一段時間則實行浮動利率的混合利率債券等。

浮動利率債券可以避免債券的實際收益率與市場收益率之間出現任何重大差異，使發行人的成本和投資者的收益與市場變動趨勢相一致。但由於利率的浮動性，也使發行人的實際成本和投資者的收益有很大的不確定性，從而導致較高的風險。

公司債券的主要特點是：

1. 風險性較大：公司債券的還款來源是公司的經營利潤，但是任何一家公司的未來經營都存在很大的不確定性，因此公司債券持有人承擔著損失利息甚至本金的風險。
2. 收益率較高：風險與收益成正比，要求較高風險的公司債券需提供給債券持有人較高的投資收益。
3. 對於某些債券而言，發行者與持有人之間可以相互給予一定的選擇權。

國際債券與歐洲債券。國際債券是一國政府、金融機構、工商企業或國際組織爲籌措和融通資金，在國外金融市場上發行的、以外國貨幣爲面值的債券。其主要特徵是發行者和投資人屬於不同的國家，籌措的資金來源於國外金融市場。債券的發行和交易，既可用來平衡發行國的國際收支，也可用來爲發行國政府和企業引入資金從事開發和生產。

依發行債券所用貨幣與發行地點的不同，國際債券又可分爲外國債券和歐洲債券。

外國債券是一國政府、金融機構、工商企業或國際組織在另一國發行的以當地國貨幣計值的債券；歐洲債券是一國政府、金融機構、工商企業或國際組織在國外債券市場上以第三

國貨幣爲面值發行的債券。

歐洲債券最初以美元爲計值貨幣，發行地以歐洲爲主，歐洲債券市場具有如下特點：

1. 歐洲債券市場是一個完全自由的市場，債券發行較爲自由靈活，既不需要向任何監督機關登記註冊，也無利率管制和發行數額的限制，還可以選擇多種計值貨幣。
2. 歐洲債券市場上籌集的資金數額大、期限長，且對發行人財務公開的要求不高，籌集資金較方便。
3. 手續簡便，費用低，一般由幾家大的跨國金融機構辦理發行，發行面廣、手續簡便、費用低，且利息收入免收所得稅。
4. 不計名方式發行，並可保存在國外，保密性強。
5. 安全性和收益性高。發行者大多爲大公司、各國政府及國際組織，信譽較高，安全性大、收益率高。

此外，外國債券還分爲揚基債券、武士債券和龍債券。揚基債券是在美國市場上發行的外國債券，是美國以外的政府、金融機構、工商企業和國際組織在美國國內市場發行的、以美元爲計值貨幣的債券。「揚基」來源於英文 Yankee，即美國佬，發行者以外國政府和國際組織爲主，投資者以人壽保險公司和銀行儲蓄機構等爲主。具有如下特點：期限長、數額大；申請手續繁瑣、控制較嚴。武士債券是在日本市場上發行的外國債券，是日本以外的政府、金融機構、工商企業和國際組織在日本國內市場發行的以日元爲計值貨幣的債券。武士債券均無擔保發行，期限通常爲三至十年，交易地點在東京證券交易所。龍債券是以非日元的亞洲國家或地區貨幣發行的外國債

券，是東南亞經濟迅速發展的產物。對發行人的要求較高，一般為政府或相關機構。投資人有官方機構、中央銀行、基金管理人及個人等。

◆金融債券

金融債券是指由銀行和非銀行金融機構發行的債券。在西方的歐美國家，金融機構發行的債券歸類為公司債券，在中國大陸及日本等國家，金融機構發行的債券稱為金融債券。由於銀行等金融機構在一國經濟中占有較特殊的地位，政府對他們的營運有嚴格的監督，因此金融債券發行人的資信通常高於其他非金融機構債券，違約風險相對較低，具有較高的安全性。所以，金融債券的利率通常低於一般的企業債券，高於風險更小的政府公債和銀行儲蓄存款利率。

據利息的支付方式，金融債券可分為：附息金融債券和貼息金融債券。如果金融債券上附有多期息票，發行人定期支付利息，則稱為附息金融債券；若金融債券以低於面值的價格貼現發行，到期按面值還本付息，利息為發行價與面值的差額，則稱為貼息金融債券。

據發行條件分類，金融債券分為：普通金融債券和累進利息金融債券。普通金融債券類似於銀行定期存款，按面值發行，到期一次還本付息，期限一般是一年、二年和三年。累進利息金融債券的利率不固定，在不同的時期有不同的利率，並且一年高於一年，債券利率隨著債券期限的增加累進。如面值為10000元、期限為五年的金融債券，第一年利率為9％，第二年利率為10％，第三年為11％，第四年為12％，第五年為13％，投資者可在第一年至第五年之間隨時去銀行兌付，並獲得規定的利息。另外，金融債券同其他債券一樣，也分為中、

長、短期及記名、不記名式等。

◆可轉換公司債券

可轉換公司債券是一種可以在特定時間、按特定條件轉換為普通股股票的特殊企業債券。可轉換公司債券兼具有債券和股票的雙重性質。

1. 債權性：與其他債券相比，可轉換債券也有規定的利率和期限。投資者可以選擇持有債券，到期收取本息。

2. 股權性：可轉換債券在轉換成股票之前是純粹的債券，但在轉換成股票之後，原債券持有人就由債權人變成了公司的股東，可參與企業的經營決策和紅利分配。

3. 可轉換性：可轉換性是可轉換債券的重要標誌，債券持有者可以按約定的條件將債券轉換成股票。轉股權是投資者享有的、一般債券所沒有的選擇權。可轉換債券在發行時就明確約定，債券持有者可按發行時約定的價格將債券轉換成公司的普通股股票。如果債券持有者不想轉換，則可繼續持有債券，直到償還期滿時收取本金和利息，或者在流通市場出售變現。

可轉換債券的投資者還可享有將債券回售給發行人的權利。一些可轉換債券附有回售條款。規定當公司股票的市場價格持續低於轉換股價達到一定幅度時，債券持有人可以把債券按約定條件回售給債券發行人。另外，可轉換債券的發行人擁有強制贖回債券的權利。一些可轉換債券在發行時附有強制贖回的條件，規定在一定時期內，若公司股票的市場價格高於轉換股價達到一定幅度並持有一段時間時，發行人可按約定條件強制贖回債券。由於可轉換債券附有一般債券所沒有的選擇

權，因此，可轉換債券利率一般低於普通公司債券利率，企業
發行可轉換債券有助於降低其籌資成本，但在一定條件下，可
轉換債券可轉換成公司股票，因而會影響到公司的所有者權
益，而可轉換債券兼具債券和股票雙重特點，較受投資者歡
迎。

5.4　投資基金

　　投資基金是一種利益共用、風險共擔的集合投資方式，即
透過基金發行單位，集中投資者的資金，由基金託管人託管，
由基金管理人管理和運用資金，從事股票、債券、外匯、貨幣
等金融工具投資，以獲得投資收益和資本增值。投資基金在不
同國家和地區名稱有所不同，美國稱為「共同基金」，英國和香
港稱為「單位信託基金」，日本和台灣稱為「證券投資信託基
金」。

5.4.1　投資基金的種類

（一）根據基金單位可否增加或贖回

　　根據基金單位是否可增加或贖回，投資基金可分為開放式
基金和封閉式基金。開放式基金是基金設立後，投資者可以隨
時申購或贖回基金單位，基金規模不固定的投資基金；封閉式
基金指基金規模在發行前已確定，在發行完畢後的規定期限內
基金規模固定不變。

（二）根據基金組織型態的不同

　　根據基金的組織型態的不同，投資基金可分爲公司型投資基金和契約型投資基金。公司型投資基金指具有共同投資目標的投資者組成以盈利爲目的的股份制投資公司，並將資產投資於特定對象的投資基金；契約型投資基金也稱信託型投資基金，是基金發起人依據其與基金管理人、基金託管人訂立的基金契約，發行基金單位組建的投資基金。

（三）根據基金風險與收益的不同

　　根據基金風險與收益的不同，投資基金可分爲成長型投資基金、收入型投資基金和平衡型投資基金。成長型投資基金是指把追求資本的長期成長作爲其投資目的的投資基金；收入型投資基金是以能爲投資者帶來高水準的即期收入爲目的的投資基金；平衡型投資基金則是以支付當期收入和追求資本的長期成長爲目的的投資基金。

（四）根據投資對象的不同

　　根據投資對象的不同，投資基金又分爲股票基金、債券基金、貨幣基金、期貨基金、期權基金、指數基金和認股權證基金等。股票基金是以股票爲投資對象；債券基金以債券爲投資對象；貨幣基金以國庫券、大額銀行可轉讓存單、商業票據、公司債券等貨幣市場短期有價證券爲投資對象；期貨基金以各類期貨品種爲主要投資對象；期權基金以能分配股利的股票期權爲投資對象；指數基金則是以某種證券市場的價格指數爲投資對象的投資基金；而認股權證基金是以認股權證爲投資對象

的投資基金。

（五）根據貨幣種類的不同

　　根據貨幣種類的不同，投資基金又可分為美元基金、日圓基金和歐元基金等。顧名思義，各類貨幣基金各投資於各自的貨幣市場。

　　此外，據資金的來源和運用地域的不同，投資基金可分為國際基金、海外基金、國內基金、國家基金和區域基金等。

5.4.2　證券投資基金及其特點

　　證券投資基金是一種利益共用、風險共擔的集合證券投資方式，即透過基金發行單位集中投資者的資金，由基金託管人託管，由基金管理人管理和運用資金，從事股票、債券等金融工具投資。在我國基金託管人必須由合格的商業銀行擔任，基金管理人必須由專業的基金管理公司擔任，基金投資人享有證券投資基金的收益和承擔風險。特點如下：

（一）專家運作、管理並專門投資於證券市場

　　依據法律規定，證券投資基金投資於股票、債券的金額相對於基金資產總值應有一定的比率。基金資產由專業的基金管理公司負責管理。

（二）間接證券投資方式

　　投資者透過購買基金而間接投資於證券市場。與直接投資購買股票相比，投資者與上市公司沒有任何直接的聯繫，不參

與公司的決策和管理，只享有公司的利潤分配權。投資者購買了證券投資基金，由基金管理人來具體管理和運作基金資產，進行證券買賣活動。對投資者而言，證券投資基金是一種間接的證券投資方式。

（三）具有投資小、費用低的特點

證券投資基金最低投資額一般較低，投資者可以根據自己的財力，多買或少買基金單位，從而解決了中小投資者資金不足的問題。根據國際市場的一般慣例，基金管理公司就提供基金管理服務收取的管理費一般為基金資產淨值的1％至2.5％，投資者購買基金須交納的費用為認購金額的2.5％，遠遠低於購買股票的費用。

（四）組合投資、分散風險

證券投資基金透過匯集眾多的中小投資者的小額資金，形成雄厚的資金實力，可以同時把投資者的資金分散投資於各種股票，分散風險。

（五）流動性強

基金的買賣程序簡便。對開放式基金而言，投資者既可以向基金管理公司直接購買或贖回基金，也可以透過證券公司等代理機構向基金發行單位購買或贖回，或者委託投資代理顧問機構代為買入。

5.4.3 股票基金

　　股票基金是以股票為投資對象的投資基金，是投資基金的主要種類。其主要功能是將大眾投資者的小額投資集中成大額資金，投資於不同的股票組合，是股票市場的主要機構投資者。股票基金按投資對象可分為優先股基金和普通股基金。優先股基金可獲得穩定的收益、風險較小，收益主要是股利；普通股基金以追求利潤和長期資本增值為主，風險較優先股基金大。按基金的分散化程度，可將股票基金分為一般普通股基金和專門化基金，專門化指將基金投資於某些特殊的風險較大，但收益較好的行業。另外股票基金按投資的目的不同又分為：資本增值型、成長型和收入型基金。資本增值型基金風險高，收益較好；成長型基金風險相對較低。股票基金的特點：除具有證券基金的一般特點外，還具有投資目的的多樣性，風險的分散性、費用較低；較高的變現性和流動性；收益的穩定性及國際市場的融資性功能。

（一）開放式基金和封閉式基金

　　開放式和封閉式基金是以基金是否可以贖回來劃分的。開放式基金是基金規模不固定，可隨市場供需情況的變化發行新份額或被投資人贖回的投資基金。而封閉式基金則是基金規模在發行前已確定，在發行完畢後和規定的期限內，基金規模固定不變的投資基金。

　　兩基金的區別在於：

◆基金規模的可變性不同

　　封閉式基金有明確的存續期限，在此期限內已發行的基金單位不能被贖回。正常情況下基金規模固定不變。開放式基金所發行的單位可以贖回，並且投資者在基金的存續期間內也可以隨意申購基金單位，基金始終處於「開放」狀態。

◆基金單位的買賣方式不同

　　封閉式基金發起設立時，投資者可以向基金管理公司和銷售機構認購；上市交易時投資者又可以委託券商在證券交易所按市價買賣。開放式基金的投資人，則可以隨時向基金管理公司和銷售機構申購或贖回。

◆基金單位的買賣價格形成方式不同

　　封閉式基金在交易所上市交易，其買賣價格受市場供需關係影響較大。基金的價格隨市場供需的波動而起伏，高於或低於每份基金單位資產淨值。開放式基金的買賣價格是以基金單位的資產淨值為基礎計算的，可直接反映基金單位資產淨值的高低。在基金的買賣費用方面，封閉式基金的上市交易費用要高於開放式基金。

◆基金的投資策略不同

　　由於封閉式基金不能隨時被贖回，其募集到的資金可全部用於投資，這樣管理公司可據此制定較為長期的投資策略，取得較長期的經營績效。而開放式基金則必須保留一部分現金，以便投資者隨時贖回，宜投資於變現能力強的項目，而不能盡數用於長期投資。

（二）契約型投資基金和公司型投資基金

　　契約型投資基金是根據一定的信託契約原理，由基金發起

人和基金管理人、基金託管人訂立基金契約而組建的投資基金。基金管理公司依據法律、法規和基金契約，負責基金的經營和管理操作；基金託管人負責保管基金資產，執行管理人的有關指令，辦理基金名下的資金往來；投資者透過購買基金單位，享有基金投資收益。契約型基金依據具體經營方式又可劃分為單位型和基金型。

公司型投資基金，是具有共同投資目標的投資者組成以盈利為目的、投資於特定對象的股份制投資公司。這種基金透過發行股份的方式籌集資金，是具有法人資格的經濟實體。基金持有人既是基金投資者又是公司股東，按照公司章程的規定享受權力、履行義務。基金成立後，通常委託特定的基金管理公司運用基金資產進行投資並管理基金資產。基金資產的保管則委託另一家金融機構，該機構的主要職責是保管基金資產並執行基金管理人的指令。基金資產獨立於基金管理人和託管人之外，即使受託的金融保管機構破產，受託保管的基金資產也不在清算之列。

契約型基金與公司型基金的區別在於：

◆法人資格不同

契約型基金不具有法人資格，而公司型基金本身就是具有法人資格的股份有限公司。

◆投資者地位不同

契約型基金的投資者作為信託契約中規定的受益人，對基金如何運作所作的重要投資決策通常不具有發言權；公司型基金的投資者作為公司的股東有權對公司的重大決策進行審批，發表己見。

◆融資管道不同

公司型基金在運用狀況良好、業務開展順利、需要擴大公司規模和增加資產時，可以向銀行借款；契約型基金則不能。

◆經營財產的依據不同

契約型基金憑藉基金契約經營基金財產；而公司型基金則依據公司章程來經營。

◆基金運營不同

公司型基金像一般的股份公司一樣，除非破產、清算，否則公司一般都具有永久性；契約型基金則依據基金契約建立、運作，契約期滿，基金運作隨之終止。

（三）對沖基金及其特點

對沖基金源於 hedge fund，意即「風險對沖的基金」，其操作宗旨是利用期貨、期權等金融衍生產品以及對象關聯的不同股票進行實買實賣、風險對沖的操作技巧，在一定程度上可規避和化解證券投資風險。具有投資活動的複雜性、投資效應的槓桿性、籌資方式的私募性及操作上的隱蔽性和靈活性等特點。

5.5 證券的估價和影響證券價格的基本因素

證券價格是投資者選擇證券、進行證券投資的關鍵，一種證券的價格一般包括發行價和市場價，發行價即該證券上市發行的價格，該發行價格影響到該證券上市後的交易價格；而市場價格則受發行價、市場供需關係、經濟形勢等等因素的影

響。投資者在買賣某一證券前一般要對該證券進行市場分析，
預測該證券的成長性和潛力，確定市場的買入價位等即進行投
資分析，其目的是選擇一組資產，它能最大限度地滿足投資者
在決定投資前所確立的目標即投資收益，以及有關投資收益的
穩定程度。投資者追求的是最有利的投資組合，以實現收益的
最大化和風險的最小化。

5.5.1　證券價格和收益率

　　證券價格的確定一般有三條途徑：證券的當前市場價格；
證券未來的收益；未來收益率。假如一種證券的當前市場價格
為100元，一年的未來淨收益為20元，則年收益率為20％；若
當前市場價格為60元，未來淨收益為60元，則收益率為100
％。意指未來收益、證券的收益率與其市場價格成反比，三者
之間的關係為：

$$P = R_1 / (1+i) + R_2 / (1+i)^2 + \cdots + R_N / (1+i)^N$$

式中，P＝證券當前市場價格
　　　　R_1、R_2、$\cdots R_N$＝第一、二、$\cdots$到第N年的收益
　　　　i＝年收益率

決定收益的等式非常適用，能夠在任何情況下運用於任何
一種證券。當運用於普通股票時，未來收益是紅利和股票的最
後價值。在任何情況下，收益率均由收益和當前市場價格來決
定。如果收益已定，收益率與當前的市場價格成反比。
　　證券價格和利率。一般情況下，有價證券的價格決定於證
券的預期收益和當時的銀行存款利率，和預期收益成正比，和

利率成反比，實際上，證券的當前市場價格，是透過一系列資本化的過程計算出來的，資本化就是對預期的貨幣收入流量進行貼現而折成的現值。

假如某人投資於一種一年期的債券，債券載明一年後支付1100元。當時的市場利率為5％，則此債券的價格應是：

P＝1100÷1.05＝1047.6元

只有按著此價格購買才能不賠本。對於期限較長的債券，道理一樣，只是較為繁瑣。就理論而言，一種債券的市場價格和利率之間成反比關係，債券的期限越長，則同樣情況下市場利率的變化對其現行價格的影響越大。

5.5.2　股票發行價格的確定

股票發行價格的確定是股票發行計畫中最基本和最重要的內容，它關係到發行人與投資者的根本利益即股票上市後的表現。若發行價格過低，將難以滿足發行人的籌資要求，甚至會損害原有股東的利益；而發行價太高，又會增大投資者的風險，增大承銷機構的發行風險和發行難度，抑制投資者的認購積極性，影響到股票上市後的市場表現。故此發行及承銷公司必須對公司的利潤及其增長率、行業因素、二級市場的估價等因素進行綜合考慮，再確定合理的發行價格。

股票發行定價最常用的方式有累計訂單方式、固定價格方式以及累計訂單和固定價格相結合的方式。累計訂單方式是美國證券市場經常採用的方式。具體為承銷團先與發行人商定一個定價區域，而後透過市場促銷徵集在各個價位上的需求量。在分析需求數量後，由主承銷商與發行人確定最終發行價格。

而固定價格方式，則是在發行前由主承銷商和發行人根據市盈率來確定新股發行價格：

新股發行價＝每股稅後利潤×發行市盈率

$$每股稅後利潤＝\frac{發行當年預測利潤}{發行當年加權平均股數}$$

$$＝\frac{發行當年預測利潤}{發行前總股本數＋本次公開發行股本數×\dfrac{12－發行月份}{12}}$$

發行市盈率是股票市場價格與每股稅後利潤的比率，是確立發行價格的重要因素。

市盈率＝當前每股市場價格／每股稅後利潤

發行公司在確定市盈率時一般考慮所屬行業的發展前景、同行業公司在股市上的表現以及近期二級市場的規模、供需關係和總體走勢等因素，以利於一、二級市場之間的有效銜接和平衡發展。據以往經驗股票市場的市盈率一般在13至15之間。

每股稅後利潤也稱每股盈利，可用公司稅後利潤除以公司總股數來計算。每股稅後利潤突出了分攤到每一份股票上的盈利數額，是股票市場上按市盈率定價的基礎。如果一家公司的稅後利潤總額很大，而每股稅後利潤卻很小，表明它的經營業績不太理想，每股價格通常不會太高；反之，每股盈利數高，則表明公司經營業績好，往往可以支援較高的股票價位。

公司淨資產代表了公司本身擁有的財產，是股東在公司中的權益，也叫股東權益。相當於資產負債表中的總資產減去全部債務後的餘額。公司淨資產除以發行總股數，即得到每股的

淨資產。

每股淨資產值反映了每股股票代表的公司淨資產價值，是支撐股票市場價格的重要基礎。每股淨資產值越大，表明公司每股股票代表的財富越雄厚，通常創造利潤的能力和抵禦外來因素干擾的能力越強。

淨資產收益率則是公司利潤除以淨資產得到的百分比率，用以衡量公司運用自有資本的效率。

淨資產收益率可用以衡量公司對股東投入資本的利用效率，它彌補了每股稅後利潤指標的不足。例如，在公司對原有股東送紅股後，每股盈利將會下降，從而在投資者中造成錯覺，以為公司的獲利能力下降了。而實際上，公司的獲利能力並沒有發生變化。因而用淨資產收益率來分析公司獲利能力比較適宜。

股東權益比率是股東權益對總資產的比率。一般情況下股東權益比率應當適中，如果權益比率過小，表明企業過度負債，容易削弱公司的外部衝擊的抵抗力；而權益比率過大，意味著企業沒有積極的利用財務槓桿作用來擴大經營規模。

一般而言，經營業績好、行業前景好、發展潛力大的公司，其每股稅後利潤多，發行市盈率高，發行價格也高，從而能募集到更多的資金。反之，則發行價格低，募集資金少。

5.5.3 債券收益率的計算

債券收益率是債券收益與其投入本金的比率，通常用年率表示。債券收益與債券的利息不同，債券利息指債券票面利率與債券面值的乘積，債券收益除利息外，還包括買賣債券的盈

虧差價。

　　決定債券收益率的主要因素有債券的票面利率、期限、面值和購買價格。公式為：

$$債券收益率 = \frac{到期本息和 - 發行價格}{發行價格 \times 償還期限} \times 100\%$$

　　由於債券持有人可能在債券償還期內轉讓債券，因此債券的收益率還可以分為債券出售者的收益率、債券購買者的收益率和債券持有期間的收益率。公式分別如下：

$$債券出售者收益率 = \frac{賣出價格 - 發行價格 + 持有期間的利息}{發行價格 \times 持有期限} \times 100\%$$

$$債券購買者的收益率 = \frac{到期本息和 - 買入價格}{買入價格 \times 剩餘期限} \times 100\%$$

$$債券持有期間的收益率 = \frac{賣出價格 - 買入價格 + 持有期間的利息}{買入價格 \times 持有期限} \times 100\%$$

　　如某人於1995年1月1日以102元的價格購買了一張面值為100元、利率為10％、每年1月1日支付一次利息的1991年發行期五年的國庫券，並持有到1996年1月1日到期，則：

$$債券購買者的收益率 = \frac{100 + 100 \times 10\% - 102}{102 \times 1} \times 100\% = 7.8\%$$

$$債券出售者收益率 = \frac{102 - 100 + 100 \times 10\% \times 4}{100 \times 4} \times 100\% = 10.5\%$$

　　再如某人於1994年1月1日以120元的價格購買了面值100元利率為10％、每年1月1日支付一次利息的1993年發行的十年期國庫券，並持有到1999年1月1日以140元的價格賣出，

則：

$$債券持有期間的收益率 = \frac{140 - 120 + 100 \times 10\% \times 5}{120 \times 5} \times 100\% = 11.7\%$$

5.5.4 證券價格理論「資本資產的價格理論」

該理論由夏普（W. F. Sharpe）於1964年提出，該理論認為，證券價格取決於預期收益率與投資風險，即收益與風險正相關。在收益給定時，風險越小越好；在風險給定時，收益越多越好；並提出影響資金和證券價格的因素。

資金需求變化的因素：

1.工商業的擴張和收縮。

2.投資導致證券發行的增加和減少。

3.公司稅收的增減、利潤留存的降低和增加，導致證券發行數量的增加或減少。

4.政府開支的增減導致政府證券發行的增加或減少。

5.財政赤字或剩餘導致政府稅收及資金的增加或減少。

6.投資者流動性偏好的升高或降低。

資金供應的變化：

1.銀行信用的緊縮或膨脹。

2.儲蓄水準的降低和提高。

3.投資者流動性偏好的增進或減退。

4.資金的外流或內流。

5.5.5 股價預期與投資行為分析

(一) 股票的價值與價格

　　股價是股票市場的核心內容，也是廣大證券投資者所關心的核心問題。在商品市場上，商品價格的形成有其特殊的規律，同樣，在股票市場上，股票價格的形成也有其自身的規律。與商品價格形成的基本規律一樣，股票價格的形成也是以其內在價值為基礎，同時受供需關係所決定的。從本質上講，股票僅是用以證明持有人具有的財產權利的法律憑證，並不具有普通商品所包含的使用價值，然而，股票在實際生活中卻存在著價值，因為它代表著獲取利益的權利，能夠給持有人帶來股息、紅利收入。所以，股票的價值就是用貨幣來衡量的作為獲利手段的價值。

　　股票的價值一般包括下列四種形式：

1. 面值（face value），即票面上所載明的金額，它以每股為單位，每一單位股份所代表的資本額就是股票的票面金額。
2. 淨值（net value），即股票的帳面價值，其計算是透過公司資產負債表中的資產減去負債而得，是股票所包含的實際資產價值，實際上即是「股東權益」。
3. 內在價值（intrinsic value），亦稱估計價值，實際上即是股票未來全部股息的現值（present value）。所謂「現值」的觀念，是指人們把未來可能實現的收益或出現的虧損折

算成目前的價值，以利於比較，從而作出合理化的決策。股票價格的形成最終取決於股票的內在價值。

4.市場價值（market value），又稱「股票的市值」，是指股票在市場上進行交易過程中具有的價值，這是投資者最重視的股票價值部分，因為股票的市場價值直接反映著股票市場行情，成為投資者的直接參考依據。由於受各種因素的影響，股票的市值是一經常變動的數值。

（二）影響股價預期的因素

股價經常處於波動之中，是什麼因素影響著股票價格的預期呢？一般可概括為三類基本因素：

◆股份公司自身因素的預期

股票價格的預期首先取決於股份公司的營運機制，具體包括公司的盈利和股利水準、公司的風險等股票內在價值因素；其次，公司的經營管理水準和信譽、公司經營者人選等因素，也影響著股票價格的預期。具體因素如下：

公司盈利的預期。公司盈利是股票投資者獲取投資收益的直接來源，這樣，上市股份公司的利潤（包括資本利潤率與利潤總額）就成為影響股票價格的重要因素之一。一般情況下，公司盈利水準和股票價格是同方向漲跌，公司盈利增加，則股票價格上漲；公司盈利下降，則股票價格下跌。不過，兩者的變化並非齊頭並進的，通常股票價格的漲落要先於公司盈利的變化，因為投資者在從事股票交易時關注於公司的預期盈利。由於公司經營的狀況在結算之前已有先兆，投資者往往能及時捕捉相關資訊而採取相應措施，致使股票價格在公司經營業績公布前已開始上下波動。

公司股利的預期。獲取股利是投資者購買股票的目的之一，因為股票買賣的實質是獲利憑證的轉移，所以股票的股利與股票價格關係密切。股票價格一般是伴隨股利的有無或多少而波動，公司發布有關股利的消息，會對股票價格產生明顯的影響，股利水準高則股價上升，反之則下降。

公司資產價值增減的預期。股份公司的資產價值包括土地、廠房等，這些資產價值的大小體現著公司的經濟實力、發展前景，而這具體透過每股淨資產價值來說明，一般每股淨資產價值越大，則股價越高，反之則低。公司資產增值表明公司在發展壯大，則其股價上漲，反之，股價下跌。

公司經營者變化的預期。公司董事會的改換、經理人的更替，有可能改變公司的經營方針，進而影響公司的財務狀況、盈利水準、股息政策等，從而引起投資者的猜測和信任程度的變化，波及到股票價格。此外，公司之間的併購行為，也會在短期內引起股價的劇烈波動，如 1993 年下半年，深圳寶安公司收購上海延中實業股票的行為導致延中股價的暴漲暴跌。

◆證券市場因素的預期

股票市場供需關係的預期。與其他商品交換活動一樣，股票價格也受供需關係的制約，供需關係是決定股票價格的直接因素。當大量貨幣資金流入股票市場，造成股票供不應求，股價自然上漲；反之，當大量貨幣資金流出股票市場，股票供大於求，股價則下跌。

股票市場投機行為的預期。股票市場的投機行為是指一些追求短期收益的股票投機者透過投機性炒作，對股票價格施加人為影響，以左右股價謀取暴利。例如機構大戶散布有利股價上升的假消息，促使股價上漲，利用人們的投機心理，誘使眾

多散戶盲目跟進，而機構大戶則在高價位出貨清倉。

股票市場規律的預期。股市在產生、發展、調整、成熟的不同行情階段，股價會有不同表現。同時，股指走勢本身也具有一種循環特徵，總是「牛」、「熊」相隔，循環不止。

證券管理層行為的預期。證券管理層掌握著制定、執行和解釋股市政策的權力，其職責是在股市的穩定與發展之間尋求平衡，所以其政策取向必然是「穩中有漲，漲幅有限」。證券管理層為了有效維護股票市場的秩序，當某些股票的價格因過度投機而異常波動時，會採取相應措施予以干預，從而保持股票價格的穩定。

◆社會心理因素的預期

由於證券交易行為的廣泛性，使得股票價格對於各種社會心理因素的反應十分敏感，成為社會政治、經濟生活的晴雨錶。這些社會心理因素包括政治因素、經濟因素與投資人群的心理因素等。

政治因素的預期。國際政治格局變動和各國政府的政策、措施足以影響股票價格的走勢。例如，1950年韓戰爆發，美國股票市場受到明顯影響，戰爭爆發後的十六天內，美國道瓊工業股票平均價格指數下降27點。而國家領導人的更迭也往往對股票價格具有影響。如以美國為例，統計資料顯示，自1949年以來，歷屆民主黨當政的第一年，股票價格均上漲（只有1977年例外）；凡是共和黨當政的第一年，股票價格均下跌。

經濟週期與增長的預期。股票價格波動與經濟的運行狀況有著內在的聯繫，一般隨著經濟復甦、繁榮和蕭條而循環波動。然而，經濟不會簡單地呈週期性循環，它總是按一定比率逐步增長。經濟增長會造成對投資的強烈需求，影響股票的供

需平衡，引起股價上漲；經濟增長時企業經營業績上升，人們
對公司收益的預期看好，致使股票價格上漲。經濟增長會創造
更多的國民收入，居民的收入水準亦會相應提高，人們對股票
會產生更多的需求。自二十世紀四〇年代開始，道瓊工業股票
平均價格指數正是受西方國家經濟增長的影響而持續上揚，股
票價格高漲的重要原因就是四〇年代以後西方各國高速經濟增
長以及證券投資的社會化趨勢，使得企業的投資來源有較大幅
度的增長。

　　通貨膨脹的預期。通貨膨脹對股市的影響比較複雜，它既
有刺激股市的作用，又有抑制股市的作用。通貨膨脹主要是由
於過多地增加貨幣供應量造成的，貨幣供應量增加，初始時能
刺激生產、抬高物價，增加公司的利潤，從而增加可分派的股
息，股息增加使得股票更具吸引力，於是股價上漲。但是，當
通貨膨脹到一定程度時，將會推動利率上漲，從而抑制股價。
當刺激的作用大時，股市的走勢將與通膨的走勢一致，當壓抑
的作用大時，股市的走勢將與通膨的走勢相反。

　　利率的預期。一般認為股價與利率之間有較高的相關性，
因為廉價的貨幣有利於促使資金流向證券投資領域。投資者會
以低利率籌措所需資金，以賺取股票高額的報酬，股票報酬和
利息成本之間的差額，即構成投資者的利潤，因此低利率將促
使股價上升。相反，一旦利率提高，投資者將減少借款，因此
股價將下降。例如，美國短期利率自1982年6月開始下降，8月
貼現率再次降低，從11％降到10.5％，有力地刺激了股票價格
上漲，使投資於美國短期國庫券和商業票據上的390億美元資金
轉移到股票市場上，刺激了美國經濟增長。

　　社會心理的預期。投資者的心理變化，對於股票價格的影

響力不可輕視。如果投資者對股市行情過分悲觀，就會大量拋售手中的股票，致使股價急速下跌；當投資者對股市行情樂觀時，就會大量買進股票，引起股價持續上揚。因為股票投資既可獲利，又有風險，所以投資者的心理狀況非常容易波動。諸多因素都可能引起投資者的心理變化，甚至連傳聞、謠言也會造成投資者搶購或拋售股票，引起股價的猛漲暴跌。

綜上可見，影響股價變動的主要因素是投資者對於上市公司的業績盈餘作出的預期。如果投資者預期公司業績蒸蒸日上，必會爭相買入股票，促使股價步步上漲；反之，如果投資者預期公司業績江河日下，則會競相拋售股票，使得股價節節下跌。該理論又認為盈利的多寡可進一步影響股息的多少，公司盈利越多，投資者對股息的預期越高，反之，則越少。因而，公司盈利對股價的決定有著千絲萬縷的密切關係，投資者應審慎研究一切足以影響公司未來盈利變動的因素。

5.5.6 證券投資基金和股票、債券的區別及聯繫

證券投資基金是一種利益共用、風險共擔的基金和證券投資方式，透過發行基金單位，集中投資者的資金，由基金託管人託管，由基金管理人管理和運用資金，從事股票、債券等金融投資。

股票是股份公司簽發的證明股東所持股份的憑證，是公司股份的形式，投資者透過購買股票成為發行公司的所有者，按持有股份額獲得經營收益和參與重大的決策。債券是依法定程序發行的，約定在一定期限還本付息的有價證券，其特點是收益固定，風險較小。

三者的區別是：

（一）投資者地位不同

股票持有人是公司的股東，有權對公司的重大決策發表自己的意見；債券的持有人是債券發行人的債權人，享有到期收回本息的權利；基金單位的持有人是基金的受益人，體現的是信託關係。

（二）風險程度不同

一般情況下，股票的風險大於基金。對於小投資者而言，由於受可支配資產總量的限制，只能直接投資於少數幾支股票，當其所投資的股票因股市下跌和企業財務狀況惡化時，損失會很大；而基金的基本原則是組合投資，分散風險，把資金按不同的比例分別投資於不同期限、不同種類的有價證券，把風險降至最低程度。債券在一般情況下，本金得到保證，收益相對固定，風險小於基金。

（三）收益情況不同

基金和股票的收益是不確定的，債券的收益預先確定。一般情況下，基金收益高於債券。

（四）投資方式不同

與股票、債券的投資方式不同，證券投資基金是一種間接的證券投資方式，基金投資者不再直接參與有價證券的買賣活動，不再直接承擔投資風險，而是由專家具體負責投資方向的確定和投資對象的選擇。

(五) 價格取向不同

在宏微觀政治、經濟環境一致的情況下，基金的價格主要取決於資產淨值；而影響債券價格的主要因素是利率；除上述因素影響之外，股票價格也受供需關係的影響。

(六) 投資回收方式不同

債券投資有一定的期限，期滿後收回本金和利息。股票投資無期限，除非公司破產、進入清算，投資者不得從公司收回投資；如需要現金，只能到證券交易市場上按市場價格變現。投資基金的收回則以其所持有的基金型態不同而有區別：封閉式基金有一定期限，期滿後投資者可按持有的股份得到相應的剩餘資產，在封閉期內還可以在交易市場上變現；開放式基金一般沒有期限，投資者可隨時向基金管理人要求贖回。

基金、股票、債券都屬有價證券，對它們的投資均為證券投資。基金份額的劃分類似於股票；投資者按持有基金單位的份額享有基金的增值收益。契約型投資基金與債券相似，期滿後一次收回投資。股票、債券是基金的投資對象。

5.6 金融衍生產品及其種類

衍生產品（derivatives）其原意是派生物、衍生物的意思。金融衍生產品通常指從原生資產派生出來的金融工具。其共同特徵是保證金交易，即只要支付一定比例的保證金就可以進行全額交易，不需實際上的本金轉移，合約的了結一般也採用現

金差價結算的方式進行，只有在期滿日以實物交割方式履約的合約才需要買方交足貨款。故此金融衍生產品具有一定的槓桿效應。保證金越低，槓桿效應越大，風險也越大。其分類有三種：

據產品型態分，有遠期、期貨、期權和掉期四類。掉期合約是一種由交易雙方簽訂的在未來某一時期相互交換的某種資產的合約。也就是說，是當事人之間簽訂的在未來某一期間內相互交換他們認為具有相等經濟價值的現金流（cash flow）的合約。較常見的是利率掉期合約和貨幣掉期合約。掉期合約中規定的交換貨幣是同種貨幣，則為利率掉期；是不同種貨幣則為貨幣掉期。遠期合約和期貨合約是交易雙方在未來某一特定時間、以某一特定價格、買賣某一特定數量和品質的資產的交易形式。期貨合約是期貨交易所制定的標準化合約，對合約到期日及其買賣的資產的種類、數量、品質作出了統一的規定。遠期合約是據買賣雙方的特殊需要由買賣雙方自行簽訂的合約。

期權交易是買賣權力的交易。期權合約規定了在某一特定時間、以某一特定價格買賣某一特定的種類、數量、品質原生資產權力。期權合約有在交易所上市的標準化合約，也有在櫃檯交易的非標準化合約。

原生資產大致可以分為：股票、利率、匯率和商品四類。

根據交易方法分為：場內交易和場外交易。

5.6.1 期貨交易及其特徵

期貨交易是一種集中交易標準化的遠期合約交易形式。交

易雙方在期貨交易所透過買賣期貨合約並根據合約規定的條款約定在未來某一特定時間和地點，以某一特定價格買賣某一特定數量和品質的商品的交易行為。其最終目的是透過買賣期貨合約，規避現貨價格的風險。具有如下特徵：

1.期貨合約是由交易所制定的：在期貨交易所內進行交易的合約。
2.期貨合約是標準化的合約：合約中的各項條款，如商品數量、商品品質、交割方式等等均是標準化的。合約中只有價格是透過市場交易競價形成的自由價格。
3.實物交割比率低：合約的了結並非必須履行實際的交貨義務，買賣期貨合約者在規定的交割日前任何時候都可透過數量相同、方向相反的交易將持有的合約相互抵消，無須再履行實際的交貨義務。
4.期貨交易實行保證金交易：交易者不需付出與合約金額相等的全額貨款，只需付一定的履約保證金。
5.交易所為雙方提供嚴格的結算交割制度，違約風險較小。

5.6.2　金融期貨及其品種

金融期貨（financial futures）指以金融工具為標的物的期貨合約。金融期貨作為期貨交易的一種，具有期貨交易的一般特徵，但與商品期貨相比較，其合約標的物不是實物，而是證券、貨幣、匯率、利率等金融商品。

金融期貨產生於二十世紀七○年代的美國市場。目前金融期貨交易在許多方面已經成為期貨交易的主要種類，約占整個

期貨交易品種的80％以上，成爲金融創新的成功例證。種類主
要有：利率期貨，即以利率爲標的物的期貨合約，包括以長期
政府公債爲標的物的長期利率合約和以三個月期的政府公債爲
標的物的短期利率合約。貨幣合約指以貨幣爲標的物的期貨合
約。股票指數期貨是以股票爲標的物的期貨合約，股票指數期
貨是當今金融期貨市場最熱門和發展最快的期貨交易。

　　期權交易。期權（options）是一種選擇權，期權的買方向
賣方支付一定數額的權利金後，就獲得這種權力，即擁有在一
定時間內以一定的價格出售和購買一定數量的標的物的權利。
期權的買方行使權力時，賣方必須按期權合約規定的內容履行
義務。相反，買方可以放棄行使權力，此時買方只是損失權利
金，同時，賣方則賺取權利金。總之，期權的買方擁有執行期
權的權力，無執行的義務；期權的賣方只有履行期權的義務。

　　掉期交易（swap transaction）是交易雙方約定在未來某一時
期相互交換某種資產的交易形式。確切地講，掉期交易是當事
人之間約定在未來某一時間內相互交換他們認爲具有等價經濟
價值的現金流的交易。常見的有貨幣掉期交易和利率掉期交
易。貨幣掉期交易是兩種貨幣之間交換的交易，一般情況下爲
本金交易；利率掉期交易是同幣種貨幣資金的不同種類利率之
間的交易，一般不伴隨本金交易。

　　外匯按金交易是在金融機構之間及金融投資者之間進行的
一種遠期外匯買賣方式。在交易時，交易者只要付出1％至10
％的按金，就可進行100％的額度交易。

5.6.3　期貨價格的形成

　　期貨價格是在期貨市場上透過公開競價的方式形成的期貨合約標的物的價格。期貨市場公開競價方式有兩種：一種是電腦自動撮合成交方式，另一種是公開喊價。

本章摘要

◆金融市場是因經常發生多邊資金借貸關係而形成的資金供需市場，是經濟活動發展的中心。

◆貨幣市場是指短期資金交易的市場，也稱為短期資金市場；資本市場是指長期資金交易的市場，也叫長期資本市場。

◆證券市場是從事股票、債券等有價證券交易的場所，是長期資本市場，是金融市場的重要組成部分。

◆投資基金是一種利益共用、風險共擔的集合投資方式，即透過基金發行單位，集中投資者的資金，由基金託管人託管，由基金管理人管理和運用資金，從事股票、債券、外匯、貨幣等金融工具投資。

◆證券價格是投資者選擇證券，進行證券投資的關鍵，因而，了解影響證券價格的因素對於投資者來說，意義重大。

◆金融衍生工具是指從原生資產派生出來的金融工具。按產品型態可分為遠期、期貨、期權、掉期四類。

思考與探索

1. 試述金融市場的產生、形成與發展。

2. 試述股票與債券各自的特徵。

3. 試述投資基金的種類及其特點。

4. 試分析影響股價預期的因素。

第6章
證券投資者的心理與行為

6.1　投資者的投資行為分析

　　投資者的投資目的是為了獲取投資收益，證券投資的收益一般由兩部分組成，其一是投資的本期收益，即投資期內上市公司派發的股息；其二是投資的資本增值，即由於股價變動，投資者買賣股票所獲得的差價收益。據此，投資行為又表現出其自身的特點。

6.1.1　投資者的類型

　　根據投資者的不同特徵，可把投資者劃分為不同的類型。

（一）按投資者在證券市場上所起的作用劃分

　　按投資者在證券市場上所起的作用劃分，可分為：

1.主力大戶。
2.中小散戶。
3.上市公司董事。

　　上市公司董事和中小散戶投資者是兩個極端的持股類型。上市公司董事持有的股票為「基本董事股」，這類股票一般不輕易出讓；而中小散戶投資者大多想賺取投資利潤，很少願意長期持有某種股票。

　　一般而言，如果股票大多掌握在主力大戶手中，那麼即使在熊市股價也不會跌得過慘，因為大戶亦不願意被套；相反，

如果股票大多在中小散戶投資者手中，則股價難以樂觀，因為大戶手中股少，散戶手中股多，大戶就不願出資拉抬股價，除非準備做莊建倉。

（二）按投資者持股時間的長短來劃分

按投資者持股時間的長短來劃分，可分為：

1.長線投資者，如上市公司董事、長期持股的大股東。
2.中線投資者，如參與做莊的主力大戶。
3.短線投資者，如以賺取差價利潤為目的的中小散戶。

當然，持股時間長短也不是絕對的。有的投資者原先想做短線投資，但迫於股市行情的變化，不得不改做中線投資；有的投資者本打算從事長線投資，但行情發展於他相對有利，值得獲利了結，因而轉成短線投資。可見，所謂長、中、短線投資者實際上無法截然劃分。

（三）按投資者投資分析的行為來劃分

按投資者投資分析的行為來劃分，可分為：

1.基本分析投資者。
2.技術分析投資者。
3.消息分析投資者。

基本分析投資者著眼於公司獲利能力，是關心股息和資本增值的投資者；技術分析投資者是著眼於市場因素及差價利潤的投資者；消息分析投資者是以消息的利多與利空來決定操作的投資者。

投資者投資分析的行為不同，對於證券投資有著截然不同的影響。如果股市中多數投資者為基本分析投資者，他們注重企業經營業績的基本面，那麼股價的變化必然較為平穩。因為除非有特別的變化，上市公司的獲利能力一般不會在旦夕之間就截然改觀。更何況基本分析投資者著眼於長期目標，持股的穩定性較強。如果技術分析投資者在投資者總體中占優勢，由於他們以市場變動和差價利潤等因素為操作的著眼點，因而往往股價越漲越買、越跌越拋，形成「追漲殺跌」效應。如果以探析小道消息來決定操作的投資者占有相當比重時，那麼更易造成股市的急劇震盪。

6.1.2 不同類型投資者的行為特徵

（一）主力大戶的行為特徵

主力大戶總是與中小散戶相對而立。主力大戶能操縱股市，是因其資金額巨大、交易量驚人，並有中小散戶為其「抬轎」築基。所以主力大戶進行投資，也需要周邊造勢，廣大散戶跟風緊隨、哄抬股價，方能順勢炒作。

主力大戶進行投資，其方式固然與中小散戶不同，但其獲取利潤的目的毫無差別：散戶期望低吸高拋賺取差價，大戶也旨在拉高出貨牟取暴利。所不同的僅是散戶對於股價只能期盼等待，而不如大戶那樣能隨心所欲地採取砸盤、震倉、拉高、抬升的手段操縱股價。

◆主力大戶的行為動向分析

股價的漲跌與推車上坡的道理一樣，當主力大戶啟動行情

時，眾多散戶共助一臂之力，於是股價便扶搖直上，其間有獲利了結退出者，也有追加進入的推動者。一旦後力不濟，主力大戶撤退，股價便倒滑而下，難免有人跌倒受損。

可見，股票交易中主力大戶的行為動向，對於研究判斷股價走勢，具有極高的參照價值。因為主力大戶對於股票的選擇，必然依據業績狀況與題材潛力，並且主力大戶的財力雄厚、交投量大，極易影響股價的走勢。

而中小散戶投資者則大多只能跟隨主力大戶，與莊共舞。然而，追隨主力大戶並不一定獲利，因為如果對主力大戶的動向判斷正確，搭上股價上漲的「末班車」，可賺取利潤；但是一旦判斷錯誤，則會被套牢。

當主力大戶吸籌建倉時，不可能到處張揚，否則會增加建倉成本，而只有在建倉完畢、拉抬股價時，才會傳播消息，開始炒作。因此，研究主力大戶的買盤固然重要，但是判斷主力大戶是否出貨則更為關鍵。因為主力大戶不會大張旗鼓地出貨，除非所持股籌已快要出清了。

儘管如此，我們還是可以從觀察中發現主力大戶的動向，諸如：

1.當利多消息出現時，成交量突然放大。

2.當股價漲得相當高時，成交量突然放大。

3.主力大戶頻頻宣揚某股票的利多消息，自己卻不再建倉。

◆主力大戶的股市量能分析

主力大戶由於財力雄厚，在股票交易中盈利的機率較大；而中小散戶投資者與之相比則通常處於劣勢。然而，由於股票市場是一個不特定人群集合競價的場所，因而就交易而言，並

無固定的優勢力量存在。即使是資金雄厚的主力大戶，也不可能與整個市場的主流趨勢相抗衡。因為主力大戶儘管具有強大的財力，但是如果不顧及整個股市的大勢而逆勢操作，同樣也不會有好結果。然而，主力大戶最有利之處，在於可以運用鉅額資金透過拉抬炒作，引導股市人氣，形成推波助瀾之勢。

　　一般中小散戶投資者的投資實力本就微弱，如果要在股票交易的競局中獲利，勢必站在力量較強的一方，不論跟隨主力大戶（站在力量強的一方），還是跟隨大勢（站在多數人的一方），都不能與股市的主流相背，否則便會被套受損。

　　可見，股市的特點決定了股票交易是一個永無止歇的競局，除非投資者獲利了結或止損退出，否則誰也不知道誰將最終獲勝。

◆主力大戶與其他投資者的關係分析

　　股市需要各類投資者。既需要散戶投資者作為股市的基本群眾，也需要機構、大戶作為股市的主力，還需要團體投資者以及信託投資公司作為調節市場供需的穩定力量，甚至需要短線投資者，作為活躍股市的力量，而股市行情正是各類投資者共同作用的結果。

◆主力大戶操作行為特點

　　注重基本面。大主力在運作行情時，首先考慮的是市場基本面實際情況和指數或個股上升空間的大小。基本面是支援行情產生的基本因素，使市場各方對行情的產生達到心理認同的基本條件。市場主力通常會透過對市場獲利的需要和避免需要的權力，透過預期建倉空間、拉高空間、出貨空間，進而選擇對自己有利的條件。

　　反向操作心理。主力在市場操作中的一切操作手法，是以

反大眾心理為基礎進行操作的。反大眾心理操作的實質就是在跟風盤的多數看好時出貨；在跟風盤的多數看淡時進貨。而這些跟風盤多數的看好或看淡是透過主力在盤中製造某些環境，反覆使用某些「示形」、「騙線」等手法來達到目的的，也就是說，市場主力的行為目的是透過市場主力心理誘導來實現的。

協同性心理。一般而言，主力群為了讓市場大眾跟風盤在市場操作中處於後知後覺或不知不覺的市場操作狀態，努力透過建倉協同以隱蔽進貨意圖。透過波段推升協同以出其不意實現熱點的產生。透過出貨協同以隱蔽出貨的意圖，使後知後覺的跟風盤高位追漲接棒，透過沽壓的協同來完成洗籌的目的。

坐莊與坐轎相結合。主力操盤一般是以推、拉行情的形式來進行。一方面，主力透過對批量個股坐莊來獲取暴利；另一方面，主力也照顧一定的指數位，透過建倉或坐轎來達到目的。主力同時調控大盤走勢，透過乘船與坐轎相結合的方式，獲取波段行情的平均利潤，在高位不利的情況下，大量出貨，給跟風盤形成難以出貨的錯覺。

操縱心理。主力利用自己在市場行情走勢中的優勢和主動，透過一系列行為拉升達到自己獲利意圖的心理。主力操縱市場心理的一個重要方面，就是透過擁有某些個股或指標股、流通股的多數，來實現自身的市場操作意圖。透過操縱手法，以實現大量吸納廉價籌碼和獲得暴利的目的。透過操縱市場的行為一方面可為自身獲得暴利；另一方面也可欺騙跟風盤。

左右盤勢、調控指數心理。主力憑藉其在資金上的優勢和盤中主力，努力透過批量指標股的協同運作來使大盤向著有利於自己的方向發展，把大盤走向的確定性留給自己，將其不確定性留給跟風者。同時，在行情的底部、中部及頂部利用其優

勢資金和人力操縱批量指標股協同上推和協同打壓。例如，在底部非協同放量上推，或進行調控指數打壓。修復型態以隱蔽主力的進貨意圖。也如，在關鍵的技術位，批量指標股協同上推，一般可視爲有效突破；若非協同連續上推，則常常不能視爲有效突破。

波段推升。大主力透過波段推升，使投資大眾對主力焦點轉移戰術處於無定識或無正確預期的狀態。波段透過放量推升誘導跟風盤失去心理控制，在高位追漲，然後透過出貨或打壓，從前期熱門股退出，進入新板塊及新焦點。

板塊沽壓。主力爲實現較低的成本和較大的推升空間，在高位出貨後，往往會以板塊輪跌的手法，推動大盤向下發展。在輪跌的初期，只有某些板塊沽壓，另一些板塊保持放量上推或橫盤調整，使跟風盤誤以爲主力震倉，在板塊輪跌的中期，由於主力牢牢控制了盤勢，造成一片恐怖現象，破壞跟風盤的心態，迫使其多殺多。

製造定勢與打破定勢。主力利用自己在盤中的優勢和主動，透過反覆運作某些個股的市場行爲，製造大盤此漲彼跌的各種心理定勢，使跟風盤陷入盲目境地，其目的是增加其在市場利益競爭中的有利條件，最後以打破這種定勢來實現自己的獲利意圖。

製造指數騙線與指標股騙線。由於主力在盤中具有跟風盤所不具備的優勢和主動，經常會透過製造技術騙線，如均線騙線、假黃金分割線等影響投資者的心理，蒙蔽市場跟風盤，來增加其獲利的條件。

製造假象。主力在盤中經常透過勾畫圖形、示形造市等手法，如虛量上升等等，來感染市場跟風盤的市場操作情緒，以

實現自己的獲利意圖。主力的大手筆動作，一般會對中主力和
跟風盤製造心理影響，暗示跟風盤採取行動，以便能為自己的
獲利創造一個有利的環境。

反大眾操縱。市場主力在行情操作中和大眾跟風盤是互相
競爭對手，一方的獲利，必須以對方的套牢或虧損為前提。因
此，主力在行情中總是想方設法地破壞跟風盤在盤中的正確感
知能力，破壞其市場心態，促使其在低位殺跌繳出廉價籌碼，
在高位追漲接棒。

巧用消息。消息是市場心態的反映，聰明的市場主力常常
會反輿論操作，當輿論大多看多時，主力總是先期一步撤出，
當輿論一致看空時，主力總是先知先覺的悄悄入市進貨。

（二）中等規模的資金主力的市場操作行為特點

◆注重基本面

中主力一般透過坐莊參與股市，對自己控制的目標股通常
是經過精心研究的，研究內容包括各股的基本面、技術面和
宏、微觀經濟狀況等。例如，目標股所處的產業在國民經濟產
業中的地位、企業的經營狀況、金融市場上銀根的鬆緊、通貨
膨脹、國家的財稅政策、關稅減讓、產業結構調整、經濟的景
氣循環波動等對目標企業的影響。中主力透過對這些方面的研
究，深入地了解個股的基本情況，如業績、分配狀況、分紅、
派息等，利用這些情況打時間差，進行市場的投機操縱。

◆相互勾結

中主力運作目標股，一般與其資金實力有關。實力雄厚的
中主力，一般選擇大、中盤股來運作，資金實力較差的會選擇
小盤股來操作。中主力的操作心理一般是投機第一，投資第

二：操作題材第一，經營業績第二。

◆主導個股股價

　　中主力運作個股的基本條件是控制並掌握目標個股的多數籌碼，這樣市場上經常會出現主導個股股價波動的情況。當然，多數主力在股市操作中，會把自己的市場操作行為與大主力的行為保持一致，並且注重市場行情的波段推升、指標股的動向、焦點的產生和轉移等，很少逆市而操作。

◆假借個股騙線

　　中主力在市場操作中，常常透過製造個股的騙線，以製造大盤與個股的差異影響跟風盤的心理，來實現低位吸納、中位珍藏、高位獲利出貨的假象，實現個股的超額利潤。

◆八仙過海，各顯其能

　　市場操作中投資者有的喜歡建倉、拉高快速完成，採用高舉高打的操作方式；有的則在吸入部分籌碼後，先行向下沽壓，而後在底部小波段震盪中吸籌，在條件成熟時，再大幅拉高。有的在拉高時，先採用普量推升，製造主力資金欠缺的假象；有的則採用巨量推升來實現自己的獲利意圖；有的順勢而為採用直線式上推；有的逆勢操作。在大盤調整結束之前，中主力一般會率先啟動個股，尾盤運作。

◆操作股票一般要經過吸籌、拉高及出貨三個過程

　　吸籌方式主要有四種：被套式、還買推進式、高舉高打式、隱蔽式四種。拉高的方式主要有：直線式、台階式、高舉高打式、共振式。出貨的方式主要有：巨量上攻式、跳高出貨、藉傳言出貨、藉消息出貨、震盪出貨、跳水式出貨、邊拉邊發式出貨、高平台式派發等。

◆在操作時會照顧到大主力在盤中的動作

一般會根據大主力在盤中的某些動向來確定自己的操盤策略，因為大盤指標反映了市場主力的心態。

◆在運作個股時，在關鍵技術位的差別很大

在突破關鍵技術位時，或放量上行；或顯現力量不足；或突破技術位後量縮止跌；或表現為重要支撐位的持續下跌。

◆假借消息，塑造題材

中主力在操作過程中往往會留心題材的挖掘，如分紅、派息等，有的主力在發動行情時會透過投資研究報告、分析報告等烘托目標股的氣氛。在市場不規範的初期，會出現主力和上市公司相互配合，對上市公司創造資產重組、土地置換等題材，配合炒作，拉高價位以便能以較高的配股價來吸納資金。

◆量價配合，以假亂真

在行情中，一般透過對目標股的放量與縮量來實現自己的獲利意圖。由於放量上攻容易被認為是主力欲作行情，縮量就可能使投資者被搞糊塗。正因為如此，主力充分利用放量與縮量來達到自己的市場操作目的，當然，在行情中低位、中位、高位有不同情況，須以跟風盤對主力的意圖來定。如量價配合與量價不配合，普量推升與巨量推升現象對不同的目標股而言不同，即便在同一目標股的不同階段，所起的作用也各不相同。利用交易量的增減來達到其建倉、推升、出貨的目的。

◆利用圖表與指標

中主力在有些條件下會利用圖表與指標來進行操作。透過利用手中的股票，在技術圖上畫出對自己有利的圖表與指標變化，一路推升，大幅軋空。

◆巧用價量關係

量價關係的基本規則是價漲量增，價跌量減。這一點，盤中主力在操作中充分利用，有的中主力在這一階段利用量價配合操作，而在另一階段則可能利用不配合操作。量價的配合與不配合操作手法，為中主力在行情中所利用，時間一久，難以識別。

（三）中小散戶的行為特徵

◆中小散戶的行為動向分析

散戶是指股市中的小額投資者，其特徵便是「散」，因為他們通常是沒有組織、缺乏計畫地進行投資。一般而言，股市裡的中小散戶往往會成為股市波動的最先犧牲者。在資金量大、富於經驗的大戶、機構面前，套牢、虧損的只能是缺乏組織和有效計畫的散戶。由於中小散戶「散」的特性，使其易為股市行情所困，追漲殺跌，為主力大戶義務打工尚不自知。

股市中有這樣一說：「散戶跟大戶，大戶跟機構。」那麼機構又跟誰呢？其實就是跟大勢看人氣，即廣大散戶的力量，股民人心之所向。因此散戶股民也不必將主力大戶看得過於神秘而緊隨其後，重要的是應加強自己的心理素質和判斷能力，這樣才能在變幻莫測的股市中立於不敗之地。

◆中小散戶的投資心理分析

近年來，股市中流行著這樣一種說法：「中小散戶股民中被套牢的是絕大多數。」我們認為，這一現象是由於以下三方面投資心理的原因所造成的：

貪懼心態。投資人按其投資行為方式可分為少數的主力莊家與廣大的散戶股民兩部分。由於散戶股民是處於非合作性博

弈情境之中，資訊無法有效互動，因而當面臨莊家人為炒作的利多機遇時，散戶股民出於貪利心態而蜂擁追漲，客觀上為莊家抬了轎、造了市；反之，一旦聞聽莊家人為散布的利空消息，散戶股民出於懼損心態這一個體本能，則會採取斷然措施「割肉止損」，以規避進一步的投資風險。這樣，就在客觀上形成了索羅斯所謂的「群羊效應」。散戶股民就其所掌握的資金總量而言未必遜於主力莊家，但正是由於其貪懼心態所造成的決策離散性，致使散戶股民的投資方向缺乏有效整合、投資力度內部耗散，無法形成整體優勢，反為莊家所制。可見，貪懼心態所引發的「個體投資理性，群體投資盲目」的弱點，正是散戶股民在股市中越套越深的一個重要原因。

從眾心理。雖然多數人的決定未必都對，少數人的決定未必都錯，但是人們傾向於認為多數人的決定是低風險、高回報的最優選擇。這一認知特點在散戶股民中形成了強烈的從眾心理，並在中老年股民身上表現得尤為突出。同時，散戶股民往往缺乏投資風險意識與心理承受能力，一旦受挫被套，無法及時調整自己的心態而喪失應有的自信，從而完全依賴於他人的意見，甚至寄希望於政策干預等。

主力莊家正是看準了散戶股民們的從眾心理這一致命弱點，透過盤整、砸盤、震倉、拉升以及配送消息等炒作手法，將散戶股民們誘入陷阱，從中漁利。

股市情結。心理學家榮格認為，情結是個體遭受挫折後，沈溺於某種心理體驗，無法擺脫自責的產物。在股市中，形形色色的「情結」不勝枚舉，如因一時不慎，做空踏空，從而耿耿於懷所產生的「錯賣情結」；又如因猶豫不決，該買未買，眼看著股價上漲所產生的「遲到情結」等。情結是股市經驗不

足的產物，一個情結好比一個套子，它套住了股民的資金，套住了股民的自信，更套住了股民的自我。

俗語說：「解鈴還需繫鈴人。」我們認為克服上述散戶股民投資心理障礙的根本出路，在於廣大中小散戶股民能否成功地重塑自我、恢復自信、提高自身的心理素質。只有當散戶股民們勇於面對現實，挑戰人性弱點，克服貪懼與從眾心理，消除股市情結，才能實現自身的超越。

（四）市場跟風盤的心理與行為特徵

市場跟風盤是指證券市場上的眾多個人投資者和力量薄弱的機構投資者，利用乘船、坐轎等方式來參與市場操作的投資群體。依資金的多寡而言，一般會分為兩大群體：大戶跟風盤和散戶跟風盤。在市場中，跟風盤在股市市場操作中的心理特點是波動不定的。在行情中，一般採用善觀風色來進行操作，趨利性明顯。

◆大戶跟風盤的心理及行為特點

注重宏觀基本面及個股的基本面。由於跟風盤在行情中以跟風操作為主要的行為方式，所以只有關注宏觀基本面的變化，才能抓住市場熱點、把握住大主力的行動方向，順勢獲利。大戶跟風盤在市場操作中，一般注重技術面的變化，而忽視對基本面的研究，這一點在近幾年的操作中已有改變。

以乘船坐轎為基本方式。大戶跟風盤的這種操作方式是相對於對盤勢或股價進行操作的主力而言的。其行為對股價或盤勢僅起助漲或助跌的作用，不起主導方向的作用。在行情火爆時，批量大戶跟風盤在盤中的動作對市場熱門股的推動力會很大。另外，大戶跟風盤以追逐市場熱點為特徵。由於大戶跟風

盤資金量較散戶雄厚，擁有自己的操盤能手和研究人員，便利於透過追逐市場熱點來獲利。

巧借消息。由於大戶跟風盤相對來講資金實力雄厚和交易量大，一般證券公司對其特別優待，跑道暢通；大戶跟風盤在操作中一般注意關注市場主力的操作行為，在市場中，主力使市場熱點的形成和轉移而產生重要的投資機會，因而大戶跟風盤一般會想盡一切辦法，透過一切管道來獲取市場操作中的資訊，透過關注主力的動向，尋求獲利機會。

大戶跟風盤對資訊掌握了優勢。大戶跟風盤由於具有專職的操盤和研究人員，具備交流股市重要資訊的便利條件，對市場中主力行為的了解、對上市公司重要資訊的掌握、股市基本面及資訊變化的感知等有一定的優勢；對各種股市資訊的收集、處理和回饋，應變力反應較快。所以，在牛市行情中，能夠堅持以主體倉位持有主流潛力股，用部分倉位根據市場變化進行短線操作，追逐市場熱點。

操作理念差異大。由於大戶跟風盤資金力量的大小不同，操盤手素質不一，投資理念有差異，造成操作手法上差別很大，有的喜歡大手筆追漲，有的則謹慎作多。結果在市場表現上手法各異，騙線頗多。同時，由於操盤手及研究者的理念等有區別，造成大戶跟風盤的力量分散，表現在力量、目標和資金的分散等多個方面。

依靠題材，手法變幻莫測。大戶跟風盤在市場發展的過程中，對題材的關注往往會超過對業績的關注，千方百計的希望獲取各種消息，探詢上市公司消息，如分紅、派息、送配等，透過各種會議、報紙等等交換資訊；在獲取不同的資訊後，隨市場熱點進行轉移斬倉、進貨等等，表現為在操作手法上的難

以琢磨。

投資目標轉換快。大戶跟風盤以追逐市場熱點為其操作宗旨，會不斷的變換投資目標，在一個時期，其可能追逐高價股；在另一個時期，則會傾心於低價股。在一個時期，會重視投資價值；在另一時期，則會重視投機。同時，大戶跟風盤在市場操作中，往往順應主力行為操作，買進、賣出經常變化，一切隨熱點轉移、題材轉換而變化。其在股市操作中的投資和投機與市場的機會、熱點相關。

◆散戶投資者的跟風心理與行為特點

散戶跟風盤主要指證券市場上眾多的中小投資者，一般資金較少，實力較弱，但是他們是證券市場的真正股民，構成市場的主力軍。其操作手法及特點如下：

放量追漲，盲目性大。散戶跟風盤以放量追漲為主要的操作手法。許多散戶跟風盤相信量價配合的理論，在操作中，一遇放量個股，就以為主力要作行情，經常會盲動介入。

消息操作，盲目跟風，以聽取消息作為主要的投資資訊。這是由於自股市設立以來各種各樣的消息進入市場影響市場的波動，故此股市出現了所謂的消息派。

證券知識有限，缺乏主見。散戶股民由於工作等原因，證券知識不多，在參與市場操作中常常處於後知後覺的地位，對盤勢的變化、熱點的轉換經常處於無定勢狀態的股市操作行為判斷。加上散戶股民以聽消息為主，在操作中對各種消息真假難辨，易於衝動，缺乏心理控制。進而造成盲目跟風，放量就追，有消息就作。操作行為心理變化快，其行為受輿論影響大，由於以上幾方面的原因，造成散戶股民在實際操作中，缺乏主見。

　　資金實力弱，交易受限。由於廣大的散戶股民資金量有限，交易額度有限，故此，證券公司對其不像大戶股民那樣予以優待，一般跑道擁擠、交易不暢。

　　風險意識差別大。歷經熊市風風雨雨和牛市波瀾壯闊的廣大股民一般風險意識強，而新入市的股民則缺少風險意識。在跟風盤中往往斤斤計較，造成錯失良機，其實在跟風盤中申報價位的高低對成交價而言影響不大。

（五）市場經驗豐富的股民的市場操作心理分析

　　第一，經驗豐富。一般而言，老股民在股市中久經沙場，經驗比較豐富，見多識廣，對市場上的各類現象較為熟悉，在操作中易於把握獲利機會，避免風險；對市場的敏感性強，依據經驗會高拋低吸，及時獲利，尤其在盤整的市況中容易獲利。而新股民富於勇氣，缺乏經驗，往往需經歷股市風雨後，方可從失敗的教訓中獲得經驗。老股民對市場的變化，從經驗的角度易於產生對策，做到有針對性。一個新股民則缺乏應變的策略和能力，對市場的瞬間變化往往顯得不知所措。

　　第二，心理弱點表現在，一般老股民在市場上表現為急於入市，缺乏耐心。尤其在經歷過幾次勝利後，易於被勝利沖昏頭腦，一遇市場利多便急不可待的衝入，頭腦發熱，操作韻律打亂，經常以為遍地是黃金，賺錢易如反掌，結果在變盤時不知所措，最後一敗塗地。另外一些失敗的老手，則表現為過於小心謹慎，患得患失，經常錯過機會。凡事三思而後行，等到認為可以進入時，市場已經接近尾聲，成為尾棒的接收者，易失去自信。例如，大陸1999年5月19日的股市翻轉，一些老股民總認為整個國民經濟形勢不好，失業工人太多，物價回落，

此次的股市只是一次短暫反彈，觀望爲主；而入市不久的新股民卻成爲最大的贏家。令許多身經百戰的老股民，望市興嘆「廉頗老矣」。

爲此，老股民在投資活動中，應注意克服自身的弱點即所謂的老經驗、老手法和老思維方式，代之以新經驗、新思維等，據市場的變化、背景的轉移和莊家操作手法的轉移來調整自身的操作手法，以適應市場變化，把握市場脈搏。不能總以老眼光看待新市場，拘泥於自身的經驗和眼光，努力使自己適應或接受股市中不斷出現的事實，如焦點的產生和轉移、操作手法的變換、點位或股價的高低等。

（六）股市新手的市場操作心理與行爲特徵

◆心理輕鬆，無任何壓力

新入市的股民無套牢或虧損的經歷，可以在市場中輕鬆交易。尤其在牛市中，新手易於獲大利，在熊市中則易於成爲套牢族。

◆經驗不足，敏感度不夠

但新入市的股民也存在著諸多的不足，倉促入市經驗不足，對市場的新聞、消息等敏感度不夠。喜歡追漲，勇往直前，易於殺跌了結，斬倉出貨；喜歡聽小道消息，分辨力差，盲目性強。在市場操作中應克服這些弱點。在牛市初期或主升段應盡力避免盲目的跟從，多向老股民請教學習。在熊市期間，最好修煉身心，遠離股市，以免套牢。

（七）不同年齡層投資者的市場操作心理與行爲特徵

據筆者經驗，不同年齡層的投資者在證券市場上所表現出

的心理與行為特點各有不同，青年投資者勇猛果斷、老年投資者小心謹慎、中年投資者遲疑不決等等。

◆青年投資者的市場操作心理與行為特點

一般而言，青年投資者事業方興未艾，最大的本錢就是年輕、精力旺盛、充滿活力。其操作特點如下：

精力旺盛，富於勇氣。由於市場現象錯綜複雜，漲跌之間的關聯性、操作手法的變換性、焦點的產生和轉移的時效性、牛市與熊市的波瀾壯闊及各種複雜市場訊息的收集、回饋等均需要極大的精力和時間，需要投資者付出代價，付出勞動。年輕投資者處於身體、生理、心理的發育期，額外的心理負擔較輕，因此易於持續、刻苦的專心研究股市現象和規律，把握股市脈搏。年輕的投資者頭腦靈活、精力充沛、心理壓力小、活力足；在市場操作中，一般對市場前景較為樂觀，在牛市中敢於抓熱點、敢於買老年投資者不敢買的股票。

勇於創新、敢於冒險。金融市場永遠是新現象不斷出現的地方，新題材、新策略、新理念、新背景等等不斷創新出現，年輕投資者具備敏銳的洞察力和嗅覺，對市場中出現的「新」進行炒作，在炒作中積累經驗，參與股市，而年老投資者，則相對而言要穩當得多。

操作敏銳，短線投機。年輕投資者在市場中的操作手法一般屬於投機型，敢拚敢賭，以短線為主，三天不漲，割肉斬倉，耐性差，情緒波動大。在市場上年輕人一般反應較快，動作敏感，加上短線操作，賺錢快，輸錢也快。

情緒波動大，操作手法易於變幻。面對變幻莫測的市場，青年投資者一般不易保持獨立的思考，受輿論影響大，缺乏用自己的經驗和知識去觀察、思考的耐心，在獲利或套牢時均容

易受情緒感染，或過於樂觀，或過於悲觀，情緒的波動性大。

◆中年投資者的市場操作心理與行為特點

　　獨立自主，操作意志強。中年投資者在市場操作中表現為獨立自主，操作意志強。中年投資者具有一定的生活基礎，其進入市場的目的是賺錢，而不像年輕的投資者有尋找刺激的心理，其操作的目的性很明確，在市場中一般獨立性強。儘管市場的變幻莫測對中年投資者有一定的影響，但影響的作用要小於年輕人，他們會有意識的避免那些風險大、波動大的股票，對市場訊息的分辨力較強，對盈利機會和獲利的把握性較強。不肯服輸是中年投資者在操作中的明顯特徵。

　　情緒穩定，責任感強。中年投資者一般經歷較廣，對市場中出現的暴漲、暴跌或突發資訊的判斷較為理性，情緒波動性小；加上一般拖家帶口，要照顧家庭、奉養父母等等，對其財產的分割用途較為明瞭，目的性明確，對自己的操作行為較為負責，責任感強。但由於中年投資者的社會活動多、應酬多，正處於事業的成熟期，時間和精力有限，對市場的各種資訊回饋不如年輕投資者敏感，容易錯失機會。

◆老年投資者的市場操作心理與行為特點

　　老年投資者一般社會經驗豐富，在退休後，空餘時間較多，市場操作的目的既不是尋求刺激，也不是靠其發家致富，大多是為了擺脫寂寞、孤獨和懷舊的心態，透過與市場上眾多股民朋友的認識來消除退休後的不適。他們一般時間較為充足，操作較為謹慎；多年的工作、生活經歷告訴他們要謹慎、小心。一般情況下，輸贏較小。

（八）政府、券商和上市公司對證券市場的波動和調控心理

◆政府對證券市場的波動和調控心理

　　在一定程度上政府很重視市場發展的穩定和成長，但是，由於市場的發展在促進經濟活絡的同時，也在一定程度上吸引廣大投資者並增強其參與市場的信心，所以政府不希望市場上過度投機行為的發生和市場的過大波動性，因為過度投機不利於市場的發展和股民的穩定，而低迷緩慢的市場又不利於市場的發展和吸引投資者。

◆券商對證券市場波動的心理反應

　　證券商是利用證券交易，收取佣金的金融服務機構，透過交易者的交易來增加自身的收入。為此，券商為了吸引股民，不惜投鉅資更新線路，裝修交易場所和安裝快捷的通訊傳輸系統。但是，券商對市場的態度與政府不同，他們希望市場活躍，希望市場波瀾壯闊，不希望其萎靡不振，因為只有波瀾壯闊，才能交投活躍，才能賺取大的佣金。

◆上市公司的心理分析

　　上市公司是先發行證券，而後在市場交易流通的企業單位，上市公司為證券市場提供籌碼，其目的是透過市場來籌集資金，其手段有三：發行新股、配股和發行企業債券。首先，上市公司透過發行新股來籌集資金，然後運用所籌集資金進行生產、改造；其次，在資金運轉不暢時透過配股來再次籌集資金，或透過發行企業債券來集資。針對以上情況在不同的時期，上市公司對市場的看法不一：在發行和配股階段，希望股市牛氣沖天，這樣他們的股票發行一般會很容易籌集到資金；配股也比較踴躍，否則股民對其會不感興趣而難以籌到資金；

而在其他時期，市場的情況對上市公司來講意義不大，無論如何他們只要做好經營管理，創造出好的效益即可。

（九）不同文化層次投資者的心理與行為特徵

不同文化層次的投資者在證券市場上的操作手法也變幻不一。一般文化程度高的投資者較為理性、謹慎，而文化程度低的投資者則顯得更加大膽、盲目、易衝動。

較高文化層次投資者指具有大專以上文化程度的投資者，一般情況下這類投資者的市場知識和經濟金融知識較為扎實，善於從報紙、新聞、雜誌等獲取資訊，善於發現他人忽視的訊息，在資訊中能夠挖掘到真實的利多和利空消息，但這部分投資者由於知識等較豐富，善於理性思維，在操作中過於理性化和自信而陷於教條主義和規範主義，往往易於弄巧成拙。一般情況是易於錯過牛市行情，但損失也不大。低文化的投資者則沒有太多的顧慮，由於其股市知識缺乏，知識層次低，在操作上往往以捂為主，不賺錢不跑。在牛市中成為贏家的可能性大，但是由於這類人的知識貧乏，對各類資訊兼收並蓄，良莠、真假不辨，易於在操作中缺乏理性，這些人自知本身的弱點，樂於參加各種股評會等。由於目前股評人士水準的參差不齊，傳言消息滿天飛，往往參加的越多，越不知該如何操作，再加上知識的有限、理解力的有限，導致這部分投資者對不同市況的經驗在操作上進行相同的運作，從而限制了投資的盈利機會。

（十）投資者的個體特徵

投資者的個體特徵是作為成功的投資者的必要條件。

　　首先是對自己個人的情況進行分析。因為不同的投資者其
具體情況各異，對某些投資者合適的投資計畫對其他投資者不
一定適用。分析研究投資者的個體特徵，可以從其年齡、健康
狀況、學識等幾方面入手，這些因素影響著投資者承擔風險的
意願和能力。

◆體弱者和年齡已高者

　　年齡和健康狀況通常是影響個人投資者投資目標的主要因
素，體弱者和年齡已高者可能更願意選擇有良好流動性的證券
進行投資，他們重視收益和本金的安全性，對增長性和風險性
的重視次之，大多數即將退休的投資者都會變得保守。健康狀
況不太好的投資者往往注重目前收益，因而投資資本的增值能
力被削弱，更注重於投機性。

◆年輕人

　　年輕人往往注重貨幣增值和購買力保護，而較少注重流動
性。年輕人對實際資本收益頗具耐心，不像老年投資者那樣謹
慎細心，承擔風險、追求高收益的心理願望明顯。在投資過程
中有時急於操作，缺乏正確的預見性，一般需要一個練習和實
踐的過程。

◆家庭負擔

　　首先，投資者婚姻狀況對其投資需求和目標有很大的影
響。由於已婚者承擔著為其家庭提供物質和文化需要的責任，
他們會更加保守並且很少參與冒險投機，尤其對中年投資者而
言，這一現象更加明顯。投資者的家庭贍養人數和未來教育也
會對投資計畫產生較大的影響，購買住宅的消費支出和其他開
支常常使一個家庭不能儘早的實施投資計畫。相對而言，單身
者的投資需求則比較簡單。

◆個人經歷

　　一般而言，投資者的經驗越豐富，專業知識越多，就越有可能在投資活動中獲得成功。對一般投資者來講，只要掌握了股票市場的有關知識和市場的有關法規、政策就夠了。但是對專業人士來講，則不僅僅如此。

◆投資者的資本和知識需要透過運用才能獲得收益

　　運用知識要花費一定的時間。如收集和整理有關股市的資料、分析上市公司的財務狀況、繪製股價變動圖表等等都需要花費時間和精力。此外，還要經常特別地注意上市公司的財務狀況與股市的變化，以便當機立斷，做出買賣的決策。時間較為充裕的投資者，在其他方面條件允許的情況下，可以選擇一些風險較高的股票，因為風險較高的股票相對獲利的機會多一些。在股票市場上，只有智者才能取勝。目標定得再好，沒有錢，沒有水準，一樣不會賺。

　　從開始進入股市到真正買進股票需要經驗。開始時，對股價充滿信心，也是最勇敢的時期，當真正買入股票以後，往往會出現「語言的巨人，行動的小人」。有些人分析判斷得頭頭是道，而真正做起來，卻不能像說的那樣，其原因是在股市面前「動手不動口」，「只有把握住股市脈搏的人才能發財，只有量力而行、腳踏實地的人才會有收穫」。

◆資金實力和風險承受力

　　投資者必須擁有一定的自有資金才能進入市場投資股票。投資市場的過程，是一個不斷持續的動態過程，大勢看好，行情看漲時，投資者要增加股票的買入量即擇股建倉。這樣，為了在建倉時做到自如方便，就需要靈活的資金作後盾。而對於這方面的資金，投資者應依據自身財務狀況來量力而行，一般

情況下，最好用自己的資金，以免在行情翻轉時割肉、斬倉。

　　另一方面是投資者的風險承受力。股市風險叢生，變幻莫測，作為投資者而言，應有準備承受風險的信心和能力。切忌過大的承擔風險，超出自身的能力，體弱多病者更應小心。

　　關於以上現象，在青年投資者身上表現為勇於承擔過量的風險；而在中年投資者和老年投資者身上則表現為謹小慎微，量力而行。

6.2　證券投資中的風險分析

6.2.1　風險分析

　　股市上有一個常用的詞彙，那就是「風險」，而市場出現大行情、大發展之際，無疑意味著可能孕育著更大的風險。風險之一是上市公司業績的不盡如人意。人們早就知道不少上市公司業績的一般規律：第一年「看上去很美」，第二年，「看上去還行」，第三年「事實上不行」。而入市的股民都知道，上市公司的業績是股市健康發展的基石，基礎不牢，又怎能造高樓大廈？風險之二在於市場的規範運作程度。世界上成熟、公開的股市，一般都運用嚴厲的法律手段防範和打擊內線黑幕交易，嚴防股市出現醜聞影響普通投資者的信心。風險之三在於股民的投資觀念有待成熟。據調查，不少股民買賣股票的投資意識淡薄，投機心態較重，這也是我國股市不夠成熟的因素之一。而市場的運作已表明，持投資心態入市的股民一般總是贏家，

而那些快進快出的投機股民，往往跟風輸錢。在股海沈浮中不斷改善理財觀念，也是投資者規避股市風險的要義之一。可見，證券市場永遠給人獲利的機會，也永遠存在各種風險。機會和風險如影隨形，機會越大，風險也越大，但證券投資的目的畢竟是要以最小的風險去換取最大的收益。花了很大的本錢，冒了較大的風險，最後本利俱失的事，是誰也不願發生在自己身上。由於投資的高收益，是要以高風險為代價的，因此，投資者不應該徒勞地去尋找沒有風險的投資，而應該尋找風險與收益最優組合的投資。

為了達到這樣的投資目的，投資者應樹立以下三個基本觀念：

第一，證券市場客觀上存在著風險與報酬的交換關係。對於這種交換關係的深刻理解，有助於制定成功的投資策略。

第二，如果不去承受高風險，就不能期望獲取高收益。常言道：「沒有白吃的午餐。」從某種意義來看，投資者正是因為承受了「花錢」風險而得到了「午餐」收益。理解和掌握如何評估風險價格，將使得投資者能更好地洞察和把握證券投資的風險和收益。

第三，對投資行為的評估不能僅僅考慮收益，而且要考慮風險，由於存在著風險與收益的交換關係，因此，對投資行為的評估是較為複雜的，即不能僅僅用在一定時期獲得的收益來評價投資行為，更要參考投資者所冒風險的大小來判斷投資的情況。

6.2.2　證券投資的風險分類

　　證券投資風險存在於整個投資過程，主要包括市場風險、利率風險、通貨膨脹風險等。識別這些具體風險，對選擇風險與收益的最優組合、評估投資實績，是非常有益的。

（一）利率風險

　　利率風險是指利率變動引起貨幣供給量變化，從而影響證券供需，引發證券價格變動的一種風險。例如，利率下降，人們就會把儲蓄提出來購買證券，從而造成證券價格上漲。

（二）通貨膨脹風險

　　通貨膨脹風險是指物價變動影響證券價格變動的風險。伴隨著物價指數上漲、貨幣貶值、債券實際收益下降，從而引起債券價格下降。股票則是一種有效保值手段，物價上漲時，企業銷售收入增長，利潤增加，資產也會隨之增值，因此，物價上漲也常引起股價上漲。同時，物價上漲，特別是原材料價格上升，導致企業生產成本增加，利潤減少，這時投資股票也不免會有風險。就長期而言，通貨膨脹會給股市蒙上陰影，增大股市投資風險。

（三）市場風險

　　市場風險是指因證券市場本身各種因素影響而引起證券價格變動的風險。例如，股價的漲漲跌跌，帳面上的金融資產分分秒秒都在做著加減法，投入小的一天下來帳面盈虧的可能只

是一天的茱錢，投入大的一天下來可能就是一個月、一年的薪水，甚至一間房子、一幢別墅。這就是股市的市場風險所在。

　　證券市場瞬息萬變的直接影響因素包括：政治局勢動盪、貨幣供應鬆緊、政府干預力度、投資心理波動以及機構莊家炒作等。如1990年6月前上海股市疲弱不振，廣大股民眼看手中的股票不但沒有增值，股價反而跌進面值以下，投資者對股市未來喪失信心。場外資金面對盤整行情猶豫觀望，不敢貿然進場。7月份以後，在外地投資的帶動下，加之浦東開發等政經大勢的刺激作用，上海股市大振，投資形勢起了根本變化。

6.2.3　投資風險的心理認知與態度類型

(一) 投資者對風險的認知

　　人感覺到的風險即主觀風險與風險本身有很大的不同。主觀風險是人的一種心理觀念，是人對客觀風險的主觀認識與知覺。這種主觀認知難免與實際存在的風險會發生一定的偏差，投資者對於可能發生的損失或出於過分恐懼而過高估計風險發生的機率；或出於對這種損失特徵的某些偏見，而使人處於一種虛假的主觀風險體驗之中。因此，理性投資者對於風險應具有兩個正確觀念：第一，個人應只考慮那些能夠認識的風險；第二，個人應努力去了解和掌握其周圍的風險，做到主觀知覺的風險與客觀現實的風險相符合。

　　雖然風險完全是客觀存在的事物，但在風險評估和風險投資管理中，人們對於風險的主觀認知是不可避免的，因為要處理現實的風險問題，只有對風險認知之後才有可能進行。

（二）投資者對待風險的態度類型

　　個人對待風險的態度不僅與投資者所處的社會經濟環境有關，而且還與投資者本人的社會地位、人品素質以及心理狀態有關。例如，某個投資機會，其中0.5的機率可獲得利潤200元、0.5的機率會損失100元，在此情況下，有些人為了追求200元的可能利潤而樂於承擔100元的可能損失；相反，另一些人為了確保不損失100元，而甘願錯過獲利200元的機會。可見，投資者對待風險的不同態度是決定其投資行為的重要因素之一。

　　我們可將人們對待風險的不同態度分為三種類型：

◆風險厭惡型

　　這類人進行投資決策時總是力圖追求穩定的收益，不願冒較大的風險。在選擇各種投資機會時，他對於預期收益大、但風險也大的項目一般採取迴避的態度，而傾向於預期收益小、但風險也小的項目。這樣，投資雖然成功，但是收益不大；投資如果失敗，則不會受到致命的打擊，還有轉圜的餘地。

　　在證券投資中，風險厭惡型投資者的投資風格穩健、保守，一般傾向於選擇歷史悠久、信譽良好的知名企業的績優股作為股票投資的對象，其心理特徵是買高不買低，由於懼怕風險，這類投資者更願意買進高價位的股票，在他看來這種股票看漲，買後心裡踏實，尤其是在股市尚不成熟完善階段，一般股民大多表現出這種心態。

◆風險喜好型

　　與風險厭惡型相反，這類人具有比較強烈的進取心和開拓精神，為了追求較大的收益而寧願承擔較大的風險。這類投資

者在風險程度不同而收益也不同的投資方案之間進行選擇時，總是傾向於預期收益大而風險也大的方案，有時即使投資方案的成功率極小，但是由於預期收益極大，他們也樂於嘗試，甚至不惜孤注一擲。因此，這種人既可能取得巨大成功，也可能一敗塗地。

在證券市場上，風險喜好型投資者常有一種賭博心態，透過選擇莊股作為投資對象，希望博取很高的預期收益，不惜承擔很大的風險。其投資結果通常走向兩個極端，投資成功，收益就相當豐厚，資產迅速增加；投資失敗，則一無所有，甚至負債累累，這類投資者的投機動機強烈。

◆風險折衷型

上述兩種對待風險的態度是兩種極端，而介於兩者之間的則屬於中間狀態。這類投資者在選擇投資對象時，既比風險喜好型要冷靜，又比風險厭惡型要進取。

在股市中，風險折衷型投資者往往採取中性態度，在進行投資決策時一般隨大流。這類投資者由於缺乏自己獨立的思考與判斷而容易上當。例如，這類投資者聽聞別人大量購入某種股票就以為該股將要上漲，不能錯過良好時機，便盲目跟進；當聽聞別人大量拋售某種股票，就以為持有這種股票將要套牢，便跟著拋出。其實，這種想法未必合理，因為別人購入或售出某種股票，都是出於其自身特定原因的考慮，不加分析地盲目跟風投資很容易被主力莊家所操縱。

如圖6-1中的曲線所示，投資者在選擇投資方案時，必須考慮兩個因素：一是投資的數量，二是成功的機率。一般而言，投入的資金越多，成功的機會越大，人們就越樂意投入更多的資金。但由於人們對待風險的態度不同，因此，其風險選擇曲

線也不同：風險喜好者在成功機率較低的情況下也會投入較多的資金；而風險厭惡者卻只在成功機率很高時，才會投入較多數量的資金；風險折衷者的風險選擇曲線介於二者之間。

　　圖6-1中風險折衷者的風險選擇曲線是一條直線，這就是說，他願投入的資金數量與投資成功的機率是同比例增長。但在現實生活中，這種情況是很少見的。通常人們對待風險的態度會隨著投資量的變化而變化。因此，實際其風險選擇曲線呈現「S」形（如圖6-2所示）。這一曲線表示，當投資量較少時，即使成功率很低，人們也樂於承擔風險；但當投資量較多時，投資者就會變得保守起來，不願承擔太大的風險。

　　此外，在經營中，企業決策者對待風險的態度還要受多種因素的影響。例如，企業的經營狀況是引起投資決策者改變其風險態度的重要原因。研究表明，當企業盈利時，企業決策者對待風險的態度偏向保守，而當虧損時，則容易偏向冒險。尤其是當一個企業瀕臨破產邊緣時，更會表現出強烈的冒險精神。另外，國家的宏觀政策、社會文化等也直接影響著企業決

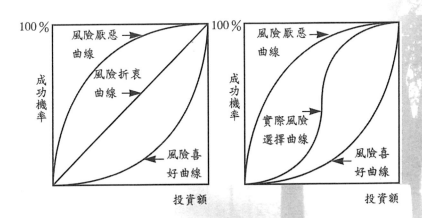

圖6-1　風險選擇曲線（一）　　圖6-2　風險選擇曲線（二）

策者對待風險的態度。當國家的各項政策鼓勵創新和開拓時，
企業投資決策中的冒險精神會強烈一些。當社會文化注重競爭
意識時，企業決策者便更樂於承擔投資風險。

　　在目前建立和完善社會主義市場經濟體制的過程中，進一
步強化企業和個人的投資風險意識是十分必要的，當然，同時
也應加強人們的風險防範能力，引導投資者在對風險進行科學
分析的基礎上做出決策。

（三）中國大陸個體投資者感覺尋求與風險態度的研究

　　美國心理學家蘇格曼（M. Zuckerman）編制的感覺尋求量
表（Sensation Seeking Scale，簡稱SSS），是測定感覺尋求特質
的一個有效工具，將它運用於投資心理學的研究中，現已取得
一些有益的成果。

　　感覺尋求是指人在通常情況下有尋求刺激、厭惡單調的需
要。它具體包括四方面的內容：(1)尋求激動和冒險；(2)尋求體
驗；(3)放縱欲望；(4)厭惡單調。人類感覺尋求特質已在感知覺
剝奪實驗中得到證實。當一個人因視、聽和其他感知覺受到阻
隔而與環境隔絕，無法得到任何感知覺資訊時，首先會變得厭
倦，繼而焦躁不安，最後便產生幻覺和錯覺，無法忍受感知覺
被剝奪的體驗。另有研究表明，優秀的投資決策者一般具有較
高的感覺尋求特質，其傾向於尋求刺激和冒險，永不滿足現
狀，尋求更多的投資機會，拓展更大的市場，特別是當企業處
於創業階段或改革階段，尤其需要有高感覺尋求的決策者，為
企業求得生存空間和發展機遇。

　　大陸華東師大心理學系俞文釗教授、研究生楊梅等人修訂
了蘇格曼的SSS量表，在上海市進行調查研究的結果表明，大

陸個體投資者的感覺尋求特質由六個因素構成：F1「尋求激動和驚險」；F2「不良渲洩方式」；F3「厭惡單調」；F4「理智性」；F5「現實性」；F6「激情」。其中F1「尋求激動和驚險」在六個因素中的影響最大。

由於個人SSS分數與其風險態度具有一致性，例如SSS分數高的人，更敢於承擔風險，因而他在經濟活動中就越容易當機立斷，獲得好的業績。相反，SSS分數低的人，不願為取得好的業績而去冒不確定性風險。這就是在同樣的經濟條件下，不同的人產生不同結果的原因。應該講，經濟行為中具有一定的風險意識是必要和有益的，因為感覺尋求特質直接與投資、創業等經濟行為相關，而這些行為都具有一定的風險性。由於市場經濟給人們帶來了更多的不確定性，使得企業的投資決策更具風險性，企業如何在市場大潮中求得生存與發展，將對於投資決策者的心理素質提出更高的要求。

俞文釗教授等選擇了投資活動中兩類風險水準明顯差異的股民和儲戶作為研究對象進行調查，結果發現被試者的年齡和文化程度均影響其感覺尋求特質：隨著年齡的增長，被試者的感覺尋求得分呈下降趨勢。但發現個別因素（如F1和F6）雖然隨年齡的增長而得分下降，然而，老年組的得分卻高於中年組的得分，出現了第二次高峰，說明老年被試者由於生活負擔的減輕，對外界刺激性事物的興趣又濃厚起來，心態亦不同於中年被試者。同時，文化程度越高，被試者的感覺尋求特質水準也越高。研究表明，在組成被試者感覺尋求特質的六個因素中，F1和F4的作用最為顯著，顯然，高冒險傾向性的個體不僅要具備敢於冒險、喜歡探求新異刺激，以及勇於嘗試不同體驗的特點，也需要具有「理智性」，而非盲目衝動、不計後果，這

對從事證券投資的股民而言，尤為重要。

俞文釗教授等對股民和儲戶組成的各自群體的內部特徵做進一步分析發現，自評為風險性強的股民在F1（尋求激動和驚險）上的得分和總分都顯著地高於自評為風險性弱的股民，自評為投資績效好的股民與自評為投資績效不確定的股民在總分及所有各項因素得分上都無顯著差異。這說明，風險性尚不能影響股民的投資績效。而風險性水準不同的儲戶只在F1（尋求激動和驚險）和F3（厭惡單調）上有顯著差異，在其他因素及總分上均無顯著差異。

研究表明，感覺尋求特質和風險傾向性具有一致性。不同投資活動其風險性是不同的，高風險或高不確定性的投資活動要求具有高風險傾向性（感覺尋求特質）的個體參與，但在實際操作中，也並非具有這一特徵的個體都能贏得成功，投資績效的好壞並不完全取決於個體的風險傾向性（感覺尋求特質）。

6.3　證券市場上不同類型股票的投資心理與策略

6.3.1　不同類型股票的投資心理與策略

（一）大盤股票

大盤股票，指股本金額在3億元以上大公司所發行的股票，這種股票的特性是盈餘收入大多呈穩步緩慢的增長趨勢。炒作這類股票需要較為雄厚的資金，因此，一般炒家都不輕易介入

這類股票的炒作。對這類大盤股票的買賣策略是：

1.可在不景氣的低價圈裡買進股票，而在業績明顯好轉、股價大幅升高時賣出。同時，由於炒作該種股票所需的資金量龐大，故炒作時較少有主力大戶介入拉升，因此，可選擇在經濟景氣時期介入投資。

2.大盤股票在過去的最高價位和最低價位上，具有較強支撐阻力作用，所以，其過去的高價價位是投資者現實投資的重要參考依據。

（二）中小盤股票

中小盤股票的特性是：由於炒作資金較大盤股票要少，較易吸引主力大戶介入，因而股價的漲跌幅度較大，對利多或利空消息的影響，也較大盤股票敏感，經常成為多頭和空頭主力大戶之間的爭執目標。對這類股票的投資策略是耐心等待股價走出低谷，開始轉為上漲趨勢，在環境有望好轉時買進；賣出時機可視環境因素和業績情況，可在過去的高價圈附近獲利了結。一般來講，中小盤股票在一兩年內會有幾次漲跌循環出現。

（三）成長股

所謂成長股，是指迅速發展中的企業所發行的具有高速成長性的股票。成長率越大，價格上揚的可能性越大。投資策略是：

◆在眾多的股票中準確地選擇出適合投資的成長股

成長股的選擇，要選擇屬於成長性的行業和資本額度較小

的股票。資本額度較小的股票，如一個企業資本額由5千萬元變為1億元，要比由5億元變為10億元容易得多；另外是要注意選擇過去兩年內成長率較高的股票，成長股的盈利率增長速度要大大高於其他股票，據對大陸深滬上市公司的統計，成長股的盈利率增長速度一般為其他股票的一‧五倍以上。

◆確定好買賣時機

由於成長股的價格往往因公司的經營狀況變化發生漲落，其漲幅較其他股票更大。在熊市階段，成長股的價格跌幅較大，因此，在經濟衰退、估價跌幅較大時購進成長股；而在經濟繁榮、股價預示快達到頂端時予以賣出。而在牛市階段，投資成長股應在牛市的第一階段投資於熱門股票，在中期階段購買股本較小的成長股，而在股市狂熱蔓延時則應不失時機地賣掉持有的股票。由於成長股在熊市時跌幅較大，而在牛市時股價較高，相對成長股的投資，一般較適合積極的投資者。

6.3.2　證券市場中莊家的操作心理與行為識別

坐莊，是指主力資金大戶依據其資金實力，選中某一股票後單純以盈利為目的進行的投機操縱行為。一般情況下市場上莊家操作某一股票有以下幾方面表現：

1. 從股票量價異動中的技術面可以觀察坐莊的痕跡。一支股票第一次放量點決定了機構坐莊的意願。這個試探是莊家非常重要的坐莊信號，透過試探得到的回饋資訊可以分析下一步如何操作。如果放量拉升跟隨者不多，意味著該公司的市場形象不太好，需要重新進行二級市場的形象樹立

和定位；如果跟隨者眾，可以確定有不少多頭，需要打壓股價把這部分人震倉出局，還可以確定是否有其他機構資金在內，以免形成多殺多的局面變成給他人抬轎。

2.第二個放量點決定了莊家基礎的成本區域，透過長時間的盤整之後，莊家把籌碼收集到位，又開始試盤，完成震動清倉洗盤的過程，這個區域說明了莊家基礎籌碼的位置。

3.第三個放量點決定了拉升的開始，需要迅速脫離成本區。

這三個量點可能是放量點也可能是股價異常波動點，對於任何一個坐莊行為都會有這三個階段異動觀察點位。在莊家建倉、試盤到推升過程如果不經過這三個步驟，就難以完成整個坐莊過程。

莊家完整的操盤過程包括四個階段：吸貨、洗盤、拉升和出貨。

（一）吸貨

吸貨是指莊家買進建倉，及時發現這一動作，是成功炒作股票的關鍵。吸貨常用的方法有：利用利空消息製造多頭陷阱，故意打穿某個技術支撐位，誘使中小散戶恐慌割肉，莊家趁機吸貨。趁低位長期無量盤整，以此消磨中小散戶的意志，當中小散戶忍不住割肉後，股價卻一天天上漲。

拉高吸貨表現為莊家採取高開高走的手法，打壓吸貨。拉高吸貨有兩種情況，其一是莊家突然獲知某支股票的重大利多消息，來不及低位吸貨，便拉高吸貨；其二是當某支股票處於低位，公布了重大利多消息，莊家採取高開低走的方法吸貨，給人拉高出貨的假象，誘使中小投資者上當。

吸貨行爲識別法有：

其一，估價下跌到低位後，成交量極度萎縮，從某一天起，成交量突然放大到一個溫和但並不太引人注意的程度，隨後，連續幾天維持在這個水準，此爲莊家吸貨的例證。

其二，股價下跌到底部區域後，成交量不再萎縮，而成溫和放大的態勢，同時股價也走穩或緩緩盤升，表明莊家急於吸貨，不久該股會大幅上揚。另外還有一種評判方法，某股若叫買手數大於叫賣手數，委比爲負數，而價格不跌反漲，說明中小投資者在賣，莊家在吸貨；而若分時走勢圖上，股價價升量增，價跌量減，是莊家吸貨的表現。有時，莊家集中一筆資金進行打壓，股價急跌後又逐步盤升，且成交量放大，也是莊家吸貨的表現。

從日K線尋找莊家股的方法有：

其一，在股價盤升的底部區域，經常出現+字線、⊥字線和T字線，這些K線標誌的出現及小陰、小陽的排列，形成一個橫盤區域，持續時間達幾個交易日或更長，這便是莊家吸貨的表現。

其二，在底部區域反覆出現小陽、小陰，將股價緩緩推高，底部不斷上移，但陽線的實體較小，不足以引起人們的注意，也是莊家吸貨的表現。有時無論是透過成交量，還是K線型態來尋找莊家的吸貨跡象，都必須在股價大跌之後的低價區，如果在股價大幅上揚、上漲後的高價圈出現上述情況，極有可能是莊家出貨的表現，而不是在吸貨；因爲在高位建倉的莊家太少了。

（二）洗盤

　　莊家吸完貨後，接下來就要洗盤，尤其是中長線莊家，在大幅拉升前都要經過幾次大幅的洗盤，莊家洗盤有以下作用：

　　一是洗盤洗掉短線獲利者，讓短線客出局，爲日後拉升掃平障礙。同時，給新多頭一次進場的機會，拉高散戶成本，爲日後拉升增補新隊員。

　　二是透過從高往下洗盤，莊家可以賺取短差，周轉出部分資金，爲日後拉升做好準備。

　　三是透過洗盤，培養「鐵杆」死多頭，使他們在日後的拉升過程中，不輕易出逃，甚至於在莊家高位出貨時，仍誤認爲莊家在吸貨，從而給莊家出貨提供方便。

　　莊家洗盤的方法有：

◆打壓式洗盤

　　這是從上往下慣壓的洗盤方法，洗盤過程以股價大幅回落爲主，使膽小者出局。這種方式主要是用於實力強、控盤能力強的莊家，他們炒作題材股或投機性股票時，常常用此方法。對於績優股或有實質性利多的股票，莊家一般不敢用此方法，原因是績優股群眾基礎好，籌碼鎖定性好，如果過分打壓，有難以收拾的危險。

◆平台洗盤

　　當股價上升一段之後，呈現橫盤整理的走勢，莊家想利用牛皮盤整來消磨中小投資者的信心，誘使其拋出股票，從而達到洗盤的目的。平台式洗盤主要用於績優股和有實質性利多的股票，這類莊家一方面不想過分打壓，擔心拋出的股票難以收回，另一方面由於基礎面好，即使打壓，也難以讓他人拋出股

票。

◆震盪式洗盤

其特點是股價波動的幅度比平台整理大，但比打壓式洗盤小；當日之內股價振幅大，或表現爲中等「十」字星線，或是實體較長的陽線、陰線。震盪式洗盤經常出現陰陽相間線，隔日收盤價反差大的特徵。在震盪洗盤時，莊家頻頻高出低進，股價上竄下跳，來回震盪的波動幅度大，K線大陰大陽不斷，讓中小投資者摸不清方向，而盲目追漲殺跌。

◆邊打邊拉式洗盤

其特點是股價不斷穩步盤上，沒有大的震盪，不疾不火，不知不覺中拉升股價。此類莊家一般實力雄厚，控盤能力強，表現在日K線圖上，往往出現陰陽相間，大陽之後出現小陽或類似與「十」字星之類的K線。

以上四種洗盤的方法有時混合使用，讓中小投資者迷惑不解，其根本目的是讓中小投資者在適宜的時候跟進和拋出，作抬轎夫。

(三) 拉升

莊家完成吸貨、洗盤後，接下來就要大幅拉升了，其目的是迅速將股價拉離成本區，將自己的帳面利潤鎖定在高價區，爲日後出貨留下空間。

拉升的特點：日K線圖上接連出現大陽線，股價急速上升，經常出現跳空缺口，甚至漲停板，市場利多不斷。

莊家拉升的主要方式有：

◆火箭式

即將股價急速而猛烈的上漲，經常是連封漲停板，已達到

吸引新散戶掛買單，穩定老多頭持股不賣，從而實現用少量資金拉高股價的目的。

◆高舉高打式

莊家手法兇悍，令股價連拉大陽，即使中間出現陰線，收盤價也高於前日，上漲幅度連中小投資者都不敢相信，當等它下跌再買時，它卻一路走高似乎永不回頭。最終迫使散戶紛紛追漲，而同時持有者不願賣出，出現無量攀升。高舉高打式拉高，在當日走勢中難以發現，往往當日震盪，當日收高，日K線圖上不便發現。

◆台階式拉高

莊家每拉高一定的幅度，便讓股價橫向盤整，隨後再上一個台階，再橫盤，股價一個台階一個台階的逐級上升。這種方法是中長線莊家所用的。

拉升階段，是最容易獲利的機會，因此，一旦發現某股票進入拉升階段，要果斷買入，或增加籌碼。三種拉升方法並不是截然分開的，莊家在拉升過程中，常常採用混合式，其目的一方面想藉以迷惑中小投資者；另一方面不希望中小投資者過早介入，故此，在拉升階段只要股價出現翻轉跡象，就不要出局，直至高位盤整出局。

（四）出貨

出貨也叫派發，當莊家完成拉升過程出現炒作價位後，便準備出貨，這是莊家炒作過程中最為關鍵、最重要的階段，也是最困難的階段，因為此階段弄不好會前功盡棄，將自己架在空中，上不去下不來。

出貨的方式有：

◆震盪式出貨

在高價區，股價反覆震盪，給人整理的假象，這種出貨方式一般時間較長，莊家持有的籌碼難以一次出盡。

◆拉高出貨

即在高價位，藉利多出貨，誘使散戶追漲，而莊家趁機出貨。

◆壓低出貨

此種狀況一般是在莊家無奈的情況下才採取的辦法，往往莊家的成本較低，而大勢即將翻轉或該股有重大利空消息的情況下，莊家只得半途而廢，表現在日Ｋ線圖上為低開低走或跳空低開的大陰線。

總之，在證券市場上由於投資者的性情各異、性格不同，在投資行為上的表現也各不相同，尤其隨著證券市場的不斷發展，參與證券等金融投資的人員的增加，不同性格、不同性情、不同學識、不同身分、不同地域，形成了各自不同的市場操作風格。

6.4 證券投資中的不良心理及其對策

6.4.1 證券投資中的不健康心理

投資者要在股市上獲取成功，除了資金實力的強弱、機遇等因素外，還必須克服以下七種不健康心理：

(一) 盲目「趕潮流」心理

「趕潮流」心理是目前市場最爲突出的特徵。一是根本不了解股票是怎麼回事，在他們看來，所有的股票都一樣，根本不去了解行業前景及企業的成長性等相關知識，誤認爲買了就能發一筆財。二是無風險意識，買股票時根本沒考慮貨幣的時間價值及股票風險問題，誤認爲只要能買到股票就可以坐享其利。

(二) 盲目「跟進」心理

很多投資者在買賣股票前不是認眞對股票價格的漲落、收益等情況進行分析預測，而是隨大流，大多數人買我就買，大多數人賣我就賣。他們看到大多數人這樣做，就惟恐錯過機會，對股市行情不觀察不分析，這種盲目跟進的人不可能賺到錢，即使賺到錢也是小錢。

(三)「孤注一擲」心理

股票不僅受行業和企業自身發展因素的影響，還受國際及國內政治、經濟等多種客觀因素的影響，其價格呈經常波動狀。同一股票不同時點價格會有差距，甚至差距很大，因此會出現低買高賣後獲取高利的情況，即使投入小資本也能賺到大錢。在這種情況下，誘發了一部分人的賭博心理，他們買賣股票往往事先不做詳細的調查研究，爲了實現發財的夢想，一旦認爲找到了機會，就孤注一擲，不考慮自己的經濟承受能力，常常將生活費抽出去買股票。一旦價格跌落，就會給自己生活造成巨大的壓力。

(四)「不服輸」心理

不服輸是不願面對現實的做法。有些人雖有多次失敗的經歷，但看到別人總是賺錢很不服氣，自信自己有投資的本領和好的運氣。他們常出現以下幾種行為：一是認為前幾次掌握不當，屢屢虧損，但自信自己決策準確，便照老路走，結果重蹈覆轍；二是手持某種股票多次錯過拋出的好機會，不肯罷休，寧願長期持有，結果機會不但沒有到來，反而因公司行業前景看淡，股價大幅下挫。

(五)「永不滿足」心理

有這種心理的人在該拋時總覺得價格還能往上漲，股票遲遲不出手，最終被套牢。股價該買入時，總盼著再跌一點，追求最低價格。而股票市場變幻莫測，這種貪心的人只能坐失良機，最後竹籃打水一場空。

(六)「短期行為」心理

證券投資必須目光長遠，才能有大的收穫。有些證券投資者急功近利心態嚴重，主要表現在：(1)買股時只注重股票有無消息和題材；(2)沈不住氣，追求股票的短期收益，撈一把算一把。

(七)「憂買憂賣」心理

有些投資者情緒不穩，下不了決心，一會兒想買這種股票，一會兒又想買那種股票。每次決定都是疑慮重重，舉棋不定。

　　我們必須消除上述七種不正常的投資心理，發現失誤，迅速糾正，方能在股市中獲取更大的收益。

6.4.2　證券投資中的不公平現象

　　目前，證券市場中不公平現象主要表現為以下方面：

（一）內幕交易

　　內幕交易在股市可說是屢見不鮮，以致股評人士常告誡股民：只要密切關注機構主力或超級大戶的大筆買單或賣單，注意他們的動向是出貨還是吸籌，你就可以知道，是否會有大「利空」或大「利多」。

（二）虛假報表

　　與利用內幕消息炒股相比，影響面大、後果惡劣的資訊違法行為則更為可怕。製造完全虛假的業績欺市，導致股民虧蝕套牢，這對於證券市場而言，最具破壞性。此外，上市公司的資訊披露還存在這樣一些問題：

◆故意延期披露重大資訊，造成大多數股民與少數人之間的資訊嚴重不對稱

　　年報與中報披露儘可能拖延，臨時資訊披露更不及時，一般在重大事件已經完成才發布公告，而不是在剛開始時發布，與之相應的卻是將重要資訊提前洩露給了少數人。

◆資訊披露不完整

　　許多必須披露的重大事項，在招股說明書和年報中不披露，或者避重就輕，一筆帶過。

◆資訊披露不慎重

一是募得資金不按招股說明書所列的用途來使用，投資項目幾經變更，反映在資訊披露方面缺乏穩定性。二是資訊披露態度不慎重。如上市公司在市場傳聞風起時，所發布的澄清公告，非但不澄清事實，反而隱瞞眞相或者藉機生事拉抬股價。

（三）資產重組

每逢年末，總有不少上市公司忙著做資產重組的功課，單是那雪片般的重組公告就構成了大陸滬深股市的一大風景線。再看看那些忙碌的面孔，大多是些困難股。顯然，這無非是要在資產的拿進拋出之間，讓年報生出一塊利潤或收益。

（四）莊家探市

股市上有一條最基本的原則，決定股票價格的最主要因素是它的業績和成長性。可腰纏億萬的莊家就能把它顛倒過來，既能讓市盈率達二十多倍、業績與成長性俱佳的龍頭股，一跌再跌，摔得面目全非；也能讓連年虧損的劣績股連衝數個漲停板，青雲直上，一步登天！股市上沒有莊家辦不到的事！股民們想掙錢，只有一個辦法：與莊共舞。可哪一個股民能逃脫被莊家戲弄於股掌之間的命運？莊家最拿手的手法是「空頭陷阱」與「多頭陷阱」。「誘空」、「逼空」、「震盪洗盤」、「拉高出貨」、「砸盤吸籌」這每一手都是給散戶下套。

本章摘要

◆投資者可分為不同類型，不同類型投資者的投資行為也各
不相同。

◆證券投資風險存在於整個投資過程，不同的投資者對風險
的感知不同。個人對待風險的態度可分為三種：風險厭惡
型、風險喜好型、風險折衷型。

◆不同類型股票具有不同的特性，從而不同股票適合不同的
投資者。

◆證券市場中莊家操作過程包括吸貨、洗盤、拉升和出貨。

◆證券投資中的不健康心理應為投資者所克服。證券投資中
的不公平現象亟需法律來規範，這樣才有利於證券市場的
長遠發展。

思考與探索

1.試述大戶的投資心理與行為特徵。

2.試述散戶的投資心理與行為特徵。

3.如何把握與識別莊家的操作心理與行為？

4.證券投資中存在哪些不健康的心理，我們應當怎樣去克服？

第7章
證券投資者的心理素質

7.1　投資者的個性心理特徵

7.1.1　投資者的個性

投資者的個性是指投資者具有的表現出一定傾向性的各種心理特徵的總和。它是投資者內在行為上的傾向性，是投資者明顯區別於其他投資者的心理特徵的總和。

投資者的個性結構主要由個性傾向性與個性心理特徵所組成。這兩大部分的有機結合，使個性成為一個整體。投資者的個性傾向性主要包括需要、動機、興趣、理想、信念以及世界觀等，這些是投資者進行投資活動的基本動力，是投資者個性結構中最活躍的因素。投資者的個性心理特徵是指在投資者身上經常地、穩定地表現出來的心理特點，主要包括投資者的能力、氣質和性格。在投資者的心理發展過程中，這些心理特徵較早形成，構成其個性中比較穩定的成分。

因此，當不要求全面而系統地評定或描述投資者的個性時，通常涉及到的只是其個性心理特徵中氣質和性格的某些方面。本節即主要論述投資者的個性心理特徵與其投資行為。

7.1.2　投資者的氣質特徵

（一）氣質的一般概念

　　氣質（temperature）是指個人的心理活動的全部動力特點。

　　心理活動的動力特點是指心理過程的速度和穩定性、心理過程的強度以及心理活動的指向性等方面的特點。例如，知覺的速度、注意力集中時間的長短、情緒體驗的強度、意志努力的程度、人們傾向於外部世界，還是傾向於自己的內心世界。

　　一般認為，個性心理活動的動力特點主要表現在人的情感和活動發生的速度、強度、穩定性和靈活性等方面。如，有的人情緒和活動發生得快而強，非常明顯；有的人則慢而弱，不明顯；另有人則快而弱，非常明顯；還有人則慢而強，不明顯。這四種人各有不同的氣質，換言之，氣質是使這四種人的全部心理活動的表現都染上了一種獨特的色彩。

（二）氣質與投資

　　氣質對投資者有沒有影響？假如有影響，又是如何影響的呢？俞文釗教授曾結合斯特里勞（波蘭心理學家）氣質理論研究過氣質對投資者的影響。

　　斯特里勞提出了考察氣質的向度是行為的能量水準和時間特點。能量水準看個體的反應性和活動性，時間特點看個體活動的持續性和靈活性。俞教授在調查中借鑑了斯特里勞氣質調查表的內容，把投資者的氣質分為兩種類型：一種是高反應性（感受性高，耐受性低），其氣質表現為行動遲緩，體驗深刻，

善於覺察別人不易覺察到的細小事物，能長時間集中注意力；另一種是低反應性（感受性低，耐受性高），其氣質表現爲活潑、好動、敏感，反應迅速，喜歡與人交往，注意力容易轉移，精力旺盛，而且情緒較易衝動。

同時，俞教授也把投資者的投資活動方式分爲兩種類型：基本投資活動和輔助投資活動。基本投資活動是以達到投資盈利目的爲特點的活動，如經常去證券公司看行情、進行買賣操作等。輔助投資活動是指幫助達到投資目標的活動，如訂閱股票知識雜誌或有股票資訊的報刊，了解經濟動態、公司狀況，進行技術分析和股民交流等。

經調查發現，低反應個體在投資中採用輔助投資活動較少，而高反應個體在投資活動中採用較多的輔助活動形式，因而資訊來源範圍廣，內容多，但這往往會產生一葉蔽目的負效應，忽視了對股市的判斷力，所以儘管付出了很多，最終達到的投資效果跟低反應投資者沒有差異。調查結果正表現了兩類投資者在投資績效上並沒有顯著差別。

另外，投資活動按刺激負荷（即風險性）可以分爲高刺激負荷（即選擇風險較大的證券）投資行爲和低刺激負荷（即選擇風險較小的證券）投資行爲。調查結果表明，對於欲繼續增加投資的人來說，投資活動的刺激值與個體反應水準沒有相關，而對於欲停止增加投資的人來說，高反應性的投資者逃避投資活動的高刺激。而且，高反應性個體選擇低刺激的投資活動，低反應性個體選擇高刺激的投資活動。表7-1列舉了氣質對投資行爲選擇的影響。

俞文釗教授研究的結果得出了如下的結論：

表7-1　氣質對投資行為選擇的影響

投資行為 / 氣質類別	投資方式		投資刺激值	
	基本投資方式	輔助投資方式	高刺激	低刺激
高反應性個體	少	多	少	多
低反應性個體	多	少	多	少

1.股民為達到投資目的而進行的活動，其結構和方式不同。
高反應性者採取更多的輔助性活動的方法，低反應性者則
大多採用基本活動的方法。

2.股民對刺激強度高低的活動喜好不同。高反應性者喜歡刺
激性較小的投資方式，與前者的謹慎小心的態度相反，低
反應性者則喜歡採取冒險策略。

3.調查結果沒有發現這兩種氣質的人在投資成功上有明顯的
差異，可謂各有千秋，但股民可根據自己的氣質特點，選
擇合適自己的投資方式，講求投資的心理相融。

可見，氣質在投資活動中並不起決定作用，但有一定的影
響作用，主要表現在可能影響投資者的投資風格或操作方式方
面。

（三）投資者的氣質類型及其行為特徵

氣質類型是指表現為行為特徵的神經系統基本特性的典型
結合。投資者的氣質類型可分為：膽汁質、多血質、黏液質、
抑鬱質。這四種氣質類型與神經活動的類型的關係，以及這些
類型的行為特徵見表7-2所示。

◆膽汁質型投資者

又稱興奮型投資者，屬於戰鬥類型。這種氣質的投資者具

表7-2 投資者的氣質類型與神經活動類型的行為特點

氣質類型	神經活動類型	神經過程的基本特性			投資行為特徵
		強度	平衡性	靈活性	
膽汁質	興奮型	強	不平衡		急躁、決策果斷、情緒興奮性高、易衝動、不易約束自己、缺乏耐心、具有外向性
多血質	活潑型	強	平衡	靈活	活潑好動、反應靈活、好交際、注意力易轉移、興趣易變換、具有外向性
黏液質	安靜型	強	平衡	不靈活	安靜、穩重、遲緩有節制、沈默寡言、不好交際、因注意力穩定而不易轉移而缺乏敏銳性、具有內向性、往往能堅持準則、不易受流言的影響
抑鬱質	抑鬱型	弱			小心謹慎、消極防禦、反應遲緩、行為刻板、情緒體驗深刻、感受性高、善於覺察別人不易覺察的細節、具有內向性

有強烈的興奮過程和弱的抑制過程；這種投資者情緒易於激動，反應迅速，行動敏捷，決策果斷，有一種強烈而迅速燃燒的熱情，不隨意反應強，具有外向的特徵；一旦行情出現，就會馬上大量買入；一旦行情走軟，又會馬上賣出。這種人一般都是進行勢頭投資的投資者。此外，這種投資者還會表現出性急、缺乏耐心、不能自制等特徵，常常在投資時把握不好買賣的時機。

◆多血質型投資者

又稱活潑型投資者，屬於敏捷好動的類型。由於神經過程
平衡而靈活性高，反應速度快，易於適應環境的變化。這種投
資者能很快與人接近，善於交際，在新的環境裡不感到拘束，
富於精力而效率高，在投資時精神愉快，對投資事業心嚮神
往，往往能透過其人際交往能力獲得一些消息。但這種投資者
注意力不穩定，興趣容易轉移，常常這山望那山高，很容易
「移情別戀」，從某些個股或一些板塊轉移到另一些個股或另一
些板塊，也比較容易受傳言的影響。這種投資者適合做短線，
假如做長線的話，就必須較少地跑市場，以免受傳言的影響。

◆黏液質型投資者

又稱安靜型投資者，屬於緘默而沈靜的類型。由於神經過
程平靜而靈活性低，反應比較緩慢，情緒興奮性較低，明顯內
向。不論環境如何變化，都能保持平衡。因而，這種投資者很
難受傳言的影響，一般能堅持自己的原則。這種投資者在投資
行為中表現出一種堅持而穩健的態度。這種投資人的不足之處
是有些惰性和不夠靈活，缺乏敏銳性，不善於轉移注意力，有
時市場的熱點轉移了，而這些投資者的視點卻轉不過來。有時
市場已開始走熊，或者市場開始走牛，這種市場轉換的時機黏
液型投資者卻注意不到，因而這種投資者適合做長線。

◆抑鬱質型投資者

又稱抑鬱型投資者，屬於呆板而羞澀的類型。由於神經過
程薄弱，在生理上不能忍受或大或小的神經緊張，因而，這種
投資者的心態往往會因市場的微小波動而緊張不安。抑鬱型投
資者在投資活動中表現出決策遲緩、懦弱、內向、刻板、有些
孤僻。由於其比較內向，甚至孤僻，這使得他們不大容易受流

言的影響，往往能堅持己見。由於決策遲緩，行為刻板，在投資中對股市現象有固定、共同的看法和操作手法，常常不能順勢而為，即不能在牛市採用牛市的操作策略，在熊市採用熊市的策略，在牛熊轉換時期，則採用轉換策略。但是，這種投資者做事小心謹慎，觀察敏銳，善於察覺別人觀察不到的細小事情，往往也能抓住幾隻黑馬。這種類型的投資者最好買進股票就遠離市場，做長線。

可見，投資者的氣質類型並無好壞之分。投資者在分析氣質時不能認為一種氣質類型好，而另一種氣質類型就壞。任何一種氣質類型都有其積極的一面，也有消極的一面。如膽汁質型投資者有決策果斷等優點，也有急躁、缺乏耐心的缺點；多血質型投資者有反應靈活、容易適應環境等優點，也有注意力容易轉移、朝三暮四的缺點；黏液質型投資者有穩重、不易受傳言的影響等優點，也有決策遲緩等缺點；抑鬱質型投資者雖然有膽小畏縮、容易緊張等缺點，卻也有善於發現別的投資者不易注意的一些小細節的優點。

投資者了解、掌握氣質理論的作用，一方面在於分析自己的氣質特點，選擇適合自己的投資方式；另一方面在於認清自己氣質的消極面和積極面，發揚積極的方面，克服消極的方面，在自覺地培養鍛鍊下，氣質就會得到不斷的改進。

在現實生活中，只有少數投資者是上述四種氣質類型的典型代表，大多數投資者是中間型或者混合型氣質類型的人。

7.1.3 投資者的性格特徵

(一) 什麼是投資者的性格？

投資者的性格是指投資者對現實的態度和習慣化了的行為方式。

一位投資者在各種場合都表現得熱情忠厚，與人為善，虛心謙遜，嚴於律己，遇事堅毅果斷，深謀遠慮。這種對人對己對事的穩定態度，和習慣化了的行為方式所表現的心理特徵，就是這位投資者的性格特徵。

但是，一個投資者在某種特殊情況下，偶爾地表現出來的行為方式，並不能說明此人的性格特徵。只有那些經常的、習慣性的表現才能被認為是這個投資者的性格特徵。

投資者對現實的態度和與之相應的行為方式的獨特組合，構成了其區別於他人的獨特性格。性格最能表徵投資者的個性差異。性格是具有核心意義的個性心理特徵。我們通常講投資者的個性，主要是指投資者的性格。

(二) 投資者的性格問題

性格即命運。的確如此，從某種程度上說，投資者的性格決定了他的事業能否取得成功。事實上，許多投資者的失敗正是由於性格上的弱點導致的。以下便是一些在投資者身上普遍存在的性格問題：

◆完美主義

有著完美主義性格的投資者總是要求每個投資決策都正

確，每一項投資都能獲利，然而，事實上是不可能事事逐如人意的，追求完美等於自尋煩惱。追求完美的人喜歡事先做出過高的期望，俗話說，期望越大，失望也就越大。追求完美不僅不能確保投資獲利，反而會使投資者失去許多賺錢的機會。投資者由於追求完美而變得猶豫、徘徊、舉棋不定、焦慮不堪，並且不斷品嚐後悔的滋味。這樣的一種心態又如何能理智地去投資呢？完美主義的本質就是「貪」。投資者不能總是貪得無厭，「行情只賺八分飽」的投資理念對這類投資者或許有所助益。

◆優柔寡斷

其實質是缺乏決斷力。在投資市場中，最容易出現優柔寡斷。有些人性格本來是比較果斷的，但由於投資市場環境變化、價位變化的快速，大眾心理的影響，再加上市場上的任何風吹草動與自己的利益密切相關，也變得優柔寡斷起來。

◆賭性十足

賭博的心理在投資市場上極為常見。原因的一方面是大家都是抱著發財的心理入市的；另一方面是投資市場巨大的波動性，客觀上為這種賭博心理提供了土壤；第三個方面的原因是來自投資者的性格。正如格雷厄姆所說的：「在投資者的潛意識和性格裡，多半存在著一種衝動，它常常是在特別的心境和不同常規的欲望驅使下有意識地去投機，去迅速且夠刺激地暴富。」正是由於上述各種主觀和客觀的原因，投資者的賭性心理是極容易產生的，而一旦賭性上來了，投資者的自制力不強的話，他很可能就成了一個無頭蒼蠅，在投資市場上到處碰壁，這無疑是自取滅亡。在投資市場上，還有一些投資者視投資市場如賭場，想在其中賺錢又想在其中享受賭博的樂趣。然

而，投資市場是不同於賭場的。投資是一門科學，它的專業性很強，並不只是依靠運氣就能賺錢的。事實上，在投資市場上，少數人是賺的，而大多數人是虧本的。想在其中賺錢已非輕而易舉，若再想從中享受賭的樂趣，成功恐怕是難上加難。

◆抑鬱

　　性格抑鬱的人，他們常常感到悲觀失望，看事物時總是喜歡看事物的陰暗面，很容易心慌意亂，焦慮不安。這樣的情緒狀態和精神態度，自然會對其投資行為產生消極的影響。它常常會逐漸浸蝕掉投資者的自信心。在他們的思維模式中存在著一個錯誤的傾向：將事物糟糕至極化的傾向。短期的調整，他們會認為熊市即將來臨。牛市才剛剛開始，由於外界一個偶爾的傳言，他們也不管真切與否，會馬上把股票拋掉再說。

◆盲目樂觀

　　盲目樂觀者與抑鬱悲觀者相反，他們往往只想到「利多消息」，只要一個利多消息過來，便會不顧一切地買進。在股票投資中，常被深度套牢的就是這類投資者。與性格抑鬱者缺乏自信相反，盲目樂觀者顯得過於自信。

◆多疑

　　多疑的根源在於缺乏安全感。經歷了多次牛熊市轉換的投資者往往會有多疑的傾向。一個經歷了牛市的投資者，往往會從心理上形成牛市的理念，會對股市中各種影響股價的因素進行放大、誇張等。當股市的基本面已經發生轉變，開始逆轉時，他們會懷疑初步的下挫是新高的準備，在該賣出時，多疑會錯過賣個好價錢，或繼續堅持而被套牢。又如一個飽受熊市體驗的投資者，一旦股市的形勢發生逆轉，投資機會來臨時，他們會懷疑是多頭陷阱，而錯過較好的買入時機。

造成投資失敗的性格因素還有很多，如貪婪、膽怯、懶惰、魯莽、偏執、呆板等等，這兒不再一一而述。投資者只有仔細分析自己的性格特徵，找出自己的性格上的弱點，不斷地加以改造和錘煉，才可能取得持久的成功。

（三）投資者的性格類型及其行為特徵

對於投資者的性格類型可以從不同的角度加以分類：
◆按照理智、情緒和意志在性格結構中占優勢的情況，可把投資者的性格分為理智型、情緒型和意志型

理智型的投資者在感知、記憶、想像、思維方面特別突出，他們往往在投資時先要對當時的基本面、技術分析情況做仔細分析，強調做一個理智的投資者的重要性。情緒型的投資者則在情緒活動時的強度、穩定性、持續性和穩定心境等方面表現特別突出，個性急躁，急於求成。他們的投資行為往往會受到其情緒的影響，很容易犯盲目追漲或盲目殺跌的錯誤，對於這種類型的投資者來說，保持一份平常心可能會有助於投資成功。意志型的投資者則在對自己行為的自覺調節方面表現特別突出，他們能在市場上自覺地、有目的地持之以恆地進行自己的投資，他們有良好的心態，有極強的心理控制能力，能緊持自己的投資準則，堅持自己的看法，一旦自己判斷改變，也堅決實行新的投資方案，絕不猶豫。
◆按照人的心理能量和活動傾向於內部或外部，可把投資者的性格分為內向型和外向型

內向型的投資者表現為沈靜、深思熟慮、反應慢、不善於交際、顯得孤僻。這種類型的投資者不容易受外面流言、傳聞等的影響，能夠緊持自己的看法和準則。由於沈靜、反應比較

慢，往往會錯過一些難得的市場良機。由於做短線需要投資者反應靈敏、行動快捷，因而這種反應速度慢的投資者做中長線為佳。外向型的投資者則對外部事物感興趣、善於交際、感情外露、開朗、不易緊張、對事情放得開。這類投資者喜歡與其他的投資者交流經驗，也經常去市場，這樣可以得到一些資訊，但也容易受到一些小道消息、流言的影響。在現實中，絕大多數投資者屬於中間型。

◆根據投資者的獨立程度，可把投資者的性格劃分為順從型
　與依賴型

　　順從型的投資者獨立性差、耳朵軟、易受暗示、容易不加批判地接受別人的意見、有依賴性。這種投資者一天到晚跑股市，聽到一些小道消息就疑神疑鬼，心裡七上八下，沒有自己的判斷力，容易受所謂內幕消息、權威人士的觀點的影響，這類投資者最易發生從眾行為。獨立性的投資者則相反，善於獨立地發現和解決問題，他們相信自己的判斷，做決策時先要經過自己的考慮，而不僅僅因為是內幕消息或者是某位權威人士的建議就全盤聽從別人的建議或者全盤照搬別人的做法。

（四）投資者的性格特徵研究

　　掌握了性格的概念與理論之後，投資者應切合實戰去分析自己的性格，找出自己性格中的優點和弱點，對自己的優點應加以發揚，而對弱點應主動積極地去克服。

　　為了深入研究性格對投資者的影響，俞文釗教授等曾用Y－G量表在一百二十八名股民中進行了測試。Y－G測驗量表是由日本的矢田部和美國的吉爾福特所設計制定的。量表由吉爾福特的十二個人格特質構成。每一個特質包括十個項目，總

共是一百二十個項目（見表7-3）。根據十二種特質的不同組合，可以區分出五種典型的性格類型（A-E）和一些次典型（A’-E’）、亞典型（A”-E”），或混合型（AE、AB、BC等）的性格類型（見表7-4）。

　　他們的調查結果表明，D型性格類型者占52.9％，C型性

表7-3　十二個人格特質及相應的性格指標

序號	人格特質	性格指標
1	抑鬱性	
2	循環性	情緒穩定性
3	自卑性	
4	神經質	
5	主觀性	社會適應性
6	非合作性	
7	攻擊性	活動性
8	一般活動性	衝動性
9	樂天性	內省性
10	思維外向性	
11	支配性	主導性
12	社會外向性	

表7-4　五種典型的性格類型

型號	名稱	情緒	社會適應狀況	向性	涵義
A	平均型	平均	平均	平均	不引人注目的平均型
B	不穩定積極型	不穩定	不適應	外向	容易趨向異常行為的類型
C	穩定消極型	穩定	適應	內向	溫順被動的類型
D	穩定積極型	穩定	適應	外向	活躍務實的類型
E	不穩定消極型	不穩定	不適應	內向	容易患神經症、身心疾病的類型

格類型者占18.8％，A型性格者占13.4％，混合型性格類型者占6.6％，B型性格類型者占6.5％，E型性格類型者占2.5％。

他們得出了如下結論：

1. 成功的投資者其主要性格類型是D型。這些人具有情緒穩定、有主見、自信、社會外向性、社會適應力強、分析判斷力強、無神經質、靈活性等特點。
2. 年齡、性別對投資者性格類型的影響表現爲，隨著年齡的增長，D型人次減少，A、C型人次增加；年輕男性投資者趨向D型，女性投資者趨向A、C型。
3. B型與E型性格類型的投資者需謹慎投資，除非優化自己的性格，否則不要貿然入市。

7.2 成功投資者的心理素質

7.2.1 心理素質的界定

我們幾乎可以在任何一個地方看到「心理素質」，聽到「心理素質」，談到「心理素質」。但當人們細細品味時，似乎又說不出它的全部內涵。

心理素質到底是什麼呢？心理素質是指人們應付、承受及調節各種心理壓力的能力，並主要表現在人們的情緒及其行爲的穩定性方面。它是個性心理特徵在個體應付外界壓力時的具體體現。

　　在日常生活中，人們經常承受和應付種種心理壓力，現代社會，人們都面臨著越來越重的心理負荷，這是人類無法擺脫的共同問題，只不過由於調節和承受力的強弱，所做出的應付表現不同罷了。在投資市場上，由於自身利益的息息相關以及投資市場的巨大波動性，投資者往往經受著比日常生活中大幾倍的壓力。

　　在投資時，投資者的心理素質往往比資金的多少、證券的質地還重要。自信、樂觀、開朗、鎮定自如、沈著冷靜正是投資者良好心理素質的體現。

7.2.2　成功投資者的心理素質

（一）投資專家的觀點

　　關於成功的投資者需要具備什麼樣的心理素質，一些著名的投資專家結合自身的親身體驗，提出了一些很有價值的觀點。以下僅列舉兩位投資專家的看法。

◆沃倫·巴菲特（Warren Buffet）

　　沃倫·巴菲特是一個具有傳奇色彩的人。1956年他將100美元投入股市，四十年間創造了超過了120億美元的財富。他在投資領域成為無人能比的美國首富，被美國著名的基金管理人彼得·呂奇譽為「歷史上最優秀的投資者」，使全球各地的股票投資者都熱衷於巴菲特的投資方法與投資理念。

　　就他的個人特點而言，他是一個非常知足的人，他熱愛他所做的一切，喜歡與人相處，喜歡閱讀大量的年刊、季報和各類期刊。作為投資者，他制定了一系列紀律和規章。他有耐性

和勇氣，對任何事情總是充滿了信心。他總是在尋找沒有風險或風險很小的投資。他對簡單數學計算持久熱愛並精通機率。在高風險的保險及再保險行業裡的長期經驗培養了他超凡的心理承受能力。他列出自己的失敗和錯誤記錄，卻從不做任何辯解。

他的自學精神和適應環境的能力極強。他曾經去聽過卡內基課程，他自己解釋說，不是為了在演說的時候膝蓋不發抖，而是要學會當膝蓋正在發抖時，還能繼續發表演說。

巴菲特認為，成功的投資者具有以下四項心理素質：

在投資過程中，能時刻控制自己的貪婪和狂熱。投資者一旦被過度的貪婪所控制，就會損害其投資動機。由於市場是由投資者所組成的，情緒比理性更為強烈，貪婪和懼怕常使股價在公司的實質價值附近震盪起伏。購買股票，不僅需要具備某些會計上和數學上的技巧，更需要投資者控制自己的情緒波動。

有耐心。他認為，要買的是值得永久持有的公司股票，而不是因為這個股票價格將上揚。買進一家頂尖企業的股票然後長期持有，比起大部分投資者一天到晚在那些不怎麼樣的股票裡忙得焦頭爛額絕對是容易得多。大多數投資者總想買進太多的股票，卻不願做忠實信徒和學生。他強調說，如果別人不同意你的看法，而讓你不知對錯時，只要得到的事實和推理是正確的，那麼你就應該相信自己，你很可能是對的。他建議說，如果投資者不知道該如何做出決定，那麼，就根本不應該做任何決定。

有信心。他認為，信心是投資成功的一個起碼的條件。投資者的自信來自於他的學識，而不是主觀期望。巴菲特本人擅

長吸收別人的成功經驗。他不僅潛心研究格雷厄姆和費歇的投資理論，而且還閱讀大量的書籍，知識面很廣，不斷擴展自己的學識，常把別人的經驗借來，加以創新，融入自己的想法。

勇於承認錯誤。他認為，投資者不可能每一個預測和決策都很正確，每一個投資者都應該承認，市場中總有些事情是自己所不了解的。每一個成功的投資者都是謙虛的、勇於承認自己錯誤的人。巴菲特自己本人就從來不會為自己的失誤辯解，他會把每一次失誤記錄下來，以便以後不犯。

◆約翰‧奈夫

約翰‧奈夫，他是「市盈率」的創始人。他經營溫莎基金直到1988年，在經營的二十四年間，溫莎基金的複利報酬率為14.3％，而標準普爾指數同期的增長為9.4％。在過去的二十多年裡，他也經營著雙子星基金，其投資報酬率也是市場的兩倍。每年他經營的基金表現幾乎都名列所有基金排名的前5％。這充分顯示了他的理財能力。

他結合自身成功的經驗，指出投資者要想成功，以下一些心理素質必不可少：

信心。他認為，投資者盤算股票之前，應該對股市做出某些決策性的判斷。例如，自己有必要買股票嗎？自己打算從股票投資中得到些什麼呢？如果突然發生想像不到的股價暴跌，自己會有什麼樣的反應？事前就自己欲達成的目標有無規劃？實際上，這些判斷就是堅定股票投資的信心。如果猶豫不決，缺乏信心，你必將成為股市上的潛在犧牲品。他說：「決定投資人命運的既不是股票市場，也不是各公司本身，而是投資人本人。」

耐心。許多新股民投身股市一開好戶，總迫不及待地想買

進股票；既不考慮是否股市已處於高風險，也不問股價有否偏高，等到股票一到手，就一心想股價天天漲才痛快。如果股價不漲，甚至下跌，就方寸大亂，寢食難安。這樣，多會失去耐心，急著賣出，轉而追搶那些天天見漲的股票，可是等到自己手上不爭氣的股票一脫手，卻急劇上漲起來。而剛剛換進的熱門股又直線下跌起來。這時，後悔、失望、沮喪、衝動等不良的情緒就會產生。奈夫告訴那些急功近利的投資者說：「投資者投身於股市，最重要的是要有耐心，如果缺乏耐心，最好及時退出股市，否則失敗的機會非常高。只要有耐心才能把握住賺錢的機會。」

自制力。他說，見異思遷，這山望著那山高（作者註：其實質是心理學中所說的綠色草坪效應。即指在這個草坪覺得遠處的草坪要綠，等到走過去發現原來也差不多），這是人的本性，卻不是股市中的操作原則。所以他特別強調投資者要有自制力，要堅守自己的原則。

(二) 國外學者的探索

關於成功投資者的心理素質，國外學者進行了一些研究。

格雷厄姆在《聰明的投資者》一書中，首先便強調了投資者必須有「理智」，而他所說的「理智」是「有知識的理解能力」的意思，「所說的理智更多的是指性格上的特點而非腦力上的。」他說：「對於理性投資，精神態度比技巧更重要。」「把資金投資於普通股帶來嚴重的併發症和危險。這些不是普通股所固有的性質，而更多的是來自持有者面對股市時的態度和行為。」他還說在投資者的潛意識和性格裡，存在著一種投機的衝動，而投資者應加以認識，並自我控制，使自己成為投資者

而不是投機者。他還說明了耐心的作用，「在各種不同的時間週期」中，「最後總是證明耐心的持有者是正確的。」他還特別強調自我決斷力的作用，他說：「他不應盲從他的建議者，而應有自己的判斷力。在其他證券操作中這也是必須的。」總之，在格雷厄姆看來，成功的投資者是具有良好的精神態度、強的自我控制力、耐心、強的獨立判斷力的。

約翰‧特里恩（John Train）在《金錢的主人》（The Money Masters）一書中，反覆強調在市場中獲得成功沒有什麼秘訣，然而，對於成功的投資者來說有個顯著的投資態度。他說，成功投資者「在關鍵的時刻會相當仔細的進行研究，甚至可以說是在顯微鏡底下進行研究」。他反對將成功投資者的成功歸因於運氣的做法。他說，某個正確的時機確實可以讓一些投資者獲利，然而，要長時間的保持這種情形則只能透過努力工作、大量的研究和一致的表現才能獲得成功。

然而，努力工作與有效地工作是兩碼事。查爾斯‧加非爾德透過採訪幾百名在體育、文藝、教育、商業領域內的成功人士，發現只知道活動的工作狂與對結果做出承諾的高手，在六個因素上存在顯著差異：對一項職責的承諾、以現實的態度達成目標、自我控制管理、建立群體的作用、修正錯誤、善於應變。

凡‧夏普（Van Tharp）曾對高成就者進行心理測試，以確定他們的成功是否與某些人格特質存在相關。他用同樣的方法對一些成功的證券交易員做了研究。他從三個方面著手：決策過程、管理方式和心理特徵。結果發現：在決策過程中，成功者對技術因素及市場有一個很好的理解，有能力獨立思考並做出無偏見的選擇。在管理方式中，控制風險與耐心是兩個關鍵

因素。成功的交易者的心理構成包括：完整的個人生活、積極的人生態度、一種賺錢的動機、很少的內部衝突、敢於承擔責任。此外，他還總結了失敗的交易員的一些特徵：緊張、悲觀、內心常常人格衝突、喜歡怪罪他人、很少建立一套必須遵循的規則、紀律性不強。

(三) 大陸學者對影響投資者成功的個體心理因素的研究

每個投資者都希望成功，但是有很多因素會影響其股票投資的成功，那麼到底是哪些因素呢？這些因素在多大程度上發生影響呢？對於影響投資成功的因素而言，基本可以從以下三個方面考慮：第一，個人投資主體的一般因素，包括了年齡、學歷、職業、性別、經濟狀況等。第二，個人投資者的心理因素，包括投資知識、經驗、技巧等以及個性方面的性格、氣質等。第三，社會經濟環境因素，包括家庭環境、周圍投資者的素質、市場環境、企業狀況、國家經濟狀況以及社會心理因素等。

俞文釗教授及其研究生彭星輝等曾對影響上海股票投資者成功的個體心理因素做了調查並進行了因素分析，提出了八個因數，這八個因數對解釋投資成功的累積貢獻率為68.2％。這八個因數依次為：

因數1（F1）：才藝性或稱股票知識、分析能力。它包括股民對股票知識的掌握，能夠把握國內外經濟狀況、政策的能力，同時能對上市公司進行財務分析等方面的能力。

因數2（F2）：決策的果斷性。高分者表現為行為果斷、開朗、活潑、快樂、衝動；低分者表現為過於謹慎、優柔寡斷、不易下決心、不開朗。成功投資者有高的果斷性，表現為在投

資過程中有自信心、適應能力強、靈活、決策果斷，而不是畏
首畏尾、優柔寡斷、計較蠅頭小利。

　　因數3（F3）：性格傾向。它包括思維的外向性與社會外向
性兩個方面。思維外向性高分者表現爲不愛沈思默想、無憂無
慮、漫不經心、樂觀、隨和、愛交際、思維深度不夠；低分者
表現爲常把小事放在心上、悲觀、愛思考、行動不活潑。股民
的思維外向性反映了股民思維的深度、對自己評價的標準，以
及投資過程中是否小心謹慎，憑感覺購買股票。社會外向性高
分表現爲外向、喜歡交往、社交活動多；而低分者表現爲不愛
交際、喜歡獨處、缺乏自信。在股民身上的社會外向性表現爲
投資中的社會活動狀況、風險意識和工作效率等。

　　因數4（F4）：資訊的敏感性。它指股民能冷靜、客觀地判
斷行情，進行技術分析的能力，對股票行情的變化要有敏銳的
反應和判斷能力。

　　因數5（F5）：冒險性，或稱風險意識。它是指股民甘冒風
險的程度，是追求大利，還是保本，只要賺些就行的個性品
質。

　　因數6（F6）：自信心。它是指投資者是否盲目跟風，跟大
勢走，還是獨立自主按自己原來的心理價位操作，在流言面前
自主力強的股民有識別眞僞的能力。理智的投資具有客觀性、
周密性和可控性的特點。

　　因數7（F7）：心理承受力。它是指股民在股價暴漲暴跌，
或在重大經濟、政治消息面前的心理適應和反應能力。成功的
投資者往往偏向有很強的個人自主力、自信心、樂觀、開朗、
辦事果斷、能準確判斷股價走勢、反應敏銳、有較強的風險意
識和成熟的心理承受能力。

因數8（F8）：社會經濟環境。社會經濟環境因素包括家庭情況和社會心理謠言的影響。良好的社會經濟環境是創造股民優異績效的必要條件。投資收益者往往是那些家庭經濟情況較好、家人給予支援態度的，並且周圍股民普遍素質較高的人；相反，那些做虧的股民，往往受到社會經濟環境因素的反面影響——並不寬裕的家庭經濟條件、家人反對、周圍股民素質低下等等。

在他們的調查中，股民自己對投資成功或失敗的原因分析時，除了自身原因外，83％的股民提到了社會因素的作用。影響股民投資成功的社會因素中，還有單位同事對本人投資的看法、主管的意見（不聞不問或阻止）、親友對投資績效的心理期望等等。

在社會經濟環境因素中，謠言是一個不可忽視的因素，35.3％的股民把投資失敗的原因歸根於輕信「小道消息」。他們認爲，隨著股市的發展，股民人數劇增，成分也越來越複雜，謠言的傳播網路縱橫交錯。一些機構、大戶常常採取行動，利用謠言有意哄抬或慣壓股價，以致造成追漲或拋售風潮，給中小散戶造成損失。所以在謠言面前，投資者應冷靜分析，靜觀時機，切不可盲目輕信謠言。管理部門也應加強市場管理。

成功者與失敗者在這八個因數上的比較見表7-5。

他們的結論是：成功投資者在所有項目上的平均分比失敗者都高，兩者在性格傾向性和心理承受能力方面沒有顯著性差異，在股票知識分析能力、決策果斷性、資訊敏感性、自信心、冒險性等五個方面都存在顯著差異，最後，成功投資者比失敗投資者有著更好的社會經濟環境。

俞文釗教授與彭星輝等的研究是在1994年做的，現在中國

表7-5　成功投資者與失敗投資者個性品質等的比較

個性品質	成功者 (n=103) 均值	失敗者 (n=113) 均值	F值
1.股票知識分析能力	8.82	6.89	9.22**
2.決策果斷性	6.74	6.13	4.23**
3.性格傾向	6.84	6.21	1.28
4.資訊敏感性	6.57	5.66	4.16*
5.冒險性	6.67	5.45	4.42*
6.自信心	8.45	7.53	5.45*
7.心理承受力	8.72	8.37	3.23
8.社會經濟環境	9.31	8.14	8.76**

　　大陸股市的投資規模今非昔比，投資者的風險、金融意識也成熟了不少。那麼，今天中國大陸股市的投資者想取得投資成功要依賴哪些心理品質呢？比起當時的研究而言，又有哪些變化呢？今天的投資者在各項心理品質上的表現又如何呢？

　　我們的調查是採取四分量表，從上百個經訪談、問卷調查等得出的對投資有影響的心理品質中精選出能代表各方面心理品質的三十三個變數，設計成問卷。發放了二百一十六份，收回一百七十三份，回收率為80％。對數據用SPSS9.0進行了因素分析等統計處理，共提出了公共因素八個，累積貢獻率為60.506％，並對問卷進行了效度、信度分析，證明問卷設計的效度、信度良好。

　　這八個因素分別為：

　　因素1：決策力。它包括了這樣一些心理品質：判斷決策力、思維分析力、有與投資有關的知識、洞察力、心理承受力、接受新事物力等。高分者表現為判斷決策力強、思維分析

能力強、有豐富的與投資有關的知識、洞察力強、心理承受力強、比較容易接受新事物。

因素2：情緒穩定性。它是指情緒的穩定程度，包括冷靜、情緒穩定、細心等心理品質。高分者表現為冷靜、細心、情緒穩定。高分者有利於投資成功。

因素3：情緒波動性。它是因素2的反面，指的是投資者的情緒波動程度，包括了這樣一些心理品質：浮躁、猶豫不決、依賴、衝動。情緒波動大對投資成功不利，該因素得分低者易成功。

因素4：獨立性。它是指投資者投資決策和進行投資時的獨立性。強獨立性者表現為進取、現實、誠實、不易受他人言行影響，有自己的想法，往往能做別人不敢做的決定，並有一種敢於逆大眾而行動的勇氣。

因素5：冒險性。它主要指投資者對風險的偏好程度。冒險敢為者常顯得大膽、自信、性格豁達、對資訊很敏感。而冒險性較差者常顯得膽小怕事，對自己缺乏信心，對資訊的變化感受性也不很強。

因素6：聰慧性。它主要涉及的是投資者的聰慧程度。聰明的投資者常顯得樂觀、理智、精明，而不太聰明的投資者似乎衝動、魯莽、悲觀。

因素7：專注耐心。它主要指投資者對投資的關注投入以及耐心的程度。它涉及以下一些心理品質：專注認真、謹慎、耐心、輕鬆。專注耐心因素得分高者表現為對投資很關注、能耐心等待時機、心情頗為暢快、行為謹慎、不莽撞。

因素8：貪婪性。它包括了這樣一些心理特徵：占有欲（-）、緊張（-）、果斷。貪婪而又緊張的投資者在做出投資決策時顯

得不果斷、猶豫；相反，該向度得分低者表現出不貪婪、不緊張、行為果斷。

可見，我們研究的結果基本上包括了俞文釗教授與彭星輝等研究得出的一些基本心理因素。同時也增加了一些很重要的因素，如決策力、情緒穩定性和貪婪性等。這三個心理因素對投資者影響很大，如情緒穩定性因素，幾乎所有的投資者都認為有益於投資成功，而大的情緒波動是不利於投資成功的。又如貪婪性，大多數投資失敗者都是倒在了這一心理特質上。

我們的研究結果表明：除因素5以外，其他所有因素都對投資成功有著影響。因素5是冒險性。冒險敢為這一因素上平均得分為2.0585，可見，從總體上來說，認為冒險敢為有益於投資成功和認為冒險不利於投資成功的投資者勢均力敵。就其他七個因素而言，決策力因素上高分有益於投資成功；情緒穩定性因素上高分有益於投資成功；情緒波動性上低分有益於投資成功；很聰慧的投資者較易成功；專注耐心高分有益於投資成功；貪婪性低分有利於投資成功。

7.2.3　投資者必須具備的一些心理素質

在投資市場上，真正的敵人是自己。要戰勝自己，就必須不斷地培養和鍛鍊自己的心理素質。在介紹了有關成功投資者心理素質的研究以後，我們可以對一般投資者應具備的一些心理素質做些總結，以便於投資者有意識地去培養和鍛鍊自己的心理素質，為成功創造條件。通常說來，一般投資者要取得成功，必須具備以下一些心理素質：

(一) 獨立判斷力

　　心理學原理告訴我們，人們的判斷決定了他對事物的認知、情感和意向的行為傾向，而判斷能力依賴於人的經驗、知識、閱歷等因素。在投資市場中，人們往往從各自的利益出發，對投資市場的走勢議論紛紛，仁者見仁，智者見智，其中也不乏那些投資大戶有意施放的煙霧彈。在投資市場上常常吃虧的是那些聽信別人的傳言，盲目跟進，沒有自己主見的投資者。投資者不要只依賴所謂內行人士的勸告，而應該相信自己的判斷。正如格雷厄姆所說的：「一旦……理性投資者有必要的資料使自己確信該投資是正確的、有吸引力的，他不應盲從他的建議者，而應有自己的判斷力。」

　　獨立的判斷力是來源於投資者的自信。自信心對於任何人來講，都是一筆巨大的財富，它對一個人事業的成功和心理素質的發展有著不可估量的作用。它在多方面心理素質中具有決定性的因素。投資是一項具有高度技巧性的行為，自信對於每一個投資者來說尤為重要。投資者不要被周圍環境所左右，要有自己的分析與判斷，絕不可人云亦云、隨波逐流。為此，要做到：

　　第一，經常給自己打氣，要肯定與鼓勵自己「你是最值得信賴的人」。證券投資市場的天機是「波動是永恆的真理，把握投資最終要靠自己」。

　　第二，投資一定要自己判斷、研究行情，不可因為未證實的流言而改變決心。可買時買，應賣時賣，須止時止。

　　第三，不想做委託買賣證券時，應遠離市場，每天去投資市場探聽行情，容易受市場氣氛及謠言的影響而做出錯誤的決

策。

當然，投資者的自信應是建立在一定的投資交易經驗和個人能力基礎之上的，否則，投資者沒有根據地做出判斷、決策，並且固執己見，那只意味著蠻幹，並不是有自信心的表現。

(二) 耐心

不少投資大師都提到耐心對投資者而言非常重要。市場行情的升降起落，並非一朝一夕就能完成的。多頭市場的形成如此，空頭市場的形成也這樣。當市場的主要趨勢沒有形成之前，投資者不可輕舉妄動，不能朝三暮四，不應為一點點小利而亂大謀。有人說，忍耐本身就是資本。這一點兒都不假，投資的收益，很大程度上正是耐心等待的報酬。在投資中，除非投資者的判斷恰到好處，且運氣極佳，否則是很少能立刻獲利的。因此，不論是持股待漲，還是打算在股價下跌後買進，投資者都必須經歷一段忍耐、等待的時間。對於長期投資者而言，要想取得預期收益，更是需要忍耐的功夫。

了解自己的需要是保持投資者耐心的一個條件。絕大多數人投資的主要目的是獲利，但純粹以獲利為目的的投資者卻很難在市場中站穩腳跟。因為純粹以獲利為目的的投資目標極易使人失去理性。在投資界，不乏見利就追的爭躁冒進者，他們往往勞神費力，卻一無所獲，或者陷入市場的陷阱之中而不能自拔。另外有些人則並不因為一時的得失而動搖，看起來輕輕鬆鬆，卻往往能在市場中獲利。

磨練自己的耐心，主要是要克制自己的情緒衝動。耐心，也意味著情緒不為股票的波動而波動。隨著現代通訊技術的發

展，人們可以十分方便地隨時了解股票行情。每時每刻投資者都可以知道自己投資的價值是多少，看到價格上漲，自然高興，看到價格下跌，又很沮喪。這樣持續不斷地貼近價格機制常使投資者變得十分情緒化。因而，特別要求投資者能具有大局觀，不要為一時的波動所迷惑。投資市場價格變化迅速，它是投資者耐心的實驗場。有些經歷了短線操作而下定決心要做長期投資的投資者，一旦股價開始下跌，他的決心便又面臨嚴峻的考驗。當熊市真的來臨時，投資者擔心股票價格會跌得一文不值，於是決定拋售股票，即使賠本也在所不惜。他們內心裡有一個聲音：拿回一部分總比輸光要好。他們忘掉了自己曾要做一個長期投資者的誓言，成了股市情緒波動的奴隸。事實上，證券投資獲勝的秘訣只有一條：買進有能力盈利的企業的股票，在沒有極好的理由時不要拋掉。

投資者的耐心是千百次成敗得失中修煉出來的，也是理性判斷和實戰經驗的結果。要有耐心必須做到以下幾點：心態穩定，不要患得患失；獨立判斷，相信自己；具有大局長期觀，不要貪小利忘大利；了解人性與股性。

長期耐心的投資意味著獲利。在美國，你在1925年投入1美元購買小公司股票，至1995年底可獲利3821.40元，若購買大公司股票也增值至1113.92元。雖然經歷了1929年的大蕭條和1973至1974年的股災以及1987年的股災，但這些對最終收益並沒有影響。「時間在股市中會創造奇蹟，」投資大師彼得‧呂奇建議說，「最好的選擇是把儘可能多的錢拿來買股票，然後任憑它在股市裡沈浮。在股市跌的日子裡你會承受痛苦，但只要你不拋售股票你就不會真正的損失。」「最後，總是證明耐心的持有者是正確的。」

（三）良好的期望心理

心理學中的期望理論認為，期望是指一個人根據以往的經驗來確定在一定時期裡希望達到的目標的一種心理活動。它是一種事先估計。如果結果小於期望值，人會產生大失所望的心理，信心也會遭到打擊。若結果大於期望值，人會產生出乎意料的心理，自信心也會增強。

在投資中，每個投資者都希望盈利，在投入市場之前，許多人也有自己的一個預期。投資者切忌有過高的不切實際的期望值。否則，往往會使投資者變得貪心、失去理性，若失敗了，更會打擊投資者的信心。投資者的預期不能過高，也不宜過低。

在投資市場中，有兩類投資者：一類是過高預期者。在行情看漲的股市中，他們往往期望在最高價位時拋出；反之，在跌勢中，他們又希望在最低價位收進。可是，在漲勢回跌中，想拋已無人問津，而在跌勢反彈中，想買已買不進。因此，股市中有一句名言：「空頭多頭都能賺錢，唯有貪習不能賺錢。」另一類投資者則預期過低。他們往往是經過熊市的打擊的。由熊市過來的投資者在牛市來臨時，心裡又特別緊張，生怕熊市再次來臨。所以當股票剛剛漲一些時，就馬上拋掉，後來該股票可能漲過當時的幾倍，這時投資者又開始懊悔了。信心又變得盲目強大起來，大膽跟進，結果又往往在高位套牢。因此，投資者一定要有適當的期望值。每經歷一次熊市或牛市後和進行新的投資時，都應客觀地評價自己的期望值。良好的心理預期有利於克服貪婪與恐懼這兩大人性弱點。

(四) 思路敏捷、行為果斷

投資者切忌患得患失、抑鬱浮躁。心理學認為，以理智來衡量一切並支配行動、獨立思考、不易受干擾、臨陣不慌是理智與獨立型氣質；而患得患失、抑鬱浮躁、緊急情況下易慌亂則是抑鬱順從型氣質。在證券交易中，前者的心理素質是適宜的，而後者是不適宜的。投資思路敏捷是要對國家的宏觀經濟有一個清晰的認識，善於捕捉各種細微的動態變化和各種資訊；而行為果斷則要求賣出時動作要快，買進時不妨多斟酌，多分析，把握良機。這些在很大程度上取決於投資者是否具備兩個基本素質：理智和果斷。

理智投資是建立在對股票的客觀認識上，經過分析比較後再採取行動。理智投資具有客觀性、周密性和可控性等特點。在股票投資中絕對不能感情用事。投資者既需要有關股票投資的知識和經驗，又必須具有理智和耐心，善於控制自己的情緒，不要過多地受各種傳言的影響。應在對各種資料、行情走勢的客觀認識的基礎上，經過細心比較、研究，再決定投資對象並且入市操作。這樣既可避開許多不必要的風險，少做一些錯誤決策，又能增加投資獲利的機會。有不少人，在市場發生變動時，受報紙、廣播以及周圍其他投資者的影響，不對各種股票行情漲落因果或趨勢進行仔細的分析，只是心血來潮，感情用事，在衝動之下進行投資決策，結果導致本來可以避免的失敗。也有一些缺乏經驗的投資者，當看到所欲購買的股票價格略有上漲時，就急不可待，惟恐買不到該種股票，匆匆提出隨行就市價格購進的委託，結果很可能是高價購進該種股票。

果斷是相對優柔寡斷而言的。由於市場中的機會往往轉瞬

即逝，投資者如果不能及時抓住時機，等待他的不是懊悔就是
虧損。當你發現了投資的好時機時，果斷就成了投資成敗的關
鍵。看準時機果斷入市買賣，成功就屬於你；相反，雖然你發
現了極佳的買賣時機，卻瞻前顧後，就有可能錯過入市良機。
當然，理智是果斷的基礎，沒有理智的果斷是武斷，是盲人摸
象，對投資有百害而無一利。

（五）精力充沛、性格堅毅

要成為成功的投資者，除了要知道投資既能讓人賺錢也能
讓人蝕本的道理，還要明白並非所有人都能直接從事投資這一
行為。因為一個人能否成為投資專家，取決於他是否有足夠的
精力花在股市分析和技術的提高上以及他是否有堅強的性格。

如就證券投資者而言，大量的證券交易都是在正規的證券
交易所進行的，而交易所的交易活動是有規定時間的。如果進
行長期投資，時間因素看起來似乎不成問題。但如果是進行短
期投資，時間因素就十分重要了。職業股票投資者當然有充裕
的時間去買賣股票，但大部分投資者，他們有自己的本職工
作。想買賣股票時，也許正是工作繁忙之時，因此，在工作時
買賣股票，總是一心二用，不可能抓住最恰當的時機進行最佳
投資，這就是說兼職的投資於短期股票是很困難的。現在之所
以越來越多的家庭主婦和退休者步入股票市場，一個重要原因
就是他們有進行股票投資的時間。所以，要想親自進行股票的
買賣，就必須考慮是否有足夠的時間花在上面。

光有充裕的時間，而沒有必要的證券投資能力，也不足以
成為成功的投資者。每個投資者都應當不斷培養自己的投資能
力，而知識和經驗則是投資能力的基礎。

　　掌握證券市場及其投資的知識是從事證券投資的重要條件，沒有知識的投資者，必定是盲目的投資者。一個投資者要想全面、系統掌握投資市場知識，是要下番苦功夫的。投資知識與技巧的獲得不外乎兩條途徑：一是透過向書本、向別人請教間接經驗；二是透過自己的實戰獲得直接經驗。投資經驗包括了成功的和失敗的經驗，兩者都很重要。對於初入投資之門的人而言，難免會有失敗，關鍵是要不斷總結和積累經驗，避免犯同樣的錯誤。

　　投資者堅持不懈的性格也很重要。堅持不懈不僅是指在日常生活中向自己的目標前進時的堅持不懈，而且也指投資者在投資時一定要執著專一、堅守自己的原則。每一位投資大師都有自己的原則，沒有缺乏決斷力的、隨時或隨市場狀況而經常變化的投資方法。大師們的投資哲學可能是長期逐漸形成的，但他們絕不搖擺不定。這就像職業投球手總是擊中同一個門柱一樣。他們只練習一個動作，就像棒球投手只使用一種投球方式一樣，球總是沿同一種方式擲出，為了擊中球柱，他們所做的只是移動站立的位置和球的運行軌道的出發點。這便是準則，這便是專一集中。

案例分析

　　埃瑞克·伯利克，林德紅利基金的管理者。該基金可能是全美國風險調整後業績最好的基金。該基金成立於1976年，自那時起，它已經創下了17％的紀錄（持續到1995年底）。自1982年起，埃瑞克·伯利克一直掌管林德紅利基金。如果我們尋找其成功投資管理的線索和共同背景，我們可以在單子上加

上一條：背著背包徒步旅行。在進入資金管理界以前，埃瑞克‧伯利克就有很高的知名度。大學期間，他利用三個暑假，徒步旅行了8000英里，成為第一個完成徒步背包旅行「三重皇冠」的人。他走完了三條橫跨美國的路線：阿帕拉契路線、太平洋山峰路線和橫貫大陸路線。想想完成這種探險需要怎樣的毅力和個性！ ⊙

（六）自我管理能力

自我管理能力是指投資者在進行投資活動的過程中，將自己正在進行的投資活動作為意識對象，不斷地對其進行積極而自覺的監視、控制和調節的能力，包括制定投資計畫的能力、實際控制的能力、檢查結果的能力、合理歸因的能力、採取補救措施的能力等等。它統攝整個投資過程，含括以上所述的各種心理品質，是投資者最應培養的一種能力。

「凡事豫則立，不豫則廢。」投資亦是如此。投資者在進行投資前，首先就必須確定自己的投資目標、選擇自己的投資理念、確定自己的投資計畫。在確定自己的投資目標時，應考慮自己投入市場的目的是什麼，是保值還是為了增值。了解自己的目的之後，必須考慮投資工具的流通性、收益性以及成長性。流通性意味著投資者是否可以方便進出；收益性的高低也要依投資者自身的財經需求和其他情況來定；由於成長性與風險相關，投資者還應考慮自己承擔風險的能力。確立了投資目標之後，就必須確定自己的投資理念，亦即自己信奉什麼樣的投資哲學。投資者抱有什麼樣的投資理念，往往決定了他在市場中將採取的立場以及具體的操作方法。投資者的投資理念和

操作方法最好與自己的價值觀以及性情相一致，以避免與自己的人格特徵衝突。確立一個書面的投資計畫，對於投資者來說也很重要。因為它可以擴大客觀性，減少投資者的情緒性，能讓投資者在變化莫測的市場中，堅持自己的投資理念，不朝三暮四。另一方面，有了書面的投資計畫也有利於自己評估各方面的情況。

在制定好投資計畫後，進行實際操作時，一定得注意時機的選擇和行為的果斷。有些著重技術分析的投資者，要等到技術圖表上出現明顯的買賣信號時才執行計畫，有些注重基本面分析的投資者，則要根據政治經濟大勢的判定決定執行計畫的時機。但是不管如何，只要時機一出現，就應不再猶豫，「該出手時就出手」。在執行計畫的過程中，投資者還應進行積極的自我監控，以防自己隨意改變計畫。

當投資計畫實施一段時間以後，這段時間的長短依個人的投資風格而定，投資者就必須對自己的投資行為加以評估，對投資績效加以檢查。評估的目的是確定投資者是否忠實地執行了原計畫，以及原計畫中哪些需要修正。評估應持一種向前看的想法，不應該自我譴責，如果發現了原來的投資計畫需要加以改變，那麼要儘快進行。但是要記住這時除非你有很好的理由，否則不應輕易放棄原計畫。

在進行投資績效評估之後，投資者對投資成敗的歸因對投資者以後的投資行為也有很大的影響。有關成敗歸因對今後個體行為的影響的歸因理論眾多，在此，只介紹韋納（B. Weiner）等人的觀點。

他們將潛在原因劃分成為三個向度：第一個是內部—外部向度，即造成成敗的原因有些是內部自身的，有些是外部的。

第二個是穩定—不穩定向度，例如，人的能力是穩定的，而運氣則是不穩定的。第三個向度則是可控—不可控向度，如努力、注意力等原因是可控的，而健康原因則是不可控的。對不同原因的歸因會導致不同的情緒反應。原因向度與情緒反應的關係見表7-6。

投資者在對投資績效進行歸因時，對不同潛在原因的歸因不僅對情緒會產生影響，而且會影響今後投資者的預期和自信心。可見，投資者在對投資績效進行歸因時，必須進行適當的歸因，以保持穩定、積極向上的情緒和精神狀態。趙雲飛等的研究表明投資者對於成功的歸因往往傾向於內部因素，如努力、能力等。這種人往往下次選擇任務時，仍會選擇相當難度的任務，並且自信透過自己的努力和能力能取得成功。這種歸因對於投資成功非常重要。投資者對於失敗的歸因往往傾向於外部因素，如運氣、外部環境等因素。這種歸因者常常會怨天尤人，心態浮躁，不冷靜，常會產生冒險行為，從而給投資帶來不利影響。趙雲飛等還發現不同文化層次的投資者對歸因也存在差異：就成功而言，文化程度越高，越有可能做知識、果斷、情緒、獨立歸因；就失敗而言，文化程度越高，越有可能做資金、期望、情緒歸因，同時卻越不可能做知識、運氣、獨立歸因。他們的研究還發現不同股齡的股民對成敗歸因也存在差異：就成功而言，股齡越長的股民越多做期望、情緒、獨立、資訊歸因；就失敗而言，股齡越長的股民越多做運氣歸因，同時越少做期望、資金、情緒、果斷歸因。他們的研究還發現戶別對成敗歸因也存在差異：就成功而言，大戶比散戶多做獨立、知識、情緒歸因，而少做運氣歸因；就失敗而言，大戶比散戶多做情緒、資訊、果斷歸因，而少做時間、機構操

表7-6　原因向度與情緒反應關係表

行為結果 產生的影響 歸因傾向			成功	失敗
原因源	內部	內在因素 能力、努力、品質、人格、經驗等	使人感到滿意和自尊	使人感到內疚和無助
	外部	外在因素 任務難度、機遇、環境等	使人產生驚奇和感激心情	使人產生氣憤和敵意，變得焦躁
	穩定	穩定因素 能力、任務、要求、法律規定等	有助於提高今後的投資熱忱	會降低今後的投資熱忱
	不穩定	非穩定因素 努力、機遇、多變條件的影響等	以後投資熱忱可能提高或降低	可能會提高今後的投資熱忱
	可控	可控因素 努力、注意力、跟風、聽信傳言、精確的分析等	有助於積極的情感	歸罪於客觀的任務和內疚、羞愧
	不可控	不可控因素 運氣、精力、健康	引起驚奇的心情	感到遺憾

縱、資金歸因等。

　　對待投資成功與失敗的正確的態度應該是冷靜分析、總結經驗、恰如其分的歸因，以利再戰。

　　正是由於投資者一般對成功傾向於歸因內部因素，而對失敗傾向於歸因外部因素，因而那些預期繼續取得高績效的人會繼續保持高預期，那些預期水準低的人往往不管他們的實際成績如何，都繼續維持原有水準的預期，從而，成就預期實際上成了一個自我實現的預言（見表7-7）。由此可見，對於成功與

表7-7　成就預期的自我實現預言

最初水準	成就水準	原因歸因	最後期待
高	高	能力或其他穩定性內部原因	更高
高	低	運氣不好，缺乏努力或其他不穩定因素	高
低	高	好運氣，特別是努力或其他不穩定因素	低
低	低	缺乏能力或其他穩定性內部因素	更低

失敗進行切合實際的歸因是多麼重要。

　　總之，投資者良好的心理素質並非一朝一夕所能形成的，它是建立在一定的知識結構、經驗積累、金融意識以及文化背景的基礎上的，心理素質可以說是這些因素的綜合體。因此投資者要不斷學習各種證券知識及經濟理論，不斷積累經驗，同時堅持不懈地完善自己的性格、能力。投資者良好的心理素質也是建立在對自己了解的基礎上的。只有了解了自己的身心狀況，才可能去更好地塑造自己的心理素質，也只有了解自己的經濟實力、市場經驗、家庭情況、個性特徵、投資目的，才可能更好地去投資。所以，了解自己，戰勝自己，是投資者成功的首要條件。

本章摘要

◆投資者的氣質是指投資者個人的心理活動的全部動力特點。它與投資者的投資行為息息相關。了解自己的氣質特徵，選擇適合自己的氣質特徵的投資方式是投資成功的關鍵。

◆投資者的性格是指投資者對現實的態度和習慣化了的行為方式。在某種程度上說，性格即命運。了解自己性格的優點與缺陷，對自己的性格不斷地加以錘煉，是每個投資者持久成功的必由之路。

◆投資者的心理素質是指投資者在應付、承受及調節各種心理壓力上的能力，並主要表現在人們的情緒及其行為的穩定性方面。

◆成功投資者的心理素質仁者見仁，智者見智。我們認為影響投資者成功的心理因素包括：決策力、情緒穩定性、情緒波動性、獨立性、冒險性、聰慧性、專注耐心、貪婪性。

◆一般投資者要取得成功，必須具備以下一些心理素質：獨立判斷力；耐心；良好的期望心理；思路敏捷、行為果斷；精力充沛、性格堅毅；自我管理能力。

思考與探索

1.試述投資者的氣質對其投資活動有什麼影響。

2.投資者的性格對其投資活動有什麼影響？

3.成功投資者應具有哪些個性特徵？投資者要取得成功需要
　具備哪些心理素質？

第8章
房地產市場中的投資心理與行為

8.1 房地產市場

8.1.1 房地產

房地產是房產和地產的總稱，又稱不動產。它包括土地和土地上的定著物，即土地和土地上永久性建築物及其衍生的權利和義務關係的總和。具體來講，房產是指建築在土地上的各種房屋，包括住宅、辦公大樓、廠房等；地產是土地及其上下一定的空間，包括地面道路和地下的相關基礎設施等。房地產是房產和地產的結合體和統一物。一般意義上的房地產指有開發經濟價值的，並以商品經濟為原則運行的房地產，由城市房地產和農村房地產組成，本書所指房地產為城市房地產。它具有以下特性：

（一）內涵的統一性

所謂房地產的統一性和不可分特點，是指房產和地產二者同屬於不動產，而且在實務中任何房產都涉及到地產，任何地產一旦作為房地產業的開發對象，也必然包括房產在內與房產相聯繫。另一方面，任何房地產經濟運動最終會形成一定的固定資產。作為固定物，它必然和一定的權力關係和產權關係聯繫在一起。沒有產權關係的房地產不是真正意義上的房地產。

（二）價值的雙源性

所謂價值的雙源性源於土地，在現實中，房屋建造運作就其價值形成來講，與其他商品一樣，只是由於土地價值具有雙源性才使得房地產具有了價值雙源性的特徵。土地價值的雙源性是由於土地本身的雙重屬性造成的：一方面，土地是一種自然物；另一方面，土地又是社會產物。作為自然物，土地沒有價值，但是具有使用價值，有一定的生產能力和有用性，即土地的自然屬性。作為自然物的土地，如果不投入勞動和資本就不會具有經濟價值。現實中土地的價值可以認為是由土地所有權衍生的利益關係及人類勞動在開發土地過程中的凝結。

（三）空間的固定性

房地產空間的固定性是指作為空間的土地的不可移動性，使得房地產的實體在空間上的不可流動，限制了房地產商品的供需相互適應的速度和範圍缺乏彈性。同時，固定性決定了每宗房地產隨著微觀區位的改變而具有不同的經濟價值。

（四）需求的普遍性

需求的普遍性指房地產具有生活資料和生產資料的雙重性質。它既是一種生存資料，也是發展資料和享受性的資料，三者可融為一體。房地產作為一種生產要素的投入，是人類社會任何生產經營活動不可缺少的，因而對房地產的需求具有普遍性。

（五）效用的長期性

房地產商品本身的自然屬性，使得房地產可以長期耐久使用。在正常情況下，一宗房地產的壽命少則數十年，多則上百年，其效用透過養護和開發又可延長。效用的長期性決定了房地產需求過程中與交易市場、交易方式、物業管理等聯繫在一起的特點。

8.1.2　房地產業

房地產業是指房地產開發、經營、物業管理的全部經濟活動過程，它包括土地轉讓、租賃、抵押；房屋建設、銷售、租賃、抵押；物業管理服務等。為上述經濟活動所提供的房地產代理、評估、仲介服務等專業服務活動，也被納入房地產業。

房地產業經濟活動具有以下特點：

（一）房地產業具有先導性、基礎性和支柱產業的特徵

先導性和基礎性體現在房地產業是社會生產和再生產以及科學、文化、教育、衛生等各種社會經濟活動的基礎、載體和空間條件，處於經濟發展的基礎地位。房地產業與其他產業相比，在經濟中又具有高度的綜合性和關聯性，其發展能帶動相關產業以更高的速度發展。同時，房地產又是構成整個社會財富的重要內容，對經濟發展具有穩定的和長遠的影響。房地產業在市場經濟環境下的不斷發展，將逐漸成為支柱產業之一。

從一個地區經濟發展的角度來看，房地產業具有區域差異大、級差收益明顯的特點。從一個地區經濟發展的角度來看，

社會經濟發展和人們生活水準在客觀上存在的差別，決定了不同地區房地產業需求程度的差異，房地產業的布局結構、發展的規模速度等受到該地區社會經濟發展水準的影響而產生很大的差異。若一個地區的房地產業發展程度在一定程度上受到本地區經濟發展水準及該地區產業結構狀況的制約，加上房地產業本身具有的區域性，這使各地區房地產業及房地產企業的收益有較大的區別，級差收益較為明顯。

（二）房地產業具有高度的綜合性和關聯性

房地產業涉及生產、流通和消費領域的產業部門，以流通為主，但又參與房地產生產的決策、組織和管理。房地產不直接屬於消費但與消費又密不可分，全過程的週期較長，與多個行業、多部門、多學科相結合使得其綜合性更明顯。其關聯性體現在它與諸多產業部門有著密切的聯繫，如建材工業、建築設備工業、冶金工業、化工及電器工業等等多種行業。

（三）房地產也是一個高投資、高風險、高收益、不確定因素多的行業

房地產開發商投入房地產的資金數額大，週期長，相對風險較大。而且房地產業與經濟狀況及國家經濟政策調整密切相關，在經濟發展遲緩時，不利於房地產業的發展，而國家對工地、建材、鋼材等產業政策的調整也會影響到房地產業。

8.1.3　房地產市場

房地產市場即房地產交易的場所，是房地產的供給者拿出

自己的產品與房地產需求者進行交易的場所與相關活動的總
稱。房地產市場根據交易對象的不同分爲不同的類別。第一類
市場是國家作爲國有土地所有者將土地使用權出讓給用地單位
的過程；房地產開發商以自己的產品與房地產需求者進行交易
的過程是第二類市場，也是最終用戶市場，是最終用戶取得房
產的市場。房地產在用戶之間進行交易，即房地產第三類市
場，它是進行房地產資源再分配和實現房地產保值、增值功能
的主要場所。

　　房地產市場的構成包括房地產交易、房地產供給及需求、
交易管理機構及服務機構、交易管理政策法規。房地產市場的
主要活動內容包括房地產買賣、租賃、抵押、典當、合夥入股
以及爲上述活動提供管理、服務的代理、仲介、法律諮詢、價
格評估、信託、信貸、登記、過戶等。

(一) 房地產開發

　　房地產開發指以出售、出租爲經營目的，開發土地、建造
房屋的過程，其具體工作內容包括：土地徵用與出讓、基礎設
施建設與土地拆遷平整、規劃設計、房屋建造、竣工驗收與交
付使用。所有的房屋建設、基礎設施開發均屬於房地產開發。
房地產開發的最重要特徵就是以產品的出售、出租並獲得利潤
爲目的的經營性開發。

(二) 物業管理

　　物業管理指對房地產及房地產所在環境等進行的維修、維
護、保養等活動。凡是有一定規模的房地產或居住社區，在使
用過程中都會遇到以下情況：(1)使用過程中房屋及附屬設施所

需要的養護、維修；(2)公用綠地、道路、走廊、電梯、樓梯所需要的清潔、養護；(3)在有多個使用單位或產權的情況下，特別是商品住宅幾乎每家、每戶都是業主，對諸如大修、公共安全等，解決此類問題的有效辦法就是由特定的管理單位即物業管理公司進行管理。房地產開發從開始就決定了物業管理的必然性，它是開發與經營的必然延續過程，有了專人、專業單位負責物業管理，才能使房地產使用者有安全、舒適的保證，不會因為個別人的不當行為而影響大家的整體利益和生活。

(三) 房地產諮詢

房地產從開發到銷售，是一個非常複雜的過程，其中的諮詢服務必不可少，諮詢內容包括：(1)政策法律及資訊諮詢，包括有關項目開發、交易法規、規定具體內容、操作程序的解答，項目資訊及房地產租售資訊的介紹；(2)價格評估服務，即具有估價資格的機構、個人為房地產交易有關方面提供客觀、公正的價格評估，依此作為交易雙方確定最終價格的依據；(3)過程或手續代理、代辦，如房地產銷售代理、前期租賃手續代辦；(4)金融服務，為房地產開發或購買提供的資金支援。

8.1.4 房地產投資

房地產投資指國家、集體、個人等投資主體，以盈利或非盈利為目的直接或間接的把一定數量的資金投入到房地產、房地產生產和再生產領域的投資行為或消費行為。現實中人們把房地產投資看成是資金的數量，是一種靜態的意義，投資建設數量是投資行為的結果。就房地產投資的動機而言，追求投資

的報酬是主要的原則，因為任何一項投資，都希望取得一定的
預期收益。投資總是有風險的，相對來講，房地產投資具有比
較安全、保值的功能和升值的潛力，可以避免通貨膨脹因素造
成的資產損失。

8.1.5　房地產投機

房地產投機是單純以盈利為目的的房地產投資行為，具有
盈利性、風險性和機會性的特點。

由於房地產商品具有稀缺性和壟斷性，物業需求的價格彈
性小，適於投機。投機者透過人為的製造房地產虛假供需狀
況，加劇房地產需求與供給的不平衡性，從而導致房地產的增
值。房地產投機的對象主要是土地，即炒賣地皮。例如，在二
十世紀九〇年代初期，大陸海南省興起的房地產熱，工商各業
投資興旺，商業大樓和豪華住宅先後漲價，加上當時的通貨膨
脹，促使廣大的投資者及百姓個人買樓保值，導致大樓需求大
增，樓價激增，土地價格飛漲，便是一種明顯的房地產投機行
為的表現。

房地產投機者以在短時間內牟取暴利為宗旨，在操作心理
與行為上有如下特點：

（一）利用房地產的財貨特性進行炒作

◆利用房地產具有投資價值和消費財產的雙重特性進行炒作

在一般房地產需求者的心目中，大多存在兩種態度：即在
時機適宜的時候，使用者可以經由轉移牟利而成為炒作者；若
時機不當，則炒作者或投資者可自行使用該房屋或將其出租，

而成爲使用者或經營者。所以，在房地產財貨的雙重特性中，
存在著相互替代所衍生的行爲，但主要的仍取決於整個經濟環
境是否對炒作潛能加以刺激。另一方面，房產爲生活所需，隨
著人口的增加、社會的進步，對房產的需求也逐步增加。由於
房地產短期供給彈性較小的緣故，使得需求增加時所反映出的
供給變化相對較小，在此情況下，炒作者具有較大的價格決定
力，從而產生炒作行爲。

◆利用房產的不可移動性進行炒作

房地產具有固定性，俗稱不動產。不像有些產品那樣可以
透過運輸等在不同的地域間調劑餘缺，平衡市場。而其中的優
良房產還具有領導市場價格的功能，從而影響市場價格的波
動，給投機者炒作房地產創造了機會。

◆利用房地產的異質性進行炒作

房地產的異質性是指沒有任何的房產具有同質的性能，使
得每個產品具有不同程度的獨占力，又因爲所有房屋均具有異
質性。所以，除非特別優良的房產，異質性的背後仍是同質，
依此來影響房地產市場的價格，故此利用異質性進行炒作是投
機商的投機心理的表現。

◆利用土地的耐久性進行炒作

房地產的使用壽命大都在三十年以上，故此耐久性稱爲房
產的唯一特性。房屋中除去新屋市場與中古屋市場的競爭外，
其他數量較少，新屋市場成爲領導房產市場的主流，具有主要
的價格影響力，並且帶動中古屋市場的價格。特別是在投資的
生命週期中，所經歷的價格波動次數多，所以可進行很多次的
炒作買賣，以實現「時間性套利」的目的。

（二）利用房產市場的特性進行炒作

◆利用房產的地方性進行炒作

　　房產的空間固定性決定了房產的地方性，而房產的地方性形成了非本地人對房產市場資料的難以收集，從而使房產市場他人進入的機會下降，導致房產市場的不確定性增強，而市場競爭的不公平性加大，掌握市場情況資料者盈利機會增加。

◆利用市場分割性進行炒作

　　房地產市場的分割性表現在房產不僅分爲公寓、大樓、別墅等等，還具體分爲更小的項目，如大樓中每層的房屋。這種分割性產生了不同的市場需求，所以房產市場僅僅是總稱，而眞正運作的是許多的次級市場。這種市場與地方性市場相似，均屬於房產市場的分割情況。從動態角度看，如某地的房地產市場中，某大樓價格的上升，隨後會帶動公寓價格的上升，隨後會導致整個房產價格的上升，最後導致全區價格乃至全市價格的上升，爲炒作提供機會。

◆利用供需調整的特性炒作

　　一般情況下由於房產投資數額較大，週期長，房地產市場的供需調整較爲緩慢，易於給投資商提供投機時差。

◆利用資訊不完整進行炒作

　　房產市場中的資訊不完整，導致了市場競爭的不公正，而資訊不完整造成的諮詢扭曲和不眞實導致市場機制在該市場難以發揮全部作用，給投資商帶來了新的投機機會。

（三）利用相關法令的漏洞進行炒作

　　房地產市場炒作一方面是在房產市場無「法律、法規」有

效運作時發生的，結果造成房產市場的更加無效率或其他負面
影響。另一方面，相關法令、政策的不規範也為房地產炒作提
供了條件。房產炒作大多尋法律的漏洞及未規範的情況進行，
加上因市場的不健全所產生，故此，「炒作」並非相關法令、
政策所能限制的行為。炒作是在經濟和法令政策體系的漏洞中
產生和成長的，不能像違法行為那樣明確限定其合法規範行
為：

◆低價買進，多占空屋，然後高價賣出

　　這一點主要是利用房產的政策輿論導向，打價格差，透過
低買高賣投機賺取差價收益。

◆選擇流動性高的房產

　　流動性高的房產如別墅等出售時方便，具有炒作的價值。
而飯店或其他公用設施則由於轉手的困難，在操作中並非最佳
選擇。

◆抓準市場景氣的好時機進行炒作

　　房產市場景氣與否直接影響著房產的預期價格的升降，景
氣的時候其價格增高，利於房地產的炒作，否則不利於房產的
價格波動，也不利於炒作行為的發生。一般情況下在這一點上
炒作商應注意兩點：及時性和見好就收。

◆買低賣高

　　低價購進地段好的房屋，稍加改造即予高價出售。

◆炒作有實質價值的房屋

　　市場的分割性，使得炒作的對象極為廣泛，如飯店、別墅
等等，均可作為炒作的對象，但是實質資產的持有率各不相
同，影響炒作。建築物隨時間的延長而貶值，但土地的價值卻
隨時間的延長而增加，因此從收益率的角度考慮宜購買占有土

地面積的建築物進行炒作。對建築物而言,其價值是依住宅、飯店、套房等從高至低下降,一般情況下投機者喜歡占地面積大的獨棟住宅。

(四) 利用政策落差進行投機

1992年至1993年大陸房地產市場情況顯示,由於當時外商投資的房地產由外商定價,而中國大陸投資興建的房產卻要經過許多部門的審查,且價格相差懸殊。例如,同一大小的住宅深圳價格不及香港的三分之一,廣州價格不及香港價格的五分之一。

8.1.6 房地產市場需求及其特點

(一) 房地產市場需求

房地產需求是房地產市場上供需雙方的市場狀況,量化指標為需求量。房地產市場中存在有效需求、潛在需求、名義需求等概念。

◆有效需求

有效需求是指在一定時期、一定的商品價格水準和消費者收入水準下,消費者願意並且具有支付能力的需求,也稱為市場的現實需求。有效需求具有兩個特點:即消費者具有購買願望和具有支付能力,兩個特點缺一不可,否則就不能稱為有效需求。

由於商品的價格和消費者的收入經常處於變動之中,因此,有效需求又具有很大的伸縮性和變動性,當商品價格過高

時，就會產生有效需求的不足。以大陸的房地產市場爲例，目前房地產市場上商品房空置率居高不下，這與市場上的房地產價格過高有關（房價與消費者家庭收入之比爲20：1或30：1，而發達國家只有5：1），消費者的支付能力無法負擔，而導致市場的有效需求不足。有效需求是眞實的需求，如何面對有效需求是房地產業進行投資決策的出發點。

◆潛在需求

潛在需求是具有購買欲望，但尚不具備完全支付能力的消費者願意購買的商品數量。這種不完全的支付能力只要外部條件發生變化便可以具備完全的支付能力，即在一定條件下，潛在需求可以轉變爲有效需求，例如，若房地產企業將付款條件變得更爲優惠，如貸款的年限延長、分期付款的期限延長等等，就可以使一部分本是潛在的購屋需求變爲現實的需求。另外，從潛在購買能力的角度來看，有些消費者可能具備了完全的支付能力，但由於某些原因，而暫時沒有購買的欲望，例如，當房地產價格降低時，投資收益率升高，就可能激發起一部分消費者投資房地產進行保値增値的願望。我們也可以將這部分需求視爲潛在需求。潛在需求向有效需求的轉化在很大程度上取決於外部條件的可變通程度。

作爲房地產開發及營銷人員，潛在需求是研究開發的重點，要研究各種條件變化對潛在需求的影響程度，以便在營銷中對某些條件進行變通，使得潛在需求轉變爲有效需求，成爲現實需求。

◆名義需求

名義需求是消費者願意購買的商品量。名義需求是一種並不要求具備支付能力的需求，是一種願望。這種願望無法或很

難轉換爲有效需求，除非影響消費者需求的某些因素發生質的變化。

(二) 房地產市場需求特點

房地產市場需求具有以下特點：

◆多樣性

由於不同的消費者的收入水準、文化程度、職業、年齡和生活習慣等等的差異，自然會形成各式各樣的興趣和偏好，形成不同的對房地產區位、房型、戶型和功能的要求。這種差異形成了房地產需求的多樣性。

◆層次性和發展性

由心理學家馬斯洛的需求層次論，可知人類的需求是有層次的，呈逐級上升的趨勢，只有在較低級的需求得以滿足後，才會產生較高層次的需求。房地產消費者受到收入水準的制約，對於房地產的需求同樣也具有層次性，高級別墅、高級大廈可能屬於較高層次的需求；一般公寓屬於中等層次的需求。當一個人隨著收入水準的提高，需求也逐漸提高，這時的需求便開始向居住的舒適和豪華、闊氣轉化。

◆雙重性

由於房地產兼有生活消費品和投資品的性質，因此房地產需求具有消費需求和投資需求的雙重性。消費者購買房地產既可以供居住使用，同樣又可以作爲投資，達到升值的目的。

◆綜合性

房地產需求是一種綜合需求，不僅對房屋本身的建築品質有要求，還對居住品質有一定的要求，具體體現在：交通便利與否、環境優美與否、地段繁華與否，有無學校，以及醫院、

公園等其他公共設施配套的綜合性上。

◆可替代性和聯繫性

　　房地產需求的可替代性體現在同一供需圈內的可替代，在實際中兩套完全相同的房屋是不存在的，即便在外觀、層次、座向上相近，也不會完全相同，但對消費者而言對其的滿足感是基本相同的。租屋和購屋之間可以相互替代，當房屋價格過高時，消費者可能會考慮租屋；當房租提高時，則會考慮買屋。另外，從投資需求的角度來考慮，房地產作為一種投資工具，當投資收益下降時，消費者就會轉向其他的投資工具如股票、古玩等等。

　　同時，房地產的需求又具有一定的相關性，即房地產市場需求的變化會影響到其他商品的市場需求，帶動建築、建材、鋼材等行業的市場需求上升，進而引起就業和其他市場需求的上升。

8.1.7　影響房地產市場需求的因素

(一) 區位

　　區位即房地產商品所處的區域位置。區位是影響房地產需求的最重要因素。房地產是一種異質性很強的商品，這種異質性在很大程度上就是由於區位不同所造成，對於不同類型的房地產而言，對區位的要求不同。在住宅房地產中，隨著人們生活水準和品質的提高，消費者對區位的要求逐漸提高，由過去單一的要求房屋寬大，到要求所處位置的空氣潔淨、安靜、交通便利、遠離污染等等；由過去的靠近鬧市，變為居住環境的

健康。對辦公房地產的要求，是便利的交通。

（二）經濟狀況

經濟狀況是影響房地產市場需求很重要的因素。消費者的需求是具有支付能力的有效需求，而有效的支付能力取決於消費者的經濟水準。在其他條件不變的情況下，當消費者的實際經濟水準提高時，其擁有的支付能力就大，能夠購買的房地產數量就多，住宅消費支出在收入中所占的比重也會提高，會推動房地產價格的上升。一般情況下，經濟狀況與購買需求數量呈正相關，從低收入家庭到高收入家庭，房屋的租住比率呈下降趨勢，而購屋比率呈上升的趨勢。

（三）價格

從房地產商品的價格來看，由於土地的稀缺性，房地產需求富於價格彈性，即當房地產商品價格降低時，可能會帶來需求的上升；當房地產商品價格上升時，則需求減少。同時由於房地產商品的可替代性也會誘導消費者在購屋時貨比三家，選擇質優價廉的房產。

（四）收益

從機會成本的角度而言，由於房地產商品所具有的雙重性，房地產商品本身具有一種收益能力，若房地產具有比其他一般資產更高的收益率，則投資者會將資產轉向房地產，使得房地產的需求上升；房地產間接帶來的收益也會對房地產市場產生影響，尤其在商業房地產需求中，商業房地產利潤的高低會直接影響到對房地產的需求。

（五）偏好

　　偏好是消費者對某種商品的喜好程度，取決於消費者的文化水準、職業、年齡、心理因素等，當消費者對房地產的偏好程度降低，市場需求就會減少；反之，則上升。

　　此外，由於需求因素的多樣性和相關性，影響消費者需求的因素並非單個的發生作用，往往是幾個因素同時發生作用。如消費者對住宅的需求，一方面取決於消費者的區位偏好和購買能力；另一方面也要看開發商提供房源的品質和可供選擇的數量及提供的物業服務類型等等因素。

8.2　房地產開發中的心理與行為

8.2.1　房地產開發商對開發地域的選擇心理與行為

　　產品區域就是房屋的地段概念，地段細分是房地產商其產品能否暢銷的關鍵，沒有良好的對地段的分析、理解、判斷的水準以及對地段上所對應的產品的分析、理解、判斷的水準，所開發的房產是不會有銷路的。一般的地段細分包括：

（一）舊區與新區

　　每個城市一般都存在舊市區和新市區的概念，而舊市區往往都是傳統的商業區和住宅區。在通常人的眼裡舊市區應該是房地產的黃金地段，特別是在舊市區的傳統商業街附近的地區

是房地產價格最高的「寶地」。但舊市區由於歷史的原因往往交通擁擠，人口集中。新市區是相對舊市區而言的近幾年開發形成的地區。新市區的商業氣氛往往沒有舊市區濃，但從規劃設計上適合現代人生活、工作、學習的需要。所以，開發房地產不一定只是在舊市區中獲得一個良好的地段就能開發成功的。一般來講，用於長期投資的物業和用於商業經營的物業，選擇舊市區比較合適；對於住宅類型的物業投資和希望快速收回投資的物業，可以選擇在新開發的城區。

（二）舊市區的傳統商業區和老住宅區

許多房地產開發商認為，只要在城區中心或在老市區內找到一塊地，就可以順利開發出商品房並獲得高額利潤。實際情況並非如此。在每個城市的舊市區內都會有不少房地產的黃金地段，但在舊市區內的地段中往往又分為傳統商業性地段和傳統居住性地段。在老城區開發房地產的成本高，一般比較適合開發建設高級辦公室、高級住宅和商業用房等物業，而這些物業在接近城市中心區內或老市區商業街附近才可以獲得顧客的喜愛。如果在舊市區內交通不便地段、衛星城商業街的老住宅區開發高級物業，往往不能獲得可觀的收益。

（三）繁華商業區、衰退商業區及未來商業開發區

隨著房地產開發規模的加大和加深，城市地段的概念也在不斷延伸。特別是新城區的開發建設，將大量人口移向城市周邊的地區，並隨著眾多商業服務設施、道路交通、文化場所、教育機構的建立，新的黃金地段又會慢慢出現，開發商對房地產地段的變化與走勢的判斷就顯得非常重要。城市的發展規

模、居民交通條件的改善、居民居住觀念的改變、生活環境的改善、人們辦事效率的提高和收入水準、消費水準的提高等因素，都會形成新的居住方式和產生新的住宅要求，依此引導房地產的開發方向和功能，從而在一個城市中出現當前繁華商業地段、衰退性商業地段和再開發商業地段。

（四）高級住宅區與大眾住宅區

同一個城市中的住宅標準各不相同，功能相近的住宅會相對集中在一定的地區，其原因是由於消費者居住水準和對地段的認識水準不同而形成的。在城市郊區有山有水的地方，可能適合開發高級的住宅或別墅；在城市周邊交通比較方便的地方，可能適合開發大規模的普通住宅區，但不一定適合開發高級辦公室；在城市市區內交通良好的主要街道，適合開發一些大型公共性建築和辦公室，也適合開發公寓和住宅。

（五）商業區、住宅區、標準區

城市的開發自然會形成商業區、住宅區和工業區等功能區分明顯的地段概念。這些地區對房地產開發的物業有一個基本的定位要求，但每個區的功能不能獨立起來，要有相應檔次和適合本區的其他服務性的物業管理相配套。比如，在住宅區要建立一定的商業性用房，當然商業性用房的建設檔次標準可以另行參考；在標準工業區也應有相應的住宅、少量的辦公室和公寓，以適應消費者的各種需求。

8.2.2　房地產開發商的房屋價格操作心理與策略

（一）整體價格的制定策略

　　針對消費者的不同購買動機和消費取捨，作為開發商而言應採取相應的定價，即開發策略，以確保開發的銷售案有市場、有銷路。

◆樓層差價

　　樓層差價是制定整體價格表中一個最基本的策略，即不同樓層的房子售價不同。對樓層差價概念的引進，源於外銷商品房的銷售，其出售的高級公寓，樓內設有性能良好的電梯，在西方國家一般樓層差價是樓層越高售價越高，底層為最低價，每升高一層，其售價比下一層樓房間的售價高一個相對固定的比例，依次漸進。差額大都為每單元總售價額的0.1％至1％不等，樓層之間的價格差額比例是由開發商根據市場及物業特點自行決定的，沒有一定的標準和模式。樓盤建造得越高，總體價格差額越大，而每層樓之間的價格差額就越小；樓盤建造得越低，每層樓的價格差額就越大。

　　中國購屋者的習慣獨具特色，首先中國的購屋者並不認為樓層越高越好。如果樓層是高級公寓，其樓層越高，房子售價越高還可以被消費者接受。而若是普通住宅，高層建築的底層房間和最頂層的房間不太被消費者接受。

　　辦公室的銷售過程中，樓層的差價與公寓不同，臨街的辦公室底層樓面由於用途廣泛，可用做辦公、商用、金融等方面，所以售價往往高於上面的樓層，辦公室用作純辦公用房的

樓層基本適用樓層越高售價越高的原則。

◆戶型差價

　　在全部銷售的商品房中，每個單元的設計結構和房間數量不一樣售價就有差別。戶型設計的好壞需經市場消費者的認可，在房子沒有推向市場之前，戶型的好壞可據市場營銷的經驗，從而制定出不同的價格，就一般市場營銷規律而言，大坪數的房子要好於小坪數的房子，廳大的戶型優於廳小的戶型，每個單元內房間多的戶型要好於房間少的戶型，夾層式設計的戶型要比平面式設計戶型吸引客戶。總之，功能設計合理的戶型要好賣些。

◆朝向差價

　　房間的朝向差別是影響房子售價最重要的因素之一。向南朝向的房子售價應優於向北、向東、向西朝向的房子；向東朝向的房子售價高於向西朝向的房子；向西朝向的房子優於向北朝向的房子。在同一類戶型中，向南朝向的房間越多，其售價越高。起居室、主臥室和大陽台朝南的戶型更受消費者歡迎。朝向差別所導致的價格差別比較大。朝向因素在房地產投資中起著很重要的作用。

◆座向差價

　　座北朝南的房子較貴，東西座向的房子較便宜。

◆視野差價

　　它是指根據住戶購買房間內所能看到的景色差異來制定不同的銷售價格。具備以下視野條件的房間比不具備的房間售價高：在沿海城市房間內的視野中有海景；在內陸城市房間內的視野有湖景；房間內的視野中有公園或大面積的樹林；房間內的視野中有主要大街，高層房間內視野前沒有遮擋。

◆建材差價

這是指房子的裝修標準有差別，裝修用材料的品質有差別，售價也不同。從外牆到屋內建材差異大：面磚外牆的造價高於一般塗料的造價；進口面磚高於普通國產面磚；鋁合金門窗的房子優於鋼窗的房子等。

◆設施差價

進口的廚房設備、浴室設備優於國產設備等。

◆售房價格與房屋工程進度相配合

從房屋營銷角度看，需要許多有關房屋的施工內容來宣傳，了解購買者心理，激發購買者的購買欲望，在營銷過程中最有說服力的宣傳題材是房屋的工程形象。它主要體現在以下幾方面：工程破土動工、房屋工程出地面、裝修完工、入住等等。

從銷售實踐來看，預售屋的銷售結合房屋工程形象來調整價格非常有益，特別是從房屋結構出地面到房屋結構封頂這個階段，樓盤的整體形象生動，富於變化，在短時間內有一種勃勃生機，最具吸引力。銷售價格的提高可參照房屋形象的進度來進行。

（二）預售屋銷售價格和新成屋銷售價格策略

預售屋是尚未竣工的房屋；新成屋是完全具備入住條件的住房。銷售預售屋時的售價自然與銷售新成屋的售價有所不同。

(三) 開發商的定價心理與行為分析

◆起價定低價

房地產廣告中樓盤的對外報價只能有一個單價，而整個價格表中每一戶價格都不盡相同，通常用價格最低的一戶向外報價，人們稱爲起價。起價毫無疑問是最低價，起價一般與整個樓盤的平均價格有一定的差距。一般起價等於或略高於成本價，目的是吸引客戶。

◆尾數定高價

房子售價尾數應選擇大數，從顧客心理感受上認爲價格較低，如每坪30萬元的價格不如改爲29萬元等。

◆可優惠價

房子銷售額比較大，顧客購買房產是人生中的大事，所以希望一定的優惠。如果購買時沒有得到一分錢的優惠，即使顧客認爲再好的房子，心理總會有些不暢，這是顧客購屋的常規心理。爲此，售屋時銷售人員在認定客戶購屋後，在成交前或估計價格優惠爭論時可以適當地給予優惠，以促成成交。所以，在制定樓盤價格時應有意識地將這一部分優惠價格幅度留出來。

◆不可優惠價格

與可優惠價格相反，開發商有意制定出一套不可優惠的價格表，這是針對售屋過程中大量房子的公開報價與實際成交價格相差太大，顧客購屋時所得到的價格優惠幅度不一，或者有的樓盤給顧客購屋時優惠的幅度太大，都會讓人們感覺到心裡沒底，房產報價中水分太多，結果反而增加顧客購屋的顧慮心理。開發商爲此統一定價，沒有優惠條件，依此來穩定購屋者

心理，促成交易。

◆價格與付款方式

如果開發商急於回收資金，則對一次性付款的購屋者應予以優惠。

◆價格與購買數量

購買數量大必須伴隨著價格優惠。在實際操作中制定價格表時，應考慮多種優惠條件重疊時的價格承受力。

（四）開發商售屋時的價格操作心理

◆明確平均價格的概念

一個樓盤由於樓層、朝向、視覺等因素使每一戶的售價不同，在房地產銷售過程中掌握一個樓盤的整體售價水準應依靠平均價格的概念，也就是透過銷售價格表中的每個單價能算出一個平均價格。要時刻掌握平均價格水準，因為這一價格水準能準確反映出一個樓盤的基本售價。

◆突出起價概念

售房公開向外宣傳的價格實際上是「起價」，起價要在銷售過程中不斷突出，每調整一次樓盤售價，最終都要透過起價來向外宣傳。

◆把握成交價格

樓盤的成交價格是實際的購買價格，高級辦公室和公寓的公開報價與實際成交價格之間一般都存在一定的差價。考慮到公開報價和實際成交價格之間的差距，在房地產營銷中制定樓盤價格時，應有意識的在實際預期利潤的價格基礎上提高價格幅度，使未來的成交價格符合自己的要求。在市場調查時，分析競爭對手的樓盤價格也應明確起、報價和成交價間的差額，

避免對市場行情的估計發生誤差。

（五）開發商調整價格的心理方法及策略

◆調高策略

由於通貨膨脹、建材成本提高、銀行利率負擔沈重，而物業的建造速度和銷售速度無法提高，許多開發商不得不以漲價來增加利潤，提高價格易招來顧客的抱怨，加大公司的銷售難度，但成功的提價將給公司增加利潤。當房屋供不應求時，價位不斷上漲，這種價格應分步進行，每次漲價幅度不要過大，透過小幅的漲價來試探市場的反映，如果房屋漲價後銷售勢頭仍然不減，可再度漲價。房子漲價速度過快過猛，易使顧客心理承受力下降，購買信心下降，遭到顧客的抑制與延期購買；而樓盤價格一旦提高，就無法下降，銷售受阻，勢必被動。在銷售過程中價格應按房屋的建造進度，從預售屋到新成屋價格由低到高。

◆降價手段及策略

房地產在銷售不暢時不得已要選擇降價的手段，如何降價是房地產營銷中的一個重要策略。房地產既有置業居住的功能，又有投資和投機的效果。投資和投機的購買心理是買漲不買跌，房地產的售價一旦降低，就面臨更大的風險，因此把握好房地產價格的策略十分重要。

8.2.3 顧客對價格調整的心態

對於房屋的降價，購屋者會認為開發商建設資金周轉困難、房屋銷售情況不佳、銷售不掉的房屋會進一步降低價位，

因而產生等待心理。顧客對房地產這類高價產品的價格變動非常敏感。開發商如能說服顧客，相信降價是為了加快資金周轉，那麼這是一種十分難得的銷售和促銷手段。

在調整價格時不僅要考慮到顧客的反應，而且還要認真對待競爭者的反應，競爭者很可能會採取相應行動。競爭者對一家房地產公司的降價所做出的反應包括：該公司欲競爭市場占有率、希望引起同行降價、刺激需求等。應注意分析以避免單純價格競爭。價格只是決定銷售狀況的因素之一，透過原始成本加利潤來定價已遠遠不是市場的定價策略，該定價策略有時適用於同種產品。但住宅產品的屬性千差萬別，面積有大小之分，戶型、地段、物業管理等有天壤之別。購屋者最起碼的要求是居住得稱心，這種要求不單單是價格便宜，還必須有戶型設計、區域環境、物業管理、功能配套等因素。

如果有的房地產商能夠以高品質、高品位、多功能、多服務的物業而區別於其他的開發商，即使其售價高於同地段的其他樓盤，銷售形勢也會比同一地段的其他樓盤好。不可否認，房屋市場的讓利銷售對許多無殼蝸牛族而言是最大的優惠，然而地價的不斷升高是客觀事實，建築造價也會日益攀升，這些都是房價高的因素。按常理房屋市場價格從客觀上講應是不斷提高的。因此開發商不應哄抬房價，獲取高額利潤，更不能輕易降低房價，設計粗製濫造的劣質房屋。優質優價、服務配套、管理水準高的物業永遠會受到顧客的青睞。

8.3 房地產市場的投資風險

　　在房地產投資活動中，人們既想避開各種風險，又想獲得大的收益，顯然這是一對複雜而難解決的矛盾。對於一個敢於冒險的投資者來說，只為收益而不顧風險、鋌而走險進行投資並不可取。精明的投資者，應該對房地產投資的風險情況進行充分了解，對風險進行分析，並根據自身的實力，估算對風險的承受力，以便綜合權衡房地產投資的風險和收益，在此基礎上運用投資資金，達到風險小而收益高的目的。由此可見，了解和掌握房地產投資的風險因素和風險報酬原理是進行房地產風險分析的基礎和條件。

8.3.1 房地產市場的風險因素分析

　　在房地產投資的經濟活動中，由於某些因素的不確定性引發其結果的不確定性，主要表現在投資活動的實際結果偏離預期目標，從而給廣大投資者的投資活動造成損失。影響房地產投資風險的因素很多，既有來自於投資開發商經營活動本身的，也有來源於周圍的環境條件、設置與環境以及人們認識上的時滯性、財務管理控制的局限性及來自於自然災害等。總之，房地產投資過程中，風險無時不在，無處不有。房地產投資的風險因素種類多且十分複雜，其主要有以下幾種：

（一）財務風險因素

　　財務風險方面的因素主要有兩個：一是融資的風險；二是購屋人拖欠房款的風險。房地產投資通常是透過集資和貸款等方式籌集資金，如在一定時期內，房地產投資者的收益率低於銀行利率，則籌集資金的收益率會大大降低，甚至會出現負息、虧本經營的情況，造成了融資風險。在房地產經營過程中，由於購買者財務狀況與開發時的預測財務狀況有出入，也會影響到該宗房地產的投資及時收回及預計利潤的實現。這兩個風險構成房地產投資中的財務風險。

（二）利率風險

　　利率風險指由於利率變動給房地產投資者帶來的風險。由於房地產投資具有資金量大、開發週期長的特點，房地產投資不可避免的存在著隨市場利率的變動而產生的風險。一般地說，即便市場利率有微小的變動，房地產價值也會產生較大的變化。其變化情況見表8-1所示。

　　由表8-1可知，當市場利率由5％上升到16％時，房地產價值由2億元下降到6250萬元，下降了13750萬元，下降幅度為68.75％。

表8-1　房地產價值隨市場利率變動表

市場利率（％）	5	6	7	8	9	10
房地產價值（萬元）	20000	16667	14286	12560	11111	10000
市場利率（％）	11	12	13	14	15	16
房地產價值（萬元）	9090	8333	7692	7143	6667	6250

(三) 變現風險

　　變現風險指房地產由固定資產轉換為流動現金的風險。房地產投資的變現是較難的，這是由於：(1)非貨幣性資產的兌現能力本身就比貨幣性資產兌現能力差；(2)房地產投資週期長及房屋產品銷售比一般產品難度大；(3)土地投資轉化成現金常常會有一定的損失；(4)土地投資和整個房地產建設投資必須要透過一段時間之後，才能作為房地產資產進入市場流通，即存在時滯效應。另外，房地產市場有一定的區域性，本地低價又不能搬到價高的地方去銷售。這些過程或原因從不同角度和側面造成了房地產投資的變現風險。

(四) 社會風險和意外事故風險

　　社會風險通常是指由於國家政治、政策、法規、計畫等形勢和經濟形勢的大氣候變化等因素的影響給投資者帶來經濟損失的風險。

　　意外事故風險一方面來自於自然災害，如暴風雨、洪水、雷電、地震、龍捲風等事故；另一方面，來自於人為的破壞，如偷竊、搶劫、火災以及戰爭等毀壞房屋的因素而造成的房地產投資的經濟損失。

8.3.2　房地產投資的風險報酬

　　房地產投資具有風險，這一風險有可能給投資者帶來經濟上的巨大損失，甚至破產，但偏偏還有人「明知山有虎，偏向虎山行」，其原因是風險與報酬的相關性。因為風險越大，其收

益越高，越吸引廣大的投資者去投資，這就是風險報酬的誘惑和激勵作用。所謂風險報酬，是指投資者冒風險進行投資可能獲得的超過資金時間價值的那部分額外報酬。如果排除通貨膨脹因素，一個風險項目的投資收益率應是資金的時間價值和風險報酬之和。

房地產經濟運行的空間是房地產市場。房地產市場是整個市場經濟體系中的重要組成部分，它一方面為社會提供商品房、建築地產，以滿足社會需要；另一方面，完成房地產經營對象的價值實現。我們透過與證券市場中投資風險的比較，來分析房地產市場中投資風險的特點。

（一）投資風險小

投資房地產所得的租金收入如同購買股票得到股息，但是房地產投資的風險小於股票投資。這是因為：

◆股票價值受到公司經營水準的影響

公司經營管理水準高，它的股票價值就會上升，所以股票受人為因素的影響較大。而物業是一項固定、相對永久的財產，其價值與對它的管理水準相關較小。例如，房租通常是預付的，一旦租賃者喪失支付能力，投資者可收回房產。而在股票市場上，某家公司破產意味著購買這家公司股票的投資者喪失一切。公司破產時，通常先賠償其中止所租物業合同給有關物業投資者所帶來的損失，所以有關物業投資者的損失將小於這家公司的股票持有者。一家公司破產後停止支付股息給股票持有人，意味著股票持有人永遠得不到股息；而該公司停止支付房租給物業投資者，物業投資者可將物業再轉租給他人，對他而言，所損失的僅是幾個月的應付房租和新租戶到來之前房

屋的空置。事實上，一家公司破產對其股票投資者來說是毀滅性
的，但對物業投資者而言，僅是交換了房租交納人。由於許多物
業是租給政府事業機關或社會公共團體，其房屋租期一般比較
長，並且不會拖欠房租，這些因素也減小了房地產投資的風險。

◆物業的固定性與租賃者的流動性效應

　　商場、辦公室、廠房可以被各類公司租賃，某個公司、甚
至某一行業的不景氣不會對房地產業形成長期影響，因為其他
新發展的公司、行業會接替承租這些物業。投資者一般不願購
買特種用途的物業，因為其適用性低、替代性差，一旦適用該
特殊用途的行業不景氣，房地產投資者將難以轉租給其他行
業，就要承受損失，因而投資於特種用途的物業風險比較高。

◆房地產業對某個地區的宏觀經濟趨勢十分敏感，但對該地
　區經濟的短期波動卻不敏感

　　這是由於物業租金定期修訂制的相對穩定性以及房地產市
場的不充分性等原因造成的，當經濟高漲時，租金上漲幅度低
於整個經濟增長幅度；當經濟低落時，租金減少幅度又低於整
個經濟的下降水準。

（二）資產流動性低

　　房地產的流動性明顯低於股票，在證券交易電腦化的今
天，一筆股票交易可以在幾秒內完成，而房地產交易則通常需
要一個月甚至更長的時間才能達成，交易期間包括起草文件、
廣告宣傳、現場勘察、法律諮詢、資產評估、資金籌措、簽署
契約等數個環節。

　　雖然多數投資者偏好流動性高的投資對象，但也有部分投
資者對資產的流動性要求不高，例如，養老基金便是房地產市

場的重要投資者，其投資目的是保值，要求投資對象風險小。
因爲養老基金的性質與用途，使它不適合於增值幅度大但風險
也大的投資項目。

（三）交易成本高

　　房地產交易的複雜性、多樣性使得買賣雙方都需要向專家
諮詢，買方的交易成本主要包括法律諮詢、物業估值和印花稅
等；賣方的交易成本主要爲法律諮詢和日常辦公費用等，所以
房地產交易成本大大高於證券交易。

（四）管理費用低

　　與股票投資者相比，房地產投資者的日常開支與精力支出
是很低的。他只要在租金修訂日與租戶談判新的租金額，或在
租戶退租後向新租戶出租物業。一旦他與租戶簽約後可長時間
不用操心，穩拿租金。這與股票投資者時刻聽廣播、看電視、
讀報紙，買賣股票的緊張生活節奏形成鮮明對照。股票投資人
這種日常花費，無論從經濟上還是從精神上，都是相當高的。

8.4　房地產投資者的心理與行爲分析

　　房地產投資者包括經營房地產的法人機構、購買房地產的
機構和個人，對房地產投資者的心理和行爲進行分析包括兩方
面的內容：房地產開發商和購買房地產者。

8.4.1 投資者購買動機

在房地產市場上透過投資行為可以滿足從生理的、安全的、社交的、自尊的需要到實現自我的需要，例如，購買住房的投資者透過居住可以滿足個人的基本的生理和安全的需要；透過在家中宴請親友可以滿足社交和自尊的需要，實現從沒有住房到有住房的自我實現的需要；透過在房地產市場的投資，賺取利潤，則可以實現如在證券市場上一樣的其他需要。作為辦公及商用住房的購買者，同樣也可以實現以上的五種需要，並可以實現所屬單位資產增值和製造社會效應的目的。

因為隨著經濟的不斷發展，投資的形勢更加多樣化，內容更具豐富性。與之相適應，投資在各類經濟活動中的地位日益重要，在房地產投資中，投資者不僅可以透過房地產投資獲得各種滿足，也可以利用市場行情的波動進行短期投資以取得差價收益。由於投資形式的多樣化、功能的多元化，也使得投資動機越來越多樣化。概括起來，房地產投資者的投資動機主要包括感情動機、理智動機和信任動機。感情動機包括情緒動機和情感動機；由於喜歡、愛慕、快樂等情緒引發的購買動機稱為情緒動機；由道德感、友誼感、群體感等情感引發的購買動機稱為情感動機。理智動機指消費者在對商品的滿足效果和價格認知的基礎上，經過分析、比較後產生的購買動機，具有一定的客觀性、周密性和可控性的特點。信任動機是消費者對某商品的品牌和企業產生信任和偏好後所產生的購買動機。具體來講房地產投資者的動機主要有以下幾種：

（一）居住

購屋爲了居住，特別是對自己認同的地段，在經濟富裕的條件下，此種購買動機顯得很強烈並且購買的可能性很大。由於經濟條件的限制，即使遇到自己不認同的地段的房子，只要價格合理也會積極購買。

（二）投資

購屋爲了投資升值的行爲在港、澳、台很普遍，因爲房地產投資與股票、藝術品收藏等都是普通人投資的手段。投資房地產不是爲了自己居住，而是爲了將來出租給他人或馬上又轉賣給他人，這種購屋者的行爲特點是對房屋的價格分析特別認眞，對地段、交通條件和物業、周圍的商業服務設施要求較高，又十分願意在房屋開始出售、售價較低時購買。

（三）商用

購買辦公大樓的集團一般是有經濟實力的單位，對物業的品質十分看重，對物業的知名度、開發商的知名度也十分看重。良好的地理位置，如城市市區主要大街或交通最爲便利的地方，都可能是購屋者考慮的重要因素。

（四）休閒娛樂

此種購屋行爲一般需求比單純居住要高，在郊區選擇一個風景優美的地方購買房子，爲的是假日期間休息娛樂；或者是在郊區購買一個與自己在市區內居住的房子在功能和造型上差別很大的房子，比如別墅，以滿足對各種房子的需求。此種購

買行為的目的性較明確，購買的物業也有一定的特殊性地段要
求。

(五) 贈與

　　贈與購買比自己購買居住要簡單些，主要是看贈與人的愛
好和傾向，購買者也有一定的決定權利。贈與購買對房產的價
格比較計較，購買金額一般不會太大，但購買的可能性是非常
確定的。

　　消費者購買房地產除生理需要外，自然的需要、社會需
要、經濟需要、心理需要等等因素也起著一定的作用。此外，
還存在不同的購買動機，即以使用為目的的購買動機和以得到
心理滿足為目的的購買動機。前者是為了利用房地產商品的使
用價值或性能，如購買房屋用於居住或辦公。房地產企業關於
建築品質、房型、價格等方面的決策，就是主要以這種動機為
目的的。後者為了占有和使用房地產獲得某種心理滿足，如上
海人透過購買上海古北區的物業顯示自己的身價，擁有別墅是
身價和地位的象徵等，企業關於產品的定位、品牌的設計，主
要是為了誘導這一動機。

　　由於消費者所處社會環境、經濟條件的不同以及心理因素
的差異，消費者所購買的住房千差萬別，有的為了解困，有的
為了結婚用房，有的為了贈與，有的為了顯示身價，也有的為
了更舒適一些等等。展開對消費者購屋目的的研究，有助於房
地產企業在開發、營銷時了解市場需求，適時推出合適的房地
產商品。

8.4.2 顧客購屋心理特點分析

(一) 影響購買行為的因素

　　前文談到動機引起需要，需要產生行為。進行房地產投資的行為同樣也受到投資者自身的動機支配，這些動機的整合便構成心理因素，即形成影響消費者購買行為的重要因素，這些因素包括需要、認識、社會影響及個人的綜合素質等。

◆需要

　　人類的一切活動包括消費者的購買行為在內都是為解決人類自身需要的行為，有需要才能產生動機，有動機才有行為的發生。從心理學角度來講，一種尚未滿足的需要，會產生內心的緊張和不安。當這種不安達到迫切程度時，就會形成動機。動機是行為的直接原因。同時由於需要具有層次性和發展性，當某一層次的需要得到滿足後，會產生更高層次的需要。不同層次的需要會導致不同的購買行為。例如，購買房地產供自己居住使用的消費者會重視房子的適用性。希望獲取投資回報的投機者則著眼於房子的獲利性能；而用以顯示身分的投資者則追求房產的豪華、奢侈。需要是影響購買的重要因素。

◆認識

　　消費者在有了需要並產生動機後，就會產生購買行為，而行為的採取則取決於認識的程度。消費者的認識過程是對商品本身以及與商品有關的內外因素綜合反映的過程，消費者的認識分為感性和理性認識。感性認識影響消費者行為的採取；理性認識透過感性認識決定消費行為的決策。

◆態度

　　態度是消費者對某種事物形成的觀念。消費者在購買和使用商品的過程中形成了對某一商品的態度。這些態度又反過來對消費者的行為產生影響。例如，消費者認為某一區域是高級住宅區，這一態度一旦形成，便在很大程度上對消費者的購買決策和行為產生影響。若大多數的消費者對某一物業公司的服務持肯定的態度，則該公司的物業市場肯定看好。

◆社會文化因素

　　消費者的購買行為除了受到消費者內部心理因素和個人因素的影響外，還受到社會文化因素的影響，這些社會文化因素包括文化、相關群體和社會階層。

　　文化。文化是人類社會發展過程中所創造和形成的價值觀、信仰、態度、道德、習俗以及其他精神財富的總和，包括人類的各種行為模式。在每一種文化中，在一定範圍內又存在許多具有統一性的次文化如宗教文化、民族文化、區域文化等，文化是人類欲望行為最基本的決定因素。對於消費者來講，文化因素的影響力極其廣泛和深刻，因為不同的文化決定了不同的價值觀和態度，形成了不同的道德規範和行為模式，而受這些文化影響的行為規範、道德規範、社會習俗實實在在地影響著消費者的購買行為。隨著社會的變遷和進步，又形成了新的文化模式，產生了新的價值觀和態度，作為營銷人員和開發人員應把握住文化的變遷，在市場變化中把握住每一個機會。

　　相關群體。群體是具有共同追求目標或興趣的兩個人或兩個人以上的組織。相關群體則指對消費者的行為和態度產生影響的群體。消費者與相關群體具有相似的態度和購買行為，群體的結合越密切，交往越頻繁，相關群體的影響作用越大，影

響力越強，對投資者的影響力也就越強。房地產開發商應巧妙
利用這一群體組織來展開有效的經營。據調查了解，在相關群
體中最有效的莫過於家庭、同事、朋友。

　　社會階層。在人類社會的一切型態中都存在著社會階層，
社會階層是由具有相似的社會經濟地位、利益、價值觀傾向和興
趣的人組成的群體或集團。社會階層是依據職業、受教育程度、
收入、居住區域、住房類型等因素對人們在一定的社會經濟結構
中形成的地位來劃分的。它具有同時性和持久性的特點，每個社
會階層成員的興趣、愛好、行為方式相似。在房地產消費方面，
各階層顯示出明顯不同的偏好和需求，如表8-2所示。

（二）購屋心理

　　由於房屋的銷售過程複雜，銷售金額大，消費者在購屋時
常出現不同的購屋心理。

◆長期決策心理

　　購屋對每個人來講都是一件大事，成交金額大，房價與人
們薪資收入差距過大，所以人們在購屋時的心理較為複雜。如
果是集團購買房地產，決策過程複雜，決策人多，對房地產的
地段有眾多的傾向，購屋資金申請過程手續繁多。上述原因導

表8-2　各階層房地產消費差異表

社會階層	住房特徵	社會階層	住房特徵
上上層 小於1％	1個以上豪華別墅	中下層 30％	普通標準住宅
上下層 2％	昂貴的、具有個性的住宅	下上層 35％	一般公寓式住宅
中上層 12％	優良住宅	下下層 20％	低標準住宅

致購屋決策時期長，購屋一揮而就的情況比較少。

◆價格優惠心理

買屋時許多顧客在成交前對房價總要認真計較，討價還價。當顧客對戶型地段都十分滿意時，對價格的爭論只是一個過程而已，這時顧客總希望得到價格上的優惠，否則顧客心理上總是不滿意，導致不能下定決心購買。如果在最後階段能有意識、象徵性地給顧客一點優惠，顧客心理需求得到極大的滿足，這對於促成購買十分有利。

◆緊缺心理

購屋時消費者能夠同時選擇到價格、位置、戶型、環境、樓層、朝向都較滿意的房子是不太容易的，同時銷售洽談及決策過程的時間有限，一旦顧客決定購買，卻又發現自己相中的戶型所剩不多或沒有選擇餘地了，便會十分著急。特別是顧客發現所喜愛的房子被別人踴躍搶購時，其購屋速度也會加快，購屋決心也會加大。

◆買漲不買落心理

購屋投資的顧客心理與購買股票一樣，買漲不買落。這並不像消費者購買一般日用商品那樣對降價處理品和價格優惠十分熱衷。根據這種心理特點，開發商對商品房的銷售價格應從低價格向高價格過渡，給消費者樹立購買信心。即使房屋銷售不暢，價格也不宜隨意降低，或者採用明升暗降的方法，進行促銷。

◆容易後悔心理

消費者購屋後經過與親朋好友交談，總能找到一些房產的不足之處。因為影響房屋價值的因素非常多，從交通環境、市政道路、社區教育、衛生設施，到房屋的內裝修、戶型、面

積、採光、通風、價格，顧客買屋後，在周邊相近地段又會推出新的房源，經過比較，與顧客所買的房屋必有差異，所以顧客購屋後容易出現後悔的心理非常普遍。開發商在銷售過程中應儘量縮短顧客決策的過程，從交納預訂金到交納房款、簽署正式合同的時間不宜太長，避免顧客出現反覆。

8.4.3　影響顧客購屋的因素

(一) 社會因素

◆位置

　　無論購買什麼物業，其地理位置都至關重要。購屋者都願意選擇位置優越的物業加以購買。房地產界名言：第一是位置，第二是位置，第三還是位置。不同消費者對位置會有不同的看法，長期居住在某一地區的顧客對此區的認同感很強，即使他居住的地理位置不一定被公認為最好地段，也不易改變。

　　購買辦公室的顧客對位置地段的要求一般是：城市主要大道，交通方便，城市中心區或靠近中心區，能體現公司的實力，同時與多數公司員工的居住地較近。

　　對住宅購買者來講，對於位置的理解是多種多樣的，有的認同商業繁華地區，有的傾向於靠近好的學校，有的對配套設施的完備特別看重。但無論如何，所有的購屋者都對交通條件十分重視。

◆價格

　　價格的高低是顧客最為關注的問題。在一定程度上價格的高低能體現出所購屋產的層次。可以說高級的房產必然會有較

高的價格。就房產的位置與價格而言，相同或相近位置，顧客選擇價格低的物業。顧客對房產的價格和位置的選擇方式基本是：首先選擇位置好價格低的；其次是選擇價格低但位置稍微差一點的；再次是位置好價格高的；最後才會選擇位置不好價格偏高的。同一種物業在不同時期價格差別很大，預售屋價格低於新成屋價格，樓層和朝向好的房間價格高。顧客通常會有兩種選擇，一種願意購買預售屋，以便保值與投資後轉讓他人；另一種願意購買新成屋，新成屋可以看到品質、裝修標準和環境設施，購買風險小，購買後馬上自用或出租都十分方便。

◆設計裝修

　　購屋者在選擇所需物業時，在地理位置和價格可以接受的前提下，必然考慮物業本身的條件，如設計風格、戶型的合理性、實用性、裝修的等級等。一個物業的設計風格、裝修品味，體現著發展商的實力。正因為如此，發展商在開發時都很重視設計的新穎獨特，裝修的典雅豪華。當購屋者走進樣品屋後，如果樣品屋的一切使他滿意，那麼選擇購買的機會將提高。

◆投資收益

　　房地產投資者在選擇購屋時，最為關心的是投資回報率。某房產投資回報率的高低並不僅僅取決於某一方面的優勢，而是取決於各方面的綜合因素。位置優越價格高的房產，其投資回報率不一定高於位置稍差價格偏低的房產。

　　因而作為房地產投資者在進行房地產投資時，一般考慮各方面的綜合因素，慎重選擇，否則會留下遺憾。

（二）主觀因素

影響消費者購買行為的個人因素主要包括年齡和家庭生命週期；性別、教育程度和職業；經濟狀況及生活方式；個性和自我形象等方面。

◆年齡和家庭生命週期

年齡對購買行為的影響很明顯，不同年齡的消費者的欲望、興趣和愛好各不相同，其購買行為也有不同的特徵：

1.單身階段，年輕且獨立生活的單身人士。

2.新婚階段，沒有孩子的年輕夫婦。

3.滿巢初期，最小的孩子在六歲以下的年輕夫婦。

4.滿巢中期，有六歲和六歲以上的孩子的年輕夫婦。

5.滿巢後期，子女均長大尚未獨立。

6.空巢階段，夫婦進入老年，子女不在身邊。

7.鰥寡階段，老人獨居。

從家庭生命週期可以看出，新婚夫婦可能要求市區附近的二房一廳；到了滿巢階段，就可能要求三房一廳；而到了空巢階段則會選擇空氣環境好的近郊一房一廳。依此分析，開發商可以根據消費者所處的家庭生命週期的不同階段，制定專門的開發和營銷策略。

◆性別、教育程度和職業

由於生理和心理上的差異，不同性別的消費者的欲望和消費構成有所不同，他們的購買習慣也有所區別，多數男性消費者購買商品較為果斷和迅速，而女性消費者則往往仔細選擇。由於性別的差異，在選擇媒體時也有不同。

教育程度較高的消費者對報刊的需求量大，購買房子的理性程度較大，審美能力較強，選擇品味較高，購買決策的過程較全面。同時，不同職業的消費者在購屋過程中也有很大的區別。

◆經濟狀況和生活方式

經濟狀況對購買行為影響更為直接。經濟狀況取決於消費者的可支配收入、儲蓄與資產、負債等因素。在經濟情況一定的條件下，購買能力取決於消費者對消費與儲蓄的態度。個人的購買能力，在很大程度上制約著個人的購買行為，消費者一般在可支配的收入範圍內考慮以最合理的方式安排消費，以便更有效地滿足自己的需要。收入較低的消費者往往比收入高的消費者更關心價格的高低；消費者對消費與儲蓄的態度，不僅受收入水準和消費習慣的制約，而且受利率高低、物價穩定程度和商品供需狀況等因素的影響。房地產企業應密切注意個人的收入變化和利率的調整，以便及時調整營銷策略，保持本企業商品對目標消費者的吸引力。

生活方式是人們根據個人的中心目標和價值觀來支配時間、財富以及精力的特定習慣和傾向性方式。營銷人員可以從消費者個人所參與的活動、保持的習慣、興趣以及對各種事情的看法等角度分析、衡量。生活方式是影響個人行為的心理、社會、文化、經濟等各種因素的綜合反映，也反映出了一個人的行為模式。

◆個性和自我形象

每個消費者都有其獨立的個性，並影響其購買的行為。這些個性透過其性格的外向或內向、急躁或冷靜、易衝動或理性、主動與被動等反映在每個人的日常生活中，個性使消費者

產生持續的反映，直接或間接地影響消費者的購買行為。

　　自我形象指人的實際的自我認識。除此之外，自我形象有時還指人的理想自我認識，即一個人怎樣看待自己；以及人的社會形象，即一個人認為他人會如何看待自己。消費者一般會將其購買行為視作自我形象的重要形式。

8.5　房地產消費者的購買行為分析

8.5.1　個人購屋者的市場細分

（一）主要的消費者

　　從房地產商品本身出發，要將房地產賣給什麼樣的消費者，需解決消費層次的定位。高級住宅營銷的對象主要是在這一地區設立辦事處或分公司的大型企業，因為既可商住也可辦公，也可解決員工的住宿問題。高級房產又決定了必須是具有一定實力的較大企業；高標準的公寓，主要的消費階層是高收入者，如外企員工、成功的工商業者等等。同時，由於房地產商品所具有的價值高的特點，在購買過程中，還存在許多參與者，如購買的決策者可能不是最終的使用者，因此在研究主要消費者時，還要對誰參與了決策進行研究和分析。對誰進行購買決策、誰出資購買房地產、誰最重視房地產使用等進行研究，即確定主要消費者，是對決策者和購買決策產生影響進行描述的第一步，也是最重要的一步，它為房地產開發和營銷人

員進行開發營銷提供了依據。

（二）消費者類型的劃分

由於消費者所受教育、文化修養、處事方式存在差異，即使確定了主要消費對象，也難以對其進行較為明確的區分。為了開發、營銷的便利和具有針對性，對消費者可按以下標準進行劃分：

◆**按購屋者的性格特徵劃分**

成熟穩健型。這類消費者具有豐富的房地產知識和投資經驗，對房地產商品的本身以及市場訊息有一定的了解，與營銷人員洽談時，深思熟慮，較為冷靜，遇有疑問會追根究底，不易被營銷人員說服。在對待此類消費者時，應實事求是，以獲得信任理解為主。

謹慎小心型。特點是仔細地研究買賣房屋的文件，對營銷人員的介紹反應冷淡，針對這種消費者，營銷人員應態度誠懇、親切，先消除其懷疑，爭取消費者的信任和依賴感，然後再向其介紹房屋情況，可以事半功倍。

猶豫不決型。此類消費者往往優柔寡斷，反反覆覆，對待此類消費者，營銷人員要態度堅決，以專家的自信幫助消費者下定決心。

欠缺經驗型。一般此類消費者是初次購屋，經驗不足，信心不足，難以做出決定，對此類消費者，營銷人員應細心耐心地向消費者介紹，提供有力的說服證據，態度尤其要誠懇，以免消費者產生壓迫感和恐懼感。

◆**從購屋者的個人知識水準劃分**

知識型。此類投資者對房地產的知識有較深入的了解。當

銷售人員介紹自己的房屋情況時，投資者往往會針鋒相對地說出此房屋與其他相近房屋的優缺點，有時會向銷售人員提出一些關鍵性的問題，如物業價格、物業管理費用多少、周邊物業的價格性能比及與此物業的聯繫，或提出一些技術上的專業問題。銷售人員遇到這種情況不必過多解釋和評論，可以虛心求教，尋找客戶在表達問題中的弱點，沈穩應答。

略知型。此類投資者掌握部分房地產知識，對有些房屋的情況一知半解。如果顧客不太自信，性格又不太固執，銷售人員可在服務中補充他們的基本知識，並透過介紹房屋情況刺激消費者的購買行為。如果顧客天生固執又自負，銷售人員便應採用協商的態度，與他們交談並不斷在交談中介紹他們的新知識、新觀念。

不知型。此類投資者對房地產知識了解不多，沒有分析地段和房的經驗，對購屋手續和房屋開發過程認識不清。銷售人員應詳細解釋，不要怕麻煩。對此類消費者如果銷售人員能夠透過對房地產知識的詳盡介紹使其對房屋發生興趣，則會給銷售工作帶來突破性的進展。

確定型。此類投資者有比較明確的購屋目的。由於需要住房，又掌握一定的房地產市場資訊和房地產知識，其購買目的明確，有一定的承受能力，特別是對購屋地段有小範圍內的要求，如果投資者對房屋價格和地段有了一定的承受能力和範圍，洽談購買過程就會比較順利和有目的性。無論成交與否對銷售人員來講都較容易把握。此類顧客看到售屋廣告後，得知基本的房屋情況，進而會有目的、有意識地提出對房屋戶型、面積、功能、裝修、物業管理等方面的問題。進一步接洽或考慮一段時間後會對某個戶型進行認真的分析研究，等下一次或下兩次的接觸

就可以看出客戶的購買房屋的決心。當客戶對特定的房屋進行討價還價時，說明顧客購買意圖已經比較明確。

半確定型。所謂半確定型顧客，主要是對自己將要購買的房地產在地段和價格上還不明確，此類投資者進入洽談時，仍能認眞的對每個與房地產有關的問題進行提問並聽取介紹，不斷提出意見，但隨著洽談內容的深入，不能具體地對所需戶型進行認眞研究，對房屋價格的商討過程也露出隨意的態度，顧客自己沒有最終的決定購買權，要和家人商量或與朋友商量。在房地產購買過程中此類顧客比較多。房地產的價格和地段是左右投資者的重要因素，這兩個因素的不確定導致顧客的注意力不能集中在所選範圍內的房屋上或一個特定的房屋上，銷售人員對此類顧客應熱情介紹並視爲準顧客，透過耐心的解釋說服工作，引導其購買行爲。

盲目型。此類投資者購買目標不明確或不確定，對所需房產的各項需求意識朦朧、表達不清，對房地產價位和位置沒有明確的概念，無疑這種投資者是剛剛開始購買房子。不少人購屋的決策過程很長，從開始考察到考慮成熟需要一年或更長的時間，特別是在資金不充足的情況下，注意力不是集中在某一個房產上，而是對各種物業的基本情況廣泛的了解，收集資訊。銷售人員面對此類型的投資者不應迴避，而應有目的地對待，適時介紹，簡明交流。

8.5.2 房地產消費者的購買決策心理分析

消費者的購買行爲並非只是獨立的單一行爲，而是一系列的連續行爲。由於房地產產品屬於消費者高度關心的產品，消

費者的購買行爲一般分爲五個步驟：

(一) 需要認知過程

任何購買行爲均需要有動機支配，動機是由需要激發的，所以消費者的某種需要認知是購買行爲的起點，而這種需要可能是因爲內部或外部的刺激而引起的。在房地產市場營銷中應注意喚起消費者的需要欲望，房地產企業必須認識到了解社會對本企業的房地產產品的認知程度和市場潛在的需要狀況，以及可以滿足消費者哪些內在的需要，同時還要了解透過哪些管道可以刺激、誘發消費者的需求。透過調查了解到，若一項產品可以同時滿足消費者的多種需求，且經過適當的刺激，就可能成爲人們熱衷的產品，這一點如香港，擁有位居山上的房產便是身價和地位的象徵。在滿足居住之時，又可滿足心理之需。

(二) 資料收集過程

如果消費者的需求很強烈，或者說消費者的關心程度足夠高，那麼消費者希望立即滿足自己的需要。然而在多數情況下，消費者的需求是難以立即得到滿足的，這時便會促使消費者積極收集有關資料來進一步增加對產品知識的積累，以便爲以後的方案評估提供參考。一般來講，消費者的資料由以下管道組成：

1.人際來源：家人、朋友、鄰居、同事等。
2.商業來源：廣告、推銷員、中間商和各種促銷活動等。
3.公共來源：各類傳媒等。

在這些資訊資料中，商業來源起告知傳達的作用，而人際來源則提供經驗以及對產品進行方案評估的資訊；對消費者而言，人際來源的資訊最具影響力。

營銷人員必須借助各種管道，將各種有利於做出本企業房地產商品選擇的資訊傳遞給消費者，進而影響消費者的購買需求。在消費者購買滿意後，傳遞給下一個消費者會產生最佳的人際來源資料作用。

（三）方案評估過程

這是消費者根據各種資料的資訊來源，對每個方案進行分析、對比，加上自己的分析、標準和偏好，對各種房屋做出的評估判斷，選出最合適的房子。

對營銷人員而言，尤其重要的是找出消費者在進行方案評估時具有決定性意義的指標，在營銷策劃活動中投其所好進行強化，以影響其購買決策的態度。

（四）決策購買過程

方案評估後，那些具有購買需求的消費者會產生購買的欲望，繼續其購買行為。消費者在採取購買行為前首先做出決策，購買決策是對許多因素考慮後做出的總判斷。這些因素包括購買區位、價位、房型、戶型及面積等多方面。對營銷人員而言，就是要清除干擾決策的因素，透過提供優質詳盡的服務來促使消費者堅定購買的意志。

（五）購後回饋過程

消費者在購買房地產後，往往會透過使用，與自己在進行

購買決策時對商品建立的期望進行對比檢驗，考慮自己的購買決策是否明智，形成購買後的感受。這種感受若與消費者的期望相吻合，消費者將會感到滿意；若這種感受高於消費者的期望，消費者將高度滿意；但若低於消費者的期望，就會產生認識上的不和諧與不利於房地產商的回饋心理。

消費者的購後感受直接會影響到今後其他消費者的購買行為，因為這種感受會透過人際管道進行傳遞，影響到消費者對該企業產品的認識及其以後的購買行為。

為此，營銷人員在營銷過程中應該實事求是，以免引起消費者的過高期望，最終引起因無法達到消費者要求而造成失望和缺憾，引起消費者的不滿，最終影響到產品的市場。

8.6　案例分析

北京、石家莊、上海三城市居民的購屋意向調查分析。

8.6.1　北京市普通商品房地段特點

根據地理位置，北京市商品房大致分為兩類：一類分布在四環以內，稱為市區住宅；另一類分布在郊區（縣），稱為區（縣）商品住宅。

多年來，北京市的普通住宅一直供不應求，房價居高不下，不同地段差異較大。

北京市區（主要指四環內）的普通住宅出售價格一般在每平方公尺4000至8000元。市區西、北、東三環到二環之間，南

二環以內住宅成屋每平方公尺6000至7000元，個別地段達到每平方公尺7000至8000元；在北四環中西部、西三環至西四環之間中北部也可達每平方公尺6000至7000元；在南部地區二環至三環之間、東四環附近住宅售價每平方公尺5000至6000元；在南三環附近或以外地區售價約爲每平方公尺4000至5000元。

（一）市區普通住宅地段需求特點

根據北京市商品房市場銷售的多年經驗和調查結果顯示，地段需求偏西、偏北的較多。在此次調查中，選擇西、北方向的共計60％，其中，西32％，北28％，東17.1％，南15.3％，7.6％的人不選擇地點。

一般情況下，購買普通住宅的客戶對地段的選擇順序如下：

高	西二環至西三環之間
↑	北二環至北三環之間
相對售價	西三環至西四環之間
	北三環至北四環之間
↑	東二環至東四環之間
低	南二環至南四環之間
選擇傾向	大　　　小

由於北京市區東二環至東三環之間地區內可供批作住宅商品房開發的用地很少，所以北京西部和北部地區一直是普通商品房住宅需求的熱點，特別是西部地區可以稱爲普通住宅的黃金地段，主要原因在於：

第一，北京解放以來，70％以上的國家機關和中央單位的

辦公地點都集中在西部地區，北京90％以上的大專院校和科研單位集中在北部和西部地區，所以國家機關爲職工解決住房一般都選西部地區住宅。

第二，北京西部有相當數量的地段被軍隊機關、事業單位占用，而西部北部地區大部分是大專院校和科研單位，所以土地眞正能批租出來用於房地產開發的較少。

第三，北京西部和北部地區的交通比北京東部地區較爲暢通，居住的自然環境也較理想。

(二) 影響北京市普通住宅出租價格的主要因素是地段

普通住宅出租、物業等級的劃分與地段密切相關。普通住宅對於地段的選擇雖不像商場那樣迫切，但對普通住宅來講地段也是關鍵因素。好的地段往往能夠吸引很多的求租者，使住宅自身更具吸引力和居住效應。大城市的住宅往往比較集中在一個小區裡，就是因爲這個道理。一個大的地段的優劣可以透過它周圍的公共建築和交通條件來判斷。一般求租者都願意選擇交通便利、商業發達的地方來居住，因爲生活在這種地方非常方便。

透過分析北京市各大普通住宅的位置和出租情況，可以得出好的適於出租的普通住宅的地段必須具備以下特點：交通便利，地鐵或公共汽車通達性好；屬於大規模普通住宅小區；城市基礎設施及配套設施良好；臨近大型購物中心；臨近有名的中小學校；臨近銀行、郵電、醫療等服務設施。

從上述條件也可看出，求租普通住宅與求購住宅在地段認識上有一定的差距。由於北京目前已建成的、特別是配套設施完備的住宅小區都建在三環路附近或以外，所以住宅出租價格

並不是距離越近市中心越高；相反，有些在三環以外的住宅
（特別是西北部等地區）出租價格還高於二環以內（特別是南二
環）的住宅。

　　普通住宅出租的地段租金標準與辦公室、商業場所和高級
公寓不一定相同。

　　例如，朝陽區和東城區原是辦公室和商業經營場所月平均
租金最高的地段，但對於普通住宅並不一定是處於商業中心就
能出租高價格，同時北京市中心的商業地區很少有住宅空房待
售、待租，大量的出租房集中在三環附近的住宅小區內。這是
因為：(1)在繁華的商業中心或市內老城區，經營商場和辦公室
更能充分利用該地段的優越性；(2)近年來北京市中心基本沒有
投資興建住宅小區，只是現存的一些老住房，所以出租市場供
給量小；(3)住宅往往需要舒適、安靜的環境和便利的交通，三
環地區由於人口多、交通擠，因此不一定適合居住。

　　北京城區環線周邊的住宅是住房出租市場的良好地段。北
京東西北三環地區到四環地區是住宅出租市場最集中的地區，
這些地方具有許多優越性：(1)交通便利，臨近主幹線並有公共
交通車站；(2)住宅小區開發建設規模較大，配套設施建設完
善。由於這些地區住宅開發建設集中，居住產生了互相影響的
效應，吸引了許多國家機關和大單位集體購買居住，一部分國
家機關和公司的辦公機構也開始遷移到三環以外辦公；(3)北京
市有不少著名的中小學和醫院也在三環以外，這也是吸引居住
者的又一重要原因。

　　房屋租價不一定嚴格遵循離市中心區越近租價越高的規
律。在北京，一些地區雖離城區較遠，但因開發地有名氣，具
有居住的群體效應和居住文化有特色，所以這些地區的房屋租

價也較高，如亞運村、方莊、萬壽路和海淀中關村等地區。

(三）商品房出租地段等級確定

北京市普通住宅出租價格與住宅所處地段關係密切。以目前大量出租的租金水準為基礎，可以把北京市區的地段分為六個等段（見表8-3）。同為一居室，在第六地段，月租金不足1000元，而在第一、二地段月租金可達2000元。

(四）北京市高級物業的地段分布

經過多年的發展，北京目前形成了以下三個已成氣候的、集中的高級物業商務辦公地區和三個未來最有發展潛力的地區。投資或購買較高級物業，只要能接近以下各地區，就會具有極大的升值、保值潛力。

表8-3　北京市區地段等級表

等級	地段範圍	地段特點
1	二環地鐵沿線，三環內的長安街沿線	交通極為便利，住宅配套設施良好
2	東西北三環與二環之間，南不到六里橋和勁松	公共交通線路多，規劃較早，有較好的住宅小區
3	東西北三環沿線，南不過六里橋和勁松一線，西線地鐵至五棵松	有成片開發的、較大規模的、配套設施完備的住宅小區
4	北四環亞運村和海淀附近，南二環方莊附近及南二環	有一定群居效應和特色的住宅小區
5	東西北三環至四環之間主要道路沿線，除方莊外的南三環沿線	有新開發的住宅小區
6	東西北四環及南三環以外，石景山地區及豐台地區	位於城郊附近，有成規模的建設住宅小區

◆建外大街

　　該地區有國貿中心、國際大廈、賽特大廈、中科服裝大廈、華航科技大廈等辦公室,有中國大飯店、長富宮、凱萊、建國、京倫等飯店,沿街兩側有一大批外國人公寓,以此為代表的高級物業形成賽特、貴友、國貿地下層商物圈。

　　該地段房地產的特點是:曾經占有北京市房地產銷售的三個之最:國貿中心的辦公室租價最高、華僑村二期公寓的預售屋售價最高、麗晶苑公寓的租金最高。1999年底,至八王墳地鐵的開通,更刺激了此地段的升值。

◆東三環

　　該地段有長城、昆侖、希爾頓、凱賓斯基、華都、漁陽、二十世紀、光明等飯店,有亮馬河、發展大廈、幸福大廈、京信大廈、京城大廈、燕莎大廈、中旅大廈等辦公大樓,有龍寶花園、京潤水上花園、京達花園、景園大廈、高瀾大廈、伯寧花園、清境明湖、三全公寓和碧湖居公寓等,以及使館區和大量外交人員公寓,以此為代表的物業形成燕莎購物商圈。

　　該地區的房地產特點是:在方圓最小範圍內以集中最多的高級物業而著稱,屬於高級地段。該地區的發展與地域很有限,只能向東部外延擴張,現正在建設的南銀、國邦、萬通發展、新恆基、龍寶、高瀾等大廈和金島花園、國際友誼花園,也呈現出這一特點。

◆亞運村

　　該地區以匯園公寓、陽光廣場、陽明廣場、亞運花園、羅馬花園、名人廣場等建築為代表,屬北辰購物中心購物商圈。

　　該地區的房地產物業特點是:建築氣勢宏大、規劃好、有極強的宣傳效應。新的物業(以陽光廣場為代表)在北部發展

迅速，特別是正北方向沿街集中了三十餘各高級花園公寓、別墅、住宅小區。地鐵線路向北延伸，使該地區物業存在良好的發展機會。

目前北京最有發展潛力的物業地區，開發投資和購買普通住宅同樣極具潛力：

◆朝外大街

該地區以外交部辦公大樓、華普廣場、豐聯廣場、精品購物大廈、泛利大廈、京廣中心等建築為代表，屬藍島購物商圈。

地段特點：建築物業集中，新開發的物業供給量大，是北京最先能形成規模和氣候的新興中央商務開發區。

◆金融街

該地區因北京對金融街區規劃的實行而具有長遠的影響力。這裡是以八大銀行及其他新興銀行等十個高級樓盤為主，以眾多其他金融機構為輔的高級物業集中區，目前已開工或建成的萬通世界、四川大廈、投資大廈等等最具影響力，屬百盛購物中心購物商圈。

該地區的房地產業特點：長遠規劃有吸引力，樓盤等級均較高，但由於近期內銷售及物業還沒有形成氣候，銷售不太理想。

◆西客站

該地區由於西客站通車帶來了巨大的社會經濟影響，目前已建成和未來規劃建設中出現了眾多的樓盤和商業設施，其中已開工建設和將要開工的樓盤達二十多萬平方公尺，在南廣場的辦公商務大樓主要是亞視、燕山、興豐等，在北廣場和車站東側的樓盤主要有中土、中非、公主墳等商業大廈。

　　該地區的房地產業特點：眾多行業和商人都看好，聲勢及影響力大，良好的發展形勢已成定局，樓盤以對內銷售為主，近期內物業還沒有形成氣候。

8.6.2　石家莊市城市居民購屋者狀況調查分析

　　1999年6月至9月對石家莊市居民就購買商品房問題做了三百份問卷的調查，具體情況如下：

（一）年齡段

30歲以下	47.3％	40-50歲	10.4％
30-40歲	34.1％	50歲以上	8.2％

　　在被調查者中，三十歲以下的年輕人和三十至四十歲的中年人占81.4％，很多年長者在福利分房時已經擁有了自己的住房，這就說明開發商根據消費群體的市場細分確定開發供應市場的細分，關注重點年齡段的需求和消費水準，兼顧其他。

（二）家庭月收入

1000元以下	38.1％	1500-2000元	16.4％
1000-1500元	36.6％	2000元以上	8.9％

　　石家莊市居民中中低收入者占74.7％，為大多數，中高收入者為25.3％。不論收入高低，擁有自己舒適溫馨的家，是每個人的夢想。收入越高對住房的需求規格越高。而中低收入者，則需求面積不要太大，價位不要太高，戶型合理，物業完善的住宅。

（三）目前居住地區，欲購買的地區

新華	15.7％	4.8％
橋西	29.6％	21.9％
橋東	32.3％	32.2％
長安	21.3％	11.9％
郊區	1％	21.4％
二環外郊區		7.3％

被調查者購屋的欲望強烈程度

近1、2年內	49.7％
近3、5年內	38.6％
近10年內	6.7％
暫時不敢想	4.6％

（四）希望並選擇的售房方式

透過商場「樓盤超市」了解房市	14.7％
透過「都市購屋直通車」了解	21.3％
自己從報刊、雜誌上收集了解	24％
自己實地去看	39.3％

（五）購屋注重的因素

位置、價格、戶型、環境、品質、物業。

中等收入者是住房的主要消費群，這與中國大陸城市居民收入水準是相符的，所以價格成為人們最關注的問題。

購屋價格	所占比例
10萬以下	36％

10-20萬元	46％		
20-30萬元	7.3％		
40萬元以上	3.3％		

由此看出，價格在10萬元以內、10至20萬元以內的需求占了82％，質優價廉、戶型合理的住宅熱銷，而一些收入較高的家庭將選擇面積大或夾層式或別墅式的住房。在調查能否接受貸款買房時，有65％的人能夠接受，30％不能接受。

可以表明，越來越多的人開始接受貸款購屋，中國傳統的消費觀念在改變，「寧借不貸」的觀念在改變。

對物業收費的接受程度

60元以下	48.6％	100-200元	9.3％
60-100元	35.3％	300元以上	2％

大多數居民希望物業收費在百元以下，居民希望物業費用合理，服務周到完善。但居民更看重物業公司的承諾。石家莊市住宅的物業管理大多為開發商售出住宅時，也接管了物業。目前石家莊市物業管理正逐步走向成熟。

對戶型、樓層的選擇

一房一廳	2％	一樓	11％
二房一廳	30％	二樓	6％
二房二廳	10％	三樓	60％
三房一廳	40％	四樓	11％
三房二廳	18％	六樓	9％
		高層	3％

由此看出，「金三銀四」的觀念仍被許多人接受，占二分之一強的比例，高層住宅接受率較低，但前景較廣闊；很多年輕人選擇五樓、六樓，價位低又可以鍛鍊身體，所以頂層、次

頂層好賣，一、二層為老年人看好。從戶型上看，三房一廳、三房二廳的需求占了58％，人們對此類型房較為青睞，此外，二房二廳和二房一廳的住宅也受到人們喜歡。而一房一廳的住房越來越為單身貴族所購買。

8.6.3　上海市民購買住房調查

據上海社會科學院房地產業研究中心1997年10月份進行的上海市民購買住房調查資料分析，客戶購買住房對區域、戶型、建築面積、單價、總價的要求，對各使用功能的實際面積要求以及對交通、環境、公共設施和物業管理的要求比較普遍；調查12545組客戶，從調查情況看，基本符合上海市民購屋的實際狀況。經綜合分析有以下特點：

地段是住房者在決定購屋時主要考慮的因素，需購內外環線間的住房消費者占被調查顧客總數的61.4％，內外環線內住房消費者占36.83％，外環線外的住房消費者占1.68％。

上海市居民青睞多層住房，喜歡多層住宅的客戶數占70.2％，小高層住宅和高層住宅分別占第二位和第三位。這主要由於多層住宅具有得房率高和朝向、戶型規格相對較好的優勢。

二房一廳仍是目前市場需求的主流，占調查總數的60.2％；三房一廳占14.65％；一房一廳、三房二廳、二房二廳分別占第三、四、五位。但是不同的消費層次，對戶型規格的需求有很大的差異，如需購每平方公尺3000元以下的住房消費者，需求二房戶型的占70.2％，一房戶型和三房戶型及以上規格的分別占15.1％和14.7％；而需購每平方公尺5001元以上的價格的住房消費者，需求三房戶型及以上規格的則占52.9％，二房

戶型和一房戶型分別占39.3％和7.8％。另外需購不同地區住房的消費者，對戶型規格的要求也不盡相同，如需購每平方公尺3001元以上的消費者，要求購買浦東新區、閔行、寶山等新市區的三房戶及以上規格的住房所占比例，要比購買市中心四個區的三房戶及以上規格的住房所占比高約十個百分點。

對建築面積的要求，每套79至88平方公尺的住房需求者躍居第一，占總調查數的25％，每套99至113平方公尺的需求數次之，占21.69％，每套69至78平方公尺的占17.2％；但若將多、高層住宅分開來看需每套69至78平方公尺的多層住房的需求數和每套79至88平方公尺的多層住房的需求數基本相近。

單價在每平方公尺2900至3300元的較受市民歡迎，需求數占調查數的23.23％，其次分別是每平方公尺3900至4300元和每平方公尺3400至3800元，需購每平方公尺2400至4300元住房的消費者，占被調查數的68.76％。

近兩年準備購屋的消費者，對住房總價的承受能力主要在19至42萬元之間，約占總調查數的61.51％，其中需購住房總價在24至32萬元的消費者占29.14％，19至23萬元的占16.62％，33至42萬元的占15.75％。

對住房各部分的實際使用面積要求：

對主臥室面積的要求，主要集中在13至15平方公尺之間，約占總調查數的66.96％，但是，不同的消費層次對主臥室面積的要求不盡相同，有的欲購每平方公尺5001元以上價格的消費者，要求主臥室面積在16平方公尺以上的占36.2％，而欲購每平方公尺3000元以下的價格的住房消費者，要求主臥室面積在16平方公尺以上的僅占14.7％，尤其需要指出的是，主臥室面積在19平方公尺以上，在高消費層次的消費者群體中也有一定

的市場，欲購每平方公尺5001元以上的消費者，需求主臥室在19平方公尺以上的價格消費者占14.2％。

　　不同的消費層次，對廳面積的要求差異較大，欲購每平方公尺3000元以下價格的住房消費者，需廳面積在16平方公尺以下的需求量最大，占42.6％，購每平方公尺3000至5000元的價格住房和每平方公尺5000元以上價格的消費者，僅分別占21.4％和10.9％。欲購每平方公尺5001元以上住房價格的消費者，要求廳面積在24平方公尺以上，約占該消費群體的62.6％，而欲購每平方公尺3000元以下住房的客戶要求廳面積在24平方公尺以上的僅占這一消費群體的16.6％。

　　對廚房面積，不同的消費層次要求也不相同，欲購每平方公尺5000元以下價格的住房群體，以5至7平方公尺為主，約占65％；而欲購每平方公尺5001元以上的價格的住房消費群體，需要8平方公尺的廚房，約占56％，對4平方公尺左右的廚房，只有在每平方公尺3000元以下價格的住房消費群中有一定的市場，約占消費者群體的17.1％。

　　面積在5至7平方公尺的衛浴間，在不同消費層次中，較受歡迎，面積在8平方公尺以上的衛浴間，在高消費群體中有一定的市場，約占群體的比率為22％，主要原因是隨人們生活水準的提高，按摩浴缸逐漸流行起來。

　　對交通和環境綠化的要求。消費層越高，對這方面要求越高。對公共設施的要求首選是購物方便，約占37％。其餘依次是醫院、學校、體育設施和娛樂設施。值得注意的是在不同消費群體中，對醫院的要求均超過對學校的需求，對體育設施的要求也超過對娛樂設施的要求。體現出市民逐漸熱衷於健身運動。

　　從以上對不同地區消費者的調查中，可以看到上海市民對住房的要求比較注重實際，不同層次的消費者對住房層次的要求有一定的區別，即便是同一消費層次的消費者的要求也不一致。對房地產經營者來講，在決定投資建房時，一定要找準客源，針對不同的客源要求，進行有目的的、有區別的開發。同時，隨著消費者對住房的各種要求的改變，應該適時地調整，以免開發的住房少有問津和無人問津。

本章摘要

◆ 房地產是房產與地產的總稱。房地產市場是房地產交易的場所。按交易的動機可將房地產投資分為房地產投資與房地產投機。

◆ 房地產開發中的心理與行為包括房地產開發商對開發地域的選擇心理與行為、房地產開發商的房屋價格操作心理與策略、顧客對價格調整的心態等等。

◆ 相對於其他投資對象，房地產投資的風險具有獨特性：投資風險小、資產流動性低、交易成本高、管理費用低。

◆ 房地產投資者包括經營房地產的法人機構、購買房地產的機構和個人。對房地產投資者的心理與行為進行分析包括兩個方面的內容：房地產開發商和購買房地產者。顧客購屋心理受到諸多因素的影響。

◆ 房地產的購買行為一般分為五個步驟：需要認知過程、資料收集過程、方案評估過程、決策購買過程、購後回饋過程。其中牽涉諸多心理過程與心理狀態。

思考與探索

1.試述房地產投機的心理與特點。

2.試述房地產開發中的心理與行為。

3.試述房地產市場中投資風險的特點。

4.試對房地產購買者的心理與行為做一分析。

5.試對房地產消費者的購買決策心理進行分析。

參考文獻

邵以智（1995）。《證券投資學》。北京：中國人民大學出版
　　社。

金學偉、趙磊（1992）。《股市：心理的王國》。上海：上海三
　　聯書店。

俞文釗（1989）。《管理心理學》（修訂版），第2版。蘭州：甘
　　肅人民出版社。

俞文釗（1993）。《中國激勵理論及其模式》。上海：華東師範
　　大學出版社。

俞文釗、彭星輝（1993）。〈市場經濟中股民的投資心理與居民
　　消費結構的動力變化〉。《中國心理學會第七屆年會論文
　　集》，1993（11）。

俞文釗、彭星輝（1996）。《市場經濟中人的投資心理與行
　　為》。北京：人民教育出版社。

俞文釗等（1998）。《市場經濟中人的經濟心理與行為》。北
　　京：人民教育出版社。

徐敏毅（1999）。《牛心熊膽——股市投資心理分析》。成都：
　　四川人民出版社。

時蓉華（1989）。《現代社會心理學》。上海：華東師範大學出
　　版社。

祖強等（1993）。《期貨交易理論與實戰指南》。南京：南京大
　　學出版社。

畢建洲、王大軍（1992）。《房地產投資與開發》。青島：青島

海洋大學出版社。

彭星輝等（1995）。〈上海股民的投資行爲與個性特徵研究〉，《心理科學》，1995（2）。

楊梅（1996）。〈風險投資中個體的冒險傾向性及其測量〉。華東師範大學九六屆碩士研究生學位論文。

趙雲飛等（1995）。〈股民股票投資成敗歸因內容與特徵的研究〉。《心理科學》，1995（6）。

蔣德明（1993）。《現代期貨期權交易》。上海：上海科學技術文獻出版社。

〔美〕本傑明‧格雷厄姆（1999）。《聰明的投資者》。王大勇等譯。南京：江蘇人民出版社。

〔美〕伯頓‧G‧馬爾基爾（1992）。《漫步華爾街》。上海萬國證券公司譯。上海：上海翻譯出版公司。

〔美〕帕特里克‧丁‧卡塔尼亞（1990）。《商品期貨交易手冊》。鹿建光、翟秀芳譯。北京：中國對外經濟貿易出版社。

〔美〕彼得‧呂奇等（1990）。《在華爾街的崛起》。秦亞青、宮少朋、曹燕萍等譯。北京：經濟日報出版社。

〔美〕彼得‧泰納斯（1998）。《投資大師談投資》。朱仙麗等譯。北京：北京大學出版社。

Antonidos, G. (1991). *Psychology in economics and business.* Kluwer: Academic Publishers.

Pring, M. J. (1993). *Investment psychology explained.* John Wiley & Sons, Inc.

投資心理學　　　　　　　　　　　　　　　　　商學叢書

編 著 者／陸劍清‧馬勝祥‧彭賀‧李同慶

出 版 者／揚智文化事業股份有限公司

發 行 人／葉忠賢

總 編 輯／林新倫

登 記 證／局版北市業字第1117號

地　　址／台北市新生南路三段88號5樓之6

電　　話／(02)2366-0309

傳　　眞／(02)2366-0310

E-mail／book3@ycrc.com.tw

網　　址／http://www.ycrc.com.tw

郵撥帳號／14534976

戶　　名／揚智文化事業股份有限公司

印　　刷／鼎易印刷事業股份有限公司

法律顧問／北辰著作權事務所　蕭雄淋律師

初版一刷／2002年10月

定　　價／新台幣400元

ISBN／957-818-426-3

本書由東北財經大學出版社授權出版發行

國家圖書館出版品預行編目資料

投資心理學 / 陸劍清等編著. -- 初版. -- 台北市：揚
智文化, 2002[民91]
　　面；　公分. -- （商學叢書）
參考書目：面
ISBN 957-818-426-3（平裝）

1. 投資 - 心理方面

563.5014　　　　　　　　　　　　　91012836